砺儒教育学术丛书

丛书主编 李盛兵

中国新建本科院校内部质量保障体系研究

秦琴 ◎ 著

广东高等教育出版社
Guangdong Higher Education Press

·广州·

内 容 提 要

本书在对近年来我国新建本科院校质量保障体系建设及其运行成效研究的基础上，分析了我国新建本科院校的办学定位和应用型人才培养的目标，从质量标准研制、组织机构设置、专业人员配备、监控与评价实施、信息反馈与质量改进等方面，提出了构建"有标准、有组织、有人员、有监控、有反馈、有提高"，上下互动、前后相关、各环节紧密相连的质量保障体系框架，探讨了该体系的内容构成、组织形式及其运行机制，整理出一套有关本科教育质量保障体系及其运行的整体设计和实施方法。本书旨在强化我国高校内部质量管理能力，促进高校教育教学质量的持续提升，形成富有新建本科院校特色的质量文化。

图书在版编目（CIP）数据

中国新建本科院校内部质量保障体系研究/秦琴著. -- 广州：广东高等教育出版社，2025.5

（砺儒教育学术丛书）

ISBN 978-7-5361-7657-7

Ⅰ．①中… Ⅱ．①秦… Ⅲ．①高等学校－教育质量－研究－中国 Ⅳ．①G649.21

中国国家版本馆 CIP 数据核字（2024）第 070264 号

ZHONGGUO XINJIAN BENKE YUANXIAO NEIBU ZHILIANG BAOZHANG TIXI YANJIU

出版发行	广东高等教育出版社
	地址：广州市天河区林和西横路
	邮编：510500　　营销电话：（020）87551597
	http://www.gdgjs.com.cn
印　刷	广州小明数码印刷有限公司
开　本	787毫米×1 092毫米　1/16
印　张	16.25
字　数	300千
版　次	2025年5月第1版
印　次	2025年5月第1次印刷
定　价	56.00元

（版权所有，翻印必究）

前　言

　　走进新时代，我国高等教育迈上高质量发展的新征程。高等教育内涵式发展的核心是提高质量，特别是人才培养质量，关键是高校强化责任意识并建立内部质量保障的长效机制。在政府简政放权和建立现代大学制度新形势下，高校如何构建和有效运行内部质量保障体系，是"办好人民满意的教育"和全面提高人才培养质量的迫切要求。21世纪初，新建本科院校在"促进区域经济发展"和"促进教育公平"两大主题呼唤下应运而生，在我国高等教育大众化的进程中承担重要职责，其办学质量影响我国高等教育的整体水平。在国际高等教育质量保障的总体发展趋势下，结合我国新建本科院校"转型"发展的思路与格局，深入探讨新建本科院校内部质量保障体系的构建及其有效运行，既是提高我国高等教育整体质量水平，推动高等教育内涵式发展的重要举措，也是响应国家政策号召，为区域（行业）经济发展提供人才支持和智力保障，满足人民群体对于优质、公平的教育需求的紧迫任务。

　　本书对我国新建本科院校质量保障体系建设的现状、成效及存在的问题进行了分析，按照"主要教学环节质量标准—质量保障体系构建—质量保障体系运行—内外部质量保障的协调互动—质量文化建设"的研究思路，以"学生中心""产出导向"和"持续改进"的理念为导向，构建并运行高校内部质量保障体系，即从新建本科院校的办学定位和应用型人才培养目标出发，从主要教学环节质量标准研制、组织机构设置、专业人员配备、监控与评价实施、信息反馈与质量改进六个方面切入，试图构建"有标准、有组织、有人员、有监控、有反馈、有提高"，组织上下全员参与，各部门衔接配合，内部质量保障与外部质量保障协调联动、紧密结合的质量保障体系，强化高校内部质量管理能力，促进高校教育教学质量的持续提升，形成新建本科院校富有特色的质量文化。

本书主要由六部分组成，分别取得了一些研究成果：一是在系统梳理新建本科院校"转型"发展及应用型人才培养、高等教育质量保障相关概念及理论的基础上，提出新建本科院校"转型"的核心内涵是对高校人才培养定位、培养模式、培养目标及规格建设的综合改革，并由此界定了新建本科院校内部质量保障体系的概念及其内涵；二是对新建本科院校20多年来的发展特点和趋势进行了分析，以新建本科院校的发展特点为出发点，对新建本科院校教学质量标准的制定依据、设计原则进行探索，从高校人才培养的角度提出教学质量标准研制的一般过程和方法；三是基于教育部教育质量评估中心（原教育部高等教育教学评估中心，简称"教育部评估中心"）公开发布的新建本科院校教学基本状态数据做二次分析，剖析了新建本科院校近年来内部质量保障体系建设的现状、取得的成效和存在的问题，探明了新建本科院校质量保障体系建设与完善的基本思路和方向；四是在利益相关者视角下把握"质量保障"的目的和价值取向，从标准、机构、人员、监控、反馈、持续改进六方面入手，试图构建"主体多元、形式多样、全程监控"的具有应用型人才培养特色的内部质量保障框架，并提出了"3W1H1I"高校内部质量保障体系模型；五是从质量保障的制度、流程、运行机理等方面论述了内部质量保障体系的运行机制，提出了以应用型人才培养为目标的多元质量评价的方法，构建了高校内部质量管理能力的成熟度模型；六是通过文献分析和调查研究，多实证的角度分析了质量保障活动开展与质量文化建设之间的内在关系，借鉴国际先进经验并结合新时期我国高等教育评估制度的实施情况，提出了完善我国新建本科院校内部质量保障体系建设的若干措施建议。

高等教育质量评估与保障工作千头万绪，全国新建本科院校近700所，且有各自的办学传统和特色。从这些复杂而特殊的案例中抽取成功的经验，总结提炼出具有普遍指导意义的理论和方法，构建新建本科院校内部质量保障体系建设的一般模型，这是一件充满挑战但意义重大的事。在研究过程中，笔者实地走访了数十所新建本科院校，在这些学校里与质量管理部门（教务处、评建办、质管办、督导处等）的工作人员交流，访谈了上百位校长和质量保障负责人。本文是在笔者博士学位论文的基础上加工完善而成。在论文写作过程中，我的博士生导师吴岩研究员对论文的写作给予了悉心指导，时任合肥学院（现为"合肥大学"）党委书记的蔡敬民教授听闻我在开展此方面的研究，随即提供了大量的支持和帮助，并协助我赴德国的应用科学大学开展研究。与此同时，时任教育部高等教育教学评估中心的各位领导和专家，刘振天教授、王战军教授、李亚东教授、阮伯兴老师等也对本文的写作给予了指导。2016年12月，联合国教科文组织国际教育规划研究所（UNESCO-IIEP）发起的"高等教育内部质量保障优秀原则和创新实践项目"汇报会在厦门召开，笔者有幸对IIEP首席专家马丁女士进行了专访，她也对本研究课题的开展提出了宝贵的意见。

本书能顺利出版还得到华南师范大学教育科学学院领导李盛兵教授、曾文婕教授和粤港澳大湾区教育发展高等研究院院长卢晓中教授的关心、帮助与支持，更有赖于广东高等教育出版社各位编辑的大量细致而烦琐的编辑校正工作，在此一并表示感谢！

本书得到国家社会科学基金"十四五"规划2021年度教育学一般课题"区域化发展视角下粤港澳大湾区高等教育质量保障体系研究"（课题号：BIA210191）的资助。

不谋全局者，不足以谋一隅；不谋大势者，不足以谋一时。高校内部教育质量保障工作的开展牵一发而动全身，更需要广大质量管理工作者全局谋划和日复一日的实践与经验积累。本书由于水平有限，加之时间仓促，错漏之处在所难免，敬请读者批评指正。

秦　琴
2024年9月

目 录

第一章 绪 论 / 001
第一节 选题缘由及研究意义 / 003
第二节 国内外研究现状 / 008
第三节 研究思路和方法 / 030
第四节 研究的重点、难点与创新点 / 033

第二章 新建本科院校内部质量保障的理论基础 / 036
第一节 相关概念的界定 / 036
第二节 研究理念的提出 / 049
第三节 相关理论基础 / 057

第三章 新建本科院校的发展特点与质量标准 / 069
第一节 新建本科院校的发展特点 / 070
第二节 新建本科院校的质量标准 / 087

第四章 新建本科院校内部质量保障体系建设的现状及问题 / 099
第一节 我国新建本科院校质量保障体系建设的历史概述 / 099
第二节 混合研究工具设计与数据收集 / 104
第三节 我国新建本科院校内部质量保障体系的现状及问题 / 107

第五章 新建本科院校质量保障体系一般模型的构建 / 117
第一节 利益相关者视域下的高等质量保障目的 / 117
第二节 内部质量保障体系的一般模型 / 130

第六章　"分类评估"政策导向下的新建本科院校质量评价 / 150
- 第一节　"分类评估"的政策及其实施 / 151
- 第二节　以应用型人才培养为导向的质量评价 / 154
- 第三节　"增值"的质量观及评价方法 / 163

第七章　新建本科院校内部质量保障体系的运行机制 / 167
- 第一节　内部质量保障体系的运行机制 / 167
- 第二节　高校内部质量管理能力成熟度评价 / 170

第八章　新建本科院校质量文化建设 / 182
- 第一节　高等教育质量文化的内涵与分析框架 / 183
- 第二节　质量保障与质量文化建设的关系 / 185

第九章　新建本科院校质量保障体系的完善策略 / 192
- 第一节　新建本科院校外部质量保障体系设计 / 193
- 第二节　新建本科院校内部质量保障体系建设 / 195

第十章　总结与展望 / 199
- 第一节　研究结论 / 200
- 第二节　研究展望 / 202

参考文献　/ 204

附　录　/ 211
- 附录1　新建本科院校主要质量环节质量标准 / 211
- 附录2　高等教育质量保障目的访谈提纲 / 246
- 附录3　新建本科院校内部质量保障体系建设调查问卷 / 247
- 附录4　新建本科院校内部质量保障体系建设访谈提纲 / 251

第一章

绪 论

当今世界,新一轮世界范围的科技革命和产业变革汹涌澎湃、扑面而来,"突破""创新""重组""转化"成为新时期人类社会发展与变革的关键词。世纪之交,我国高等教育发生了根本性的变革,随着1999年的"大扩招",我国高等教育的规模迅速扩大,在不到20年的时间里实现了两次质的跨越:2002年,我国高等教育毛入学率超过15%,进入世界公认的大众化阶段;2019年,我国高等教育毛入学率超过50%,进入高等教育普及化阶段。在此期间,党和国家适时调整了高等教育的发展战略,将高等教育由量的扩张转移到质的提高上来,提出了"由高等教育大国向高等教育强国转变"的战略目标,全面开启了建设高等教育强国的新征程。

本科教育是我国高等教育中具有战略地位的教育,其整体质量离不开新建本科院校的贡献。21世纪初,我国新建本科院校应"经济发展"与"教育公平"两大主题呼唤应运而生。在国家"西部大开发""振兴东北""中部崛起"等一系列战略决策的实施下,我国形成了"经济特区—沿海城市开放区—内地"的全方位、多层次、宽领域的改革开放格局和以大城市群、城市群集合为代表的经济圈。① 在区域经济的发展进程中,高等教育无疑是知识、技术和人才提供的重要支撑和保障。新建本科院校是国家依据区域经济发展、产业结构调整以及文化发展所需而设立的地方本科院校。仅2000—2015年,全国有678所新建的本科院校(含独立学院)设立,占全国1219

---

① 吴岩. 新使命、新道路、新成就:合格评估引领新建院校走新型大学之路 [J]. 应用型高等教育研究, 2016, 1 (1): 1-4.

所普通本科院校的55.62%。这些院校大多位于省会以外的地级城市或县级市，它们的设立，一方面是为国家区域经济发展提供智力和人才支持，改善了国家高等教育的空间结构布局；另一方面则是为了满足人民群众（尤其是偏远地区群众）对于高等教育的热切需求，促进教育公平。但是，由于先天的基础薄弱和后天的资源不足，新建本科院校在教学服务、质量管理和办学思路等方面还面临着诸多问题，尤其是当人民群众"上大学难"的矛盾转化为"上好大学难"的矛盾后，新建本科院校就面临着新的办学要求：强化内涵建设、提升教育质量、满足学生发展的需求、适应社会发展的需求。

新建本科院校之"新"绝不应该是建校时间上的"短"与"新"，而是勇于建设"新类型"，开创"新道路"，探索"新模式"。《国家中长期教育改革和发展规划纲要（2010—2020年）》（以下简称《教育规划纲要》）指出，新建本科院校要紧密结合地方经济社会发展需求，树立多样化、系统化人才观，培养应用型、复合型、技能型、创新型人才，办出特色。2015年，教育部出台了引导部分普通高校向应用型本科转型的指导性意见，并结合双方意愿初步选定了600余所高校（包括100余所地方本科院校、240余所新建本科院校和260余所独立学院）作为试点单位。在高等教育发展的新时期，加强对新建本科院校发展及建设问题的研究，不仅是新的科技革命时代对高等教育研究提出的新任务，也是大众化乃至普及化高等教育时期对高校发展提出的新要求，更是深化国家高等教育改革、推动高等教育内涵式发展所需。习近平总书记在2018年5月2日北京大学师生座谈会上强调，"要形成高水平人才培养体系"，这是当前和今后一段时期我国高等教育改革发展的核心任务。我国"十四五"规划和2035年远景目标纲要明确提出，到2035年我国将基本实现社会主义现代化，建成教育强国。"十四五"时期"建设高质量教育体系"，特别强调要"提高高等教育质量"。对新建本科院校的内部质量管理问题的研究，既是提高和保证新建本科院校人才培养能力，提升高校可持续发展能力的重要途径，更是形成高水平人才培养体系，实现高等教育强国梦的现实要求。

第一节 选题缘由及研究意义

一、选题缘由

1. "内涵建设与提高质量"是当前我国高等教育的紧迫任务

质量是当前世界高等教育领域共同的话题。自 1998 年联合国教科文组织(UNESCO)在首届世界高等教育大会中向世界昭告"21 世纪将是更加注重质量的世纪"以来,实施质量监控、开展质量保障、发展质量文化已成为世界各国高等教育改革与发展的重要议题。2009 年,世界高等教育大会公报《社会变革与高等教育发展新动力》第 19 条指出:"在当代高等教育中,质量保障无疑起着至关重要的作用,而且必须包括所有利益相关者。质量的实现既要求建立各种质量保障体系,形成多种评价模式,同时更需要在机构内部形成一种质量文化。"①

在我国,随着高等教育由精英化阶段向大众化、普及化阶段过渡,大学升学率快速提升,广大青年学子的"大学梦"得以实现。但与此同时,高校基础设施建设不足、教师队伍紧缺、班级规模扩大、教学质量下降等问题却突显出来。为应对上述问题,教育部于 2004 年印发了《普通高等学校基本办学条件指标(试行)》(教发〔2004〕2 号)(以下简称《基本办学指标》)作为评估和监督高校教学质量的硬件标准,对普通高等学校基本办学条件,包括生师比、生均教学行政用房、生均教学科研仪器设备值和生均图书等作了底线规定。2003 年以来,教育部评估中心通过一系列外部问责的手段,如水平评估、优秀评估、随机评估、合格评估、审核评估等,对全国普通高等学校开展了强制性外部质量评估与保障,建立了高等教育质量的门槛标准;2010 年《教育规划纲要》提出了"全面提高高等教育质量",加快"建设高等教育强国"的重要战略部署;2012 年,教育部发布了《关于全面提高高等教育质量的若干意见》《高等教育专题规划》等重要文件,倡导将提高教育教学质量的理念贯彻于实践,建立健全质量保障体系。2012 年,党的十八

---

① 赵叶珠,游蕊. 社会变革与高等教育发展新动力:2009 年世界高等教育大会公报[J]. 中国高等教育,2009,(17):59.

大提出"推动高等教育内涵式发展";2017年,党的十九大强调"实现高等教育内涵式发展";2018年6月21日,新时代全国高等学校本科教育工作会议在成都召开,发表了呼唤大学教育回归本质的《一流本科教育宣言(成都宣言)》,做出了对全面提高本科人才培养质量的总动员,提出了提高本科教育质量的具体举措;同年9月,教育部发布了《关于加快建设高水平本科教育全面提高人才培养能力的意见》(教高〔2018〕2号),把高水平本科教育作为"双一流"建设的首要任务来抓;2019年2月,中共中央、国务院印发《中国教育现代化2035》,明确强调要建设具有高素质专业化的教师队伍,并指出要培养具有创新意识和创新能力的新教师;2022年11月20日,党的二十大报告明确提出:"坚持以人民为中心发展教育,加快建设高质量教育体系。"围绕提高人才培养能力这个核心,教育部出台了提高思政教育质量、加强教师队伍建设、专业类教学国家质量标准建设,规范课堂教学管理等一系列文件。促进高等教育内涵式发展、提高人才培养质量、加快高水平人才体系建设已成为当前我国高等教育发展的核心使命,加强和完善高等教育质量保障体系建设则是实现这一战略使命的重要途径和方法。

2. "经济发展"与"教育公平"两大主题呼唤新建本科院校承担新的历史使命

在国家"促进区域经济发展"和"高等教育分类发展"两大战略主题下,新建本科院校被赋予了新的历史使命:为区域经济发展提供人才、智力支持,满足人民群众尤其是偏远地区人民群众对于高等教育的迫切需求。新建本科院校大多在地级或县级市建立,以应用型专业教育为基础,人才培养以社会(行业)需求为导向。2000—2015年是新建本科院校发展较快的时期,在此期间,教育部批复同意设立了678所新建本科院校,占全国1219所普通本科院校(含独立学院)的55.62%(2015年),占据了我国本科院校的"半壁江山",成为我国本科院校的中坚力量。

随着新建本科院校的快速发展,国家也对新建本科院校的发展给予了高度关注,对其办学质量提出了更新、更高的要求。2015年,教育部、国家发展改革委、财政部三部门联合印发了《关于引导部分地方普通本科高校向应用型转变的指导意见》(教发〔2015〕7号)(以下简称《转型工作意见》),地方普通本科高校类型的转变一时间成了人们讨论的热点话题。在《转型工作意见》精神指导下,一些高校主动响应国家经济社会产业转型升级的进程,以服务地方、培养应用型人才为主要目标,通过"产教融合""校企合作"等育人措施,组建"地方高校转型发展联盟"和"应用科技大学(学院)联盟",开展了具有中国特色的应用型大学(学院)建设的思想讨论和实践探索。目前，我国新建本科院校正处于发展与转型的重要关口，以上思想和实践还处在不断探索的阶段，新建本科院校也面临着办学层次提升、服务面向改变以及人才培养转型等诸多问题和挑战。因此，对新建本科院校内部质量保障问题的研究，既是对新建本科院校办学质量提升途径及方法的思考，也是对我国"新型大学（学院）"建设中众多关键、突出问题的分析判断，更是对在我国高等教育现代化进程中涉及高等教育改革的诸多方面问题的集中考量，对于丰富和完善具有中国特色的高等教育体系建设具有重要的理论意义和实践价值。

3. 提高人才培养质量和教育管理水平是新建本科院校面临的严峻挑战

在我国高等教育规模急速扩张的20多年时间里，质量问题一直受到社会各界的广泛热议。其中，大学生的就业问题是关注的焦点。由于各方面的原因，近年来我国大学本科毕业生的就业形势不容乐观。社会中介评价机构麦可思研究院2016年发布的《中国本科生就业报告（2016）》数据显示，尽管我国大学毕业生毕业半年后的整体就业率达到91.7%，但毕业半年后的离职率却高达34%，毕业生的就业满意度也仅为62%，工作与所学专业相关度为66%，工作与职业期待的吻合度为47%。① 其中，新建本科院校的毕业生在上述指标项的表现分别为：91.5%、26%、66%、65%。② 可见，我国本科层次人才培养质量与社会需求还存在一定的差距，新建本科院校的本科毕业生在就业竞争力与社会需求匹配度上还有待提升。

从新建本科院校参与合格评估的结果来看，"该类院校在教学条件与资源、师资队伍建设、专业与课程设置、教学管理四个方面还存在比较突出的问题，与其他老牌本科院校相比仍有差距"，具体表现为专任教师数量不足，尤其是双师型教师队伍尚不能满足应用型人才培养需要；生均教学基本设施不足，教学经费仍需进一步提高；部分专业设置带有盲目性，实践教学不足；教学管理队伍素质与结构问题突出；等等。③

综合官方与民间的教育评估数据来看，我国新建本科院校目前的人才培养质量及教育管理方面的问题仍旧十分突出。新建本科院校要真正承担起国家战略发展所赋予的历史重任，为地方产业经济发展和行业建设提供有力的

---

① 麦可思研究院. 2016年中国本科生就业报告 [M]. 北京：社会科学文献出版社，2016：26-31.
② 王伯庆. 新建本科五年发展趋势 [R]. (2017-09-28).
③ 教育部高等教育教学评估中心. 全国新建本科院校教学质量监测报告：2013年度 [M]. 北京：教育科学出版社，2014：1-8.

人才和智力保障，就必须在人才培养的质量方面有所突破，突出其应用型人才培养优势，提高学校的核心竞争力和可持续发展能力。

4. 新建本科院校内部质量保障体系研究亟待加强

一直以来，党和国家对于高等教育质量保障工作就相当重视。在我国，评估一直是教育行政的重要抓手。自1985年原国家教委发布《关于开展高等工程教育评估研究和试点工作的通知》以来，我国掀起了教育评估的热潮。经过30多年来的探索和实践，我国高等教育质量评估与保障工作已取得丰硕成果，高等教育评估法制化建设不断加强，各类高等教育评估机构陆续组建并发挥了重要的作用。但与此同时，评估中也显现出一些问题，如评估标准多样性不足、分类指导作用不强、评估手段方法单一、评估轻过程重结果等。2011年，教育部发布了《关于普通高等学校本科教学评估工作的意见》（教高〔2011〕9号）（以下简称《评估意见》），对新一轮高校教学评估做出了全面规定，建立了以"四促进、三基本、两突出、一引导"为核心内容的新建本科院校评估方案[1]，为该类院校办学与人才培养指明方向。

在新的评估方案设计下，新建本科院校应如何开展质量保障？具体而言，新建本科院校如何建立与外部评估制度相对应、相协调、相联动的内部质量管理机制？如何在应对外部问责与内部自主发展之间找到平衡点？这是摆在新建本科院校面前的一道难题。从以往的研究来看，研究型大学是高等教育质量保障研究的主阵地，针对新建本科院校内部质量保障体系的研究正处于起步和发展阶段。在已有的研究中，众多研究以英国"新大学"（post-1992 universities）[2]、欧美的"创业型大学"（entrepreneurial universities），以及近年来在德国、荷兰、瑞典等国家发展势头正强的应用科学大学（university of applied science）等新兴（型）大学为研究对象，提出了可供我国新建本科院校借鉴的新兴（型）大学发展、改革与建设经验。然而，"后

---

[1] "四促进、三基本、两突出、一引导"是指促进经费投入、促进办学条件改善、促进教学管理规范、促进质量提高（四促进）；实现办学条件基本达标、教学管理基本规范、教学质量基本有保证（三基本）；突出学校为区域（行业）经济和社会发展服务、突出应用型人才培养（两突出）；引导新建本科学校建设并完善内部质量保障体系（一引导）。

[2] 指在1992年根据英国政府颁布的《1992年持续进修及高等教育法》而获授予大学地位的前理工学院（polytechnic）、中央学院或高等教育学院，以及此后获授予大学地位的学院，这些院校被称作"1992年后大学"（post-1992 universities），也被称为"现代大学"（modern universities）或"新大学"。

发外生型"的高等教育现代化发展进程，决定了我国的高等教育发展不能照搬照抄西方国家的现成模式，而应根植于本土，开展全面深入的研究，在实践中不断调整和完善。

因此，基于我国新建本科院校的发展目标与特点，探索富有中国特色的新建本科院校的质量保障体系、评价体系和运行机制，既是对当前新建本科院校发展需求的回应，也是每个教育研究者不可回避的责任与使命。

二、研究意义

"高等教育的质量以及对质量的保障"是当前世界高等教育领域热议的话题。自20世纪70年代以来，西方发达国家纷纷制定高等教育质量标准，颁布相关法律法规，建立质量评估制度，开发质量评估工具，开展各式各样的质量评估活动。21世纪以来，联合国教科文组织多次召开以"教育质量"为主题的世界高等教育大会，提出了对于教育质量的解释框架。与此同时，我国关于新建本科院校转型发展和高等教育质量保障的探索与实践也在如火如荼地开展。在此背景下，开展新建本科院校内部质量保障体系的研究，既顺应了当前世界高等教育研究领域的热潮，也是对当前我国高等教育改革实践需求的及时回应，因而具有十分重要的理论意义和实践价值。

在理论研究层面，本研究可以进一步提升我国高等教育理论研究的特色，丰富高等教育质量保障的理论成果。构建并有效运行新建本科院校内部质量保障体系，既可以为新建本科院校的转型发展和质量建设等重大问题提供具有系统性、整体性与个性化的理论指导，充实和丰富院校研究的理论内涵，也可以为高校管理者、高等教育研究者共同商讨高等教育多元化发展背景下质量保障体系的建设打下坚实基础。

在教育实践层面，本研究不仅为当前新建本科院校的内部质量保障体系建设实践提供方法指导，促进新建本科院校提高办学质量和水平，从而为区域（行业）经济发展提供重要的人力支持和智力保障，也有利于新建本科院校明确其办学特点和人才培养定位，在人才培养规格和质量等方面与社会需求保持良好契合，从而构筑具有中国特色的高质量高等教育体系，进一步提高我国的高等教育人才培养的整体水平。

第二节 国内外研究现状

一、国内研究现状

在我国，新建本科院校的设立，既是国家调整高等教育结构布局，促进地方政治、经济、文化发展的战略之举，也是满足人民群众对高等教育迫切需求、促进教育公平的现实之需。新建本科院校开展质量保障，既是世界高等教育的发展趋势和要求，也是新建本科院校加强内涵建设、开展自我监督、提高人才培养质量、增强核心竞争力和可持续发展能力的自身发展之需。近年来，学界对于"新建本科院校"和"高等教育质量保障"的研究都比较丰富。出于本研究的需要，我们有必要对上述两个问题的研究作系统的梳理。

1. 关于"新建本科院校"的研究

新建本科院校是一个带有时间性的概念，特指 2000 年以来，在我国高等教育规模扩张和体制改革背景下，由不同层次、不同类型学校合并或专科独立升格而成，经教育主管部门审批设置的新型本科院校。[①] 2000—2014 年，学界以"新建本科院校"为题的专著或学术论文较多，内容涉及新建本科院校战略定位与转型发展、专业设置与调整、教学质量监控、教学评估指标与框架、师资队伍建设、创新创业教育等诸多方面，代表性的著作如顾永安等人著《新建本科院校转型发展论》（2010）、王玉丰著《中国新建本科院校转型发展研究——基于自组织理论的分析范式》（2011）、彭旭著《新建本科院校专业设置与调整研究》（2012）、夏建国等人著《新建本科院校教育评估指标研究》（2014），等等。2015 年，时任高等教育教学评估中心主任吴岩研究员提出了"引领新建院校走新型大学之路"[②]；2016 年，教育部高等教育司原司长张大良在成都举办的"全面提升新建本科院校办学水平

[①] 教育部高等教育教学评估中心. 新型大学新成就：百所新建院校合格评估绩效报告 [M]. 北京：教育科学出版社，2015：3.

[②] 吴岩. 新使命 新道路 新成就：合格评估引领新建院校走新型大学之路 [J]. 应用型高等教育研究，2016，1（1）：1.

和人才培养质量"专题研讨会上也提出"把新建本科院校办成新型本科院校"①。蔡敬民、顾永安、柳友荣等高校管理者和研究者也纷纷撰文，倡导"新型大学"的建设主张。因此，以2015年为分水岭，在此之前以"新建本科院校"命名的研究居多，之后则转向对"新型大学（学院）"相关问题的探讨。为了表述上的统一，本研究主要采用"新建本科院校"的表述方式，文中不对"新建本科院校"和"新型大学（学院）"做概念上的区分，两者视为概念的前后继承关系。

通过梳理相关文献可以发现，国内学者对于新建本科院校及其相关问题的研究论述主要集中在以下几个方面。

第一，对于新建本科院校发展定位及思路的研究。这类研究主要从新建本科院校办学定位、发展思路及特色出发，探讨新建本科院校的生存与发展问题。办学定位是指引新建本科院校发展前进的方向标，针对新建本科院校在发展初期存在定位盲目、雷同、模糊的现象，研究者提出新建本科院校应该从自身实际出发，解决好服务面向、办学定位、办学类型和人才培养目标等问题。例如，陈小虎（2014）提出，新建本科院校的办学定位包括"七定"——定办学理念、定服务地域、定办学使命、定行业领域、定服务功能域、定人才培养规格、定层次和额度，应扎根"所定服务域"，走"地方化、学历（学位）教育和职业教育一体化、合作办学、教师队伍多元、精品办学"之路。侯长林等人（2015）认为，新建本科院校的定位要以学校的历史积淀、所处地域、学科特色为基础作出合理定位，要区分行业性与地方性院校的不同特质、经济发达与经济欠发达地区的不同环境、人文社科类与理工农医类的学科专业的不同情况，不能一概而论。顾永安（2009）认为，新建本科院校的办学定位既要符合高等教育大众化、市场化、国际化、信息化的总趋势，又要与所处社会的经济、政治和文化等外部环境相一致，还要考虑区域性教育系统内各级各类学校之间的内在协调性。他还认为，"地方新建本科院校既可以培养高科技的精英型、创造型人才，也可以培养高级应用型、技术型人才，还可以培养中初级技术型、技能型、操作型人才和素质较高的普通劳动者"。此外，部分学者从办学特色之于新建本科院校的特殊意义出发，提出要从职能、规模和结构等方面进行科学合理定位，突出办学特色和人才培养的优势，通过整合发展、传承发展、错位发展、创新发展、赶超发展等战略，实现新建本科院校的"超越式"发展等建议。

---

① 张大良. 对焦需求 聚焦服务 变焦应用：把新建本科院校办成新型本科院校［J］. 中国大学教学，2016（11）：4.

第二，关于新建本科院校"转型"发展的研究。关于新建本科院校的"转型"是在2015年教育部《转型工作意见》中被正式提出并上升到政策层面的。其中，所谓"转型"主要是指学校"类型定位、人才培养职责使命、服务面向"的转变。彼时，众多地方本科院校（绝大部分是新建本科院校）主动响应国家号召，开展了关于"转型"发展的思想讨论与教育实践的探索。研究者以新建本科院校转型的内涵、为什么转、转向哪里、如何转、转型困境等问题为主线，对有关新建本科院校的"转型"问题进行了深入的探讨。例如，研究者分别从实质、功能、阶段三个方面阐释了新建本科院校转型的内涵："新建本科院校转型的实质是由专科教育向本科教育转变，根本点在于学校内容和实质的转型"（王玉丰，2011），"为地方经济社会发展服务是新建本科院校的新使命"（顾永安，2012），"新建本科院校的转型发展经历了三个时期，分别是：继承延续传统学术型大学办学方向时期（1999—2002年）、由学术型向应用型转变的尝试时期（2002—2012年）、由应用型向应用技术型发展方向转型时期（2013年至今）"（李克军，2015）。对于"为什么转"，研究者主要认为是为了摆脱现实困境——老本科的"压"、同类高校的"挤"以及高职高专的"顶"（聂伟，2012）。新建本科院校在严峻的生存形势下，审时度势、独辟蹊径，走上与传统本科大学完全不同的发展之路。"转向哪里"是研究者争论的焦点，观点并不统一。例如，王玉丰、陈新民等人（2011）认为"教学服务型大学"是新建本科院校转型跃迁的目标走向；宣勇、马晓春（2013）认为新建本科院校应转向"创业型大学"；柳友荣（2012）认为英国的"新大学"是我国新建本科院校理想的转型发展目标；顾永安（2018）认为"新建本科院校转型的目标是构建新型大学"，"以应用型为核心特征和办学理念的、与地方经济社会发展紧密联系的、以培养高素质应用型本科人才为根本指向的新型高校"。对于"如何转"，研究者认为新建本科院校转型是一项系统工程，涉及人才培养目标定位、专业建设改革、教学模式改革、师资队伍建设、管理方式变革、资源配置转型等方方面面的内容（孟庆国、曹晔，2013）；新建院校应走应用型大学（学院）之路，办学定位要向"应用型"转变，专业设置要以需求为导向，培养方案要以产出为导向，教师队伍也要向"双能型"转变（吴岩，2016）；"新建本科"应在办学理念、专业布局、人才培养模式、课程体系、教学评价方式以及师资和资源保障等方面实现大的转型的调整，向"新型大学"转变（蔡敬民、余国江，2016）。当"转型遇到问题"时，新建本科院校主要有两种态度：一是"积极参与"，二是"观望或抵触"（陈新民，2015）。"积极参与"的学校一般有较适合的转型基础，如在学科、专业布局、地理位置等方面具有一定的优势；"观望或抵触"的高校则担心"升本"之后，"已摘掉的职业教育或专科教育的帽子又要戴上"而有所抵触（刘彦军，2015）。概括而言，新建院校的转型难题在于专升本的难题、从单一学科专业向多学科专业转型的难题以及从模仿传统的学术型教育向应用型教育转型的难题。

第三，关于新建本科院校内部治理问题的研究。自2004年以来，国内关于新建本科院校内部治理的研究进入"井喷"期。研究者对新建本科院校内部管理及建设的问题进行了深入而细致的研究，尤其是作为微观层面的科研、教学、师资、人才培养、质量评价等问题得到了研究者的高度重视，这显然与近年来新建本科院校开展内涵式建设和由此而产生的现实问题有莫大关系。新建本科院校"升本"时间不长，"旧模式未打破，新模式未建立"，如何打破教学与科研、理论与实践以及学生与教师之间的旧有关系，建立新的适应时代和社会需求的关系等是研究的重点。其中，教学改革、人才培养模式改革、教学管理制度建设、师资队伍建设等是主要的议题，研究成果也颇为丰富，代表性学术论文有：《论新建本科院校的学科建设》（夏宏奎，2006）、《新建本科院校人才培养规格的定位与实现》（瞿志豪等，2009）、《试析新建本科院校的专业设置模式问题》（彭旭，2011）、《构建地方应用性高等教育新模式》（程艺等，2014）、《新建地方本科院校转型发展与内部治理体系对接的路径设计——基于组织发展理论的视角》（钱军平等，2015）、《新建本科院校教师队伍结构现状研究——基于37所新建本科院校教师队伍状态数据的分析》（陈寒、顾拓宇，2016）、《新建本科院校内部治理法治化困境及对策》（赵博文、李克军，2018）、《政策治理：地方新建本科院校转型的结构调整》（张衡，2021）等。这些研究从高校管理实践和微观管理层面入手，对我国新建本科院校内部管理和建设进行了深入探讨并提出了一些具有操作性的建议。

2. 关于"高等教育质量保障"的研究

20世纪80年代，随着"教育质量保障运动"在世界范围内的兴起，我国引入了西方有关教学评估和质量保障的理论并开展了本土化的研究。国内较早系统地研究高等教育质量保障问题的有王冀生、刘凤泰、陈玉琨等人，他们在20世纪80年代译介了国外大量有关高等教育评估和保障的书籍与资料，为后来的研究开展奠定了理论基础。20世纪90年代以来，我国陆续成立了一批专业性的评估机构，如"高等学校与科研所学位与研究生教育评估所"（1994年，现重组为"教育部学位与研究生教育发展中心"）、"上海高等教育评估事务所"（2000年改组为上海市教育评估院）、"江苏省教育评估院"（1997年）、教育部评估中心（2004年）等，上述机构在我国高等教育质量评估与保障方面开展了大量的工作。21世纪以来，在政府、社会力量和学界的共同推动下，我国高等教育质量保障研究蓬勃开展并取得了较为丰硕的成果。

国际上一般按照组织和实施系统的不同，将高等教育质量保障分为外部质量保障系统和内部质量保障系统两个方面。因此，本文依据国际惯例，从外部质量保障系统和内部质量保障系统两个方面分述相关的研究成果。

（1）关于外部质量保障系统的研究。

外部质量保障是指由全国性或地区性的专门机构组织实施的高等教育教学质量保障活动。在我国，高等教育外部质量保障以政府主导的各类教育教学评估为主。此外，以国家财政拨款为支撑的各类质量工程建设项目以及社会组织的学科排名、高等院校排名等也是外部质量保障的重要组成部分。这些质量评估和质量建设项目对于保障高等教育的质量意义重大，相关研究也围绕上述方面展开。

一是关于评估制度建设的探索与实践。1990年，原国家教委颁布的《普通高等学校教育评估暂行规定》是我国第一部关于高教评估的行政法规性文件；2001年，教育部发布的《关于加强高等学校本科教学工作提高教学质量的若干意见》（教高〔2001〕4号）提出，"要把教育质量特别是本科教育质量作为评估和衡量高等学校工作的重要依据"；2004年，国务院印发的《2003—2007年教育振兴行动计划》明确提出"建立每五年一轮的高等学校教学评估制度"，即要求高等学校每五年必须接受一次教学评估。教育部高教司专门设立了评估处（教育部高等教育评估办公室），主要负责研究高等教育评估的方针、政策、法规和文件，统筹规划、协调和组织各类高等教育评估工作。2004年，教育部高等教育教学评估中心成立，专门研究并具体负责院校评估制度的制定及实施工作。2005年，教育部高教司成立了普通高等学校分类评估指标体系和方法研究课题组，按照"分类评估、分类指导、分级管理、突出特色、完善质量保障、减少功利性、强化社会参与"的原则，课题组制定了分类评估的方案，并针对新的本科院校不断增加的情况，提出了"合格评估"的初步方案。在此基础上，教育部于2007年推出了"新一轮普通高等学校分类评估研究课题"，分南北两大课题组，共同研制新一轮高校评估方案和评估标准。2011年，教育部下发的《评估意见》对新一轮高校教学评估做出了全面规定。其中包括5种评估形式[①]，吴岩研

---

① 5种评估形式分别是指学校自我评估、院校评估（包括合格评估与审核评估）、专业认证及评估、国际评估和教学基本状态数据常态监测。

究员将其概括为"五位一体"的评估制度，并成为新时期我国高校本科教学工作评估体系的一个固定概念。2014年，由吴岩主编的《国际高等教育质量保障体系新视野》《构建中国特色高等教育质量保障体系》两本著作正式出版，分别从国际高等教育质量保障发展的最新动态和形势、新时期中国特色本科教学评估制度顶层设计两个层面，阐述了在世界高等教育质量保障发展新趋势下，具有中国特色"五位一体"评估制度的设计及实施情况。

二是关于高等教育质量标准的研究。如何对质量进行评价一直是高等教育领域探索的重大课题。"五个度"的质量标准[①]的提出，通过对质量的本质、结构及表征的系统认识，提取到学校的目标与愿景、政策与资源、课程与师资、学生服务与发展、社会服务与成果转化等评估认证标准的核心要素，并将这些标准加以系统组合，形成了具有中国特色的高等教育质量标准体系，在两个方面实现突破：第一，在大数据理论和技术的支持下使教育质量得以定量化；第二，运用多元的评价视角，为引导高等教育的多样化发展指引了方向。2015年底至2016年初，教育部评估中心受邀首次对俄罗斯的几所大学开展质量评估并获得广泛赞誉，即是该质量标准和评价的技术方法走出国门、获得国际认可的证明。[②]

三是关于高等教育质量保障模式及运行机制的研究。研究者主要通过国别的比较，分析各个国家在高等教育质量保障方面的典型案例和特征，总结其一般经验和可供借鉴之处。如陈玉琨等人将西方高等教育质量保障模式分为英国的"自治"模式、美国的"中介"模式和大陆的"政府控制"模式三种（2003）。熊志翔将世界范围内存在的高等教育质量保障模式分为美国的社会鉴定型、英国的多元评估型、法国的中央集权型、比利时二元结构型、荷兰的校外评估型（民间鉴定机构承担高校评价工作）、日本的统分结合型六种典型（2001）。代表性的著作有张彦通主编《欧洲地区高等教育质量保障体系研究》（2007）、郑晓齐主编《亚太地区高等教育质量保障体系研究》（2007）、雷庆主编《北美地区高等教育质量保障体系研究》（2008）、唐霞著《英国高等教育质量保证体系》（2012）、马健生著《高等教育质量保证体系的国际比较研究》（2014）等。这些研究通过对各国质量保障与评

---

① "五个度"分别是指培养目标的达成度、社会需求的适应度、师资和条件的支撑度、质量保障运行的有效度、学生和用户的满意度。
② 教育部高等教育教学评估中心. 走出国门的中国高等教育评估：教育部评估中心受邀首次对俄罗斯大学开展质量评估［EB/OL］. (2015-11-24)［2017-11-15］. http://www.pgzx.edu.cn/modules/jiaoliuyuhezuo_ d.jsp?id=90009.

估制度、模式的比较与分析，为我们学习国际高等教育质量保障的基本经验奠定了基础。

随着国家"管办评分离"政策的实施推进，有关学校、政府和社会三者关系问题的讨论是关于质量保障体系运行机制研究的一大热点。周光礼等人认为，要提高评估的有效性，应发挥社会问责与评估的重要作用，实现政府职能的转变，即由政府问责转向社会问责，同时推动评估体系建设的重心由高校外部移向高校内部（2014）；余小波从市场引导、舆论监督和社会评价三个维度提出以大学排行为社会调节器，发挥高校质量管理的作用（2014）；李国强指出，在我国高等教育"管办评分离"改革进程中，外部质量保障体系的建设与完善，需要鼓励社会第三方评估组织参与高等教育质量评价，消减政府管理权限，给予高校更大办学自主权，促进高校自我检查、自我改进和自我提高（2016）。

(2) 关于内部质量保障系统的研究。

内部质量保障与外部质量保障并无严格的界线，事实上，高校内部质量保障活动往往是在外部质量保障的框架设计下开展的。我国高校内部质量保障体系建设主要靠政府政策推动，受外部质量保障和评估认证的影响较大。近年来，随着我国高等教育教学改革的不断深入，本科教学规范不断加强，质量保障的焦点逐渐由外部问责转向高校内部。我国有关高校内部质量保障的研究始于 20 世纪 90 年代末，经过 20 多年的不断进步与发展，目前国内几乎所有高校都成立了不同规模和类型的校内评估机构，如评估处、评建办公室、质量监控办公室、质量管理科（教务处下属科室）等，开展了形式各样的质量评价与保障工作。通过文献检索发现，国内有关高校内部质量保障的研究自 2006 年起逐渐升温，从早期对内部教学质量保障内涵、方法、途径研究到目前对内外结合的质量保障框架、体系的"系统化构建"，研究主题呈现多元化的特点。

一是引介发达国家高校内部质量保障先进经验。学术论文如方鸿琴的《英国高校内部教学质量保障体系的特点与启示》（2013）、郭朝红的《芬兰赫尔辛基大学的内部质量保障探究》（2009）、屈琼斐的《美国大学内部质量保障体系的启示》（2010）等；博士学位论文如袁潇的《美国公立高等院校内部问责制研究》（2013）、董垌希的《中外高校本科人才培养质量保障体系比较研究》（2013）、王桂艳的《美国高校内部质量指标研究》（2013）等，均是对欧美发达国家高校先进理念与实践案例的研究，从高校内部质量保障的模式、构建方法、运行机制等方面提出可供国内高校借鉴的经验或启示。

二是对内部质量保障的内涵及其工具、方法和技术等基本问题的研究。魏红等人认为,"内部质量保障则是由高等学校自身负责的教育教学质量保障活动"(2009);戚业国认为,"内部质量保障是高校基于一定的质量承诺,通过全面质量管理,建立自我改进质量的管理机制,运用制度、程序、规范、文化等控制措施,实现质量的持续改进与提高的过程"(2009)。对于质量保障的工具、方法和技术,研究者主要从教育实践出发(主要是高校管理者),以工商企业质量管理的技术与方法为基础,如全面质量管理中 P(plan) D(do) C(check) A(action) 循环、ISO9000 族标准以及"控制论"的思想,提出一系列质量保障的方法和措施。其中,"高校自我评估与自我管理""高校质量年度报告撰写""高校内部治理结构建设""学生评价与社会监督""数据平台建设(大数据管理)""学生学习成果评价""民主管理与科学决策""多元主体参与质量管理""绩效考核"等均是研究热点,相关成果相当丰富,在此不一一赘述。

三是关于内部质量保障体系建设的研究。研究者多以教学质量保障为核心,提出了开展关键教学环节质量监控与保障的标准、方法与程序,进而提出有关高校内部质量保障体系建设的整体思路和框架。戚业国等人指出,本科教学质量保障体系的构建须遵循"达成质量共识—研究质量生成过程—寻找关键控制点—建立质量标准—收集质量信息—实施质量评价—反馈与质量调控—质量持续改进"的程序(2009)。近年来,随着研究的不断深入和研究视野的扩展,研究者突破了对内部质量保障体系原有认识的局限,将教学质量保障与学校内部治理其他活动以及外部治理相关方面相连,转向更加广阔和开放的研究视域。例如,夏建国等人指出,教学质量保障体系不仅与校内管理系统(如科研、设备、人事、财务、后勤)相互关联、相互依存,同时又具有自己相对独立的、包含不同层次的多元子系统(2012);刘振天认为,高等教育质量保障体系是将影响高等教育质量的全部因素按照性质、功能、作用方式按照一定方式组合,构成的"可观测、可分析、可统计、可量化、可操作和可控制的管理系统",这个系统包括"目标和标准、资源配置、运行、评价、反馈改进"等子系统,且各子系统之间分工协作,共同致力于高校教育教学质量的提高(2016);吴岩认为,"现代高等教育质量保障体系是组织机构、专业队伍、质量标准、评估监测、结果反馈、持续改进六大关键要素形成一个完善的闭环体系,建立适应未来高等教育发展变化的新的质量评价标准、新的评价技术方法和高校质量文化"(2014)。上述观点将对内部质量保障体系的认识提升到一个新的高度,既不囿于高校内部,也不将质量保障的内容停留在工具层面,而是将高校内部质量保障体系与高校外部资源、环境等紧密相连，致力于构建一个多元主体参与的、基于信息反馈进行持续改进的、以质量文化建设为核心的内外结合的质量保障体系。

四是对于高等教育（高校）质量文化建设的关注。随着对质量保障"工具性"认识的加深和"功利化"问题的反思，研究者从不同层面或视角对高等教育（或高校）的质量文化建设展开了论述。例如，王建华提出，"高等教育质量不是一种物的客观存在，而更多的是一种精神性的东西，是一种文化的结晶"，"只有培育支持全面质量的组织文化，高等教育的质量管理才能取得成功"（2010）；刘振天认为，高等教育质量文化的提出是对"技术至上"的质量保障的反思，是"克服单纯的技术性与程序异化，回归高等教育的人文本性"的必然趋势（2016）；张应强认为，建设高等教育质量文化是克服外部的"问责失灵"难题，从质量问责走向质量合作，形成各利益相关者之间基于信任的高等教育质量治理体系的根本途径（2017）。但是，目前国内有关高等教育（或高校）质量文化的研究主要是对质量文化的内涵阐释、对质量文化建设的重要性与必要性的辨析和对质量文化建设的倡导，研究者大多从高等教育的人文本性出发，呼吁质量保障理念的文化回归和观念转变，强调质量文化建设对于高校教育实践的积极影响，而缺乏对质量保障活动开展与质量文化建设之间关系的透彻分析和实证研究，对质量文化与质量管理过程及其结果的内在关系研究不够，难以提出通过质量文化建设引导高校改进教学、提高质量的有效办法。

（3）关于内部质量保障系统与外部质量保障系统关系的研究。

对于内部质量保障系统与外部质量保障系统的关系，在教育部提出的本科教学工作评估"二十字方针"——"以评促建、以评促改、以评促管、评建结合、重在建设"中已有所表述。这"二十字方针"的"评"和"管"主要是外部质量保障的方式，而"建"和"改"可以说是高校内部质量保障的主要内容，"结合"则是对"内"与"外"质量保障关系的描述。以高校为人才培养质量的责任主体，"以外促内"，通过评估促进和带动学校内部质量保障体系的建设与完善是新时期我国高等教育质量评估制度设计的基本原则。在学界，研究者主要认为内部质量保障是外部质量保障开展的基础，外部质量保障引导、激发并促进内部质量保障。也有研究者指出，目前国内许多研究与实践混淆了内部与外部质量保障的关系，内部质量保障依附于外部质量评估与保障而存在，从而丧失了应有的独立性（刘振天，2016）。

因此，如何协调高校自主管理与外部监控之间的关系，在外部问责与高校自主发展间保持平衡，也是近年来内外部质量保障关系研究的重点。张应强等人指出，"对于遵从的倡导，对于技术的迷思，以及权力和责任的失衡，是当前高等教育质量保障所固有的弊端"（2014）；张慧洁认为，"不合理的评估制度会限制大学自主权，使大学丧失多样性和个性，从而压制学术自治、学术自由"（2005）；史朝指出，评估一方面使大学走出了"象牙塔"，更加关心并致力于满足社会和利益相关方的多元化需求，更好地适应社会，这是质量保障政策的正效应，而另一方面，质量保障中的商业管理概念以及大学管理的科层化趋势影响了大学的改革，通过"自上而下"、等级化的管理来实现的"评审机制"能否真正促进知识的传授和教学质量的提升尚待深思（2008）。总而言之，"内外结合"是对内外部质量保障之间关系的较为普遍但笼统的描述，对于内部与外部质量保障关系的研究仍待深入，尤其是现有研究大多缺乏相应的严密推理和实证调查，"内"与"外"如何协调和联动更待深入研讨和科学论证。

3. 关于"新建本科院校教育质量保障"的研究

新建本科院校是一类"新"事物，2003—2008年开展的普通高等学校教学工作水平评估尽管对中国高等教育大发展时期人才培养和教学质量起到了重要的监督和促进作用，但"评估标准多样性不足和指导作用不够"的问题却不能忽视。为此，教育部评估中心为新建本科院校制定的"合格评估"方案引导新建本科院校走培养应用型人才，服务地方（行业）经济发展之路。从2009年开始，教育部对全国新建本科院校进行合格评估，"地方性、应用型"导向和评估的刚性约束力，有力地促进了新建本科院校的改革、建设与发展，相关的研究也随之而展开。

梳理相关文献发现，2010年以来，国内有关新建本科院校质量保障的研究迅速增加，研究主题主要有以下三个方面。

一是关于新建本科院校教育质量标准的研究。质量标准的制定是开展质量保障的核心和前提。在针对新建本科院校的合格评估中，教育部评估中心制定的"合格评估指标体系"包含7个一级指标、20个二级指标和39个观测点，这实际上是为新建本科院校研制的质量底线标准，是外部评价标准。从已有文献来看，大多数研究者已从质量标准制定的原则、方法、程序和内容等方面来阐述新建本科院校有别于传统学术型高校的标准特点。例如，杨德广认为，高等教育的多样化和多层次化的发展，首先是在不同层次、水平的教育教学上有不同的质量标准，"各校应按照具有国际可比性专业教育质量标准制定自己的专业规格、阐明各专业规格的性质、特点和内容"（2007）；孙泽平等人指出，新建本科院校人才培养质量标准应是在基本能力方面达到高等教育的一般要求，具有较宽广的知识面和一定的人文素养与科学素养，具有正确的价值观，形成良好的道德品质和职业素养，在专业能力方面注重实践和解决实际问题，在综合素质方面要有较强的社会能力和扎根基层的不畏艰苦的精神（2010）；王智勇认为，新建本科院校质量标准的制定要根据学科、专业及学生就业方向形成层次化的标准体系，要以学生成长和成才为出发点、以教学过程为落脚点、以社会需求为导向，通过"对接分解国家评估标准，做好学生和家长、教师、用人单位等各方的调研，适当取舍学术研究的质量指标"等方法来制定标准（2015）。

二是关于新建本科院校教育质量保障工具、方法的研究。对于新建本科院校质量评价、监控及保障的技术、工具及方法的讨论较多，如傅大友等人指出，教学质量评价与监测系统应以评教（教师教学）、评学（学生学风）、评管（教学管理）为核心，加强对教学质量的过程监控（2007）；黄孙庆等人认为，新建本科院校教学质量监控由"管理职责""资源管理""产品实现"及"测量、分析和改进"四个方面构成，要以PDCA循环法管理教学质量的每一个过程以及这些过程之间的复杂关系，并通过强有力的组织领导来实现教学质量监控体系的有效运行（2012）；张增凤等人建议以教研室为基础，以系（部）为主体，以院级为督导，以抓诊断、抓督导、抓载体、抓规范、抓评估这"五抓"为重点，构建"院、系（部）、室三个层次的教学质量监控模式"（2002）；蔡敬民认为，新建本科院校应加强对实践教学环节的监控，在监控方法上，除了要开展常规性的监控外，要加大"生成性"监控内容及权重，鼓励教师开展模块化教学和基于问题的研究教学（2008）。

三是关于新建本科院校教育质量保障体系的研究。教育部评估中心从2012—2014年连续三年编写《全国新建本科院校教学质量监测报告》，2015年在广泛调研的基础上撰写《新型大学新成就——百所新建院校合格评估绩效报告》，对新建本科院校的质量保障体系建设现状进行了全面剖析，从质量保障机构建设、质量保障队伍数量与结构、质量保障制度与质量控制状态、全国高校教学基本状态数据库填报及使用、校内评教以及教学研究与教学信息化成果等方面提出了新建本科院校质量保障体系建设的成效与不足。高校管理者从教学实践出发，对质量保障体系建设提出相关主张，认为新建本科院校的质量保障体系建设须体现"全方位""全过程""全员性"，构成组织一致、相互协调的教学过程组织与教学质量决策"两个闭环"，建立包括教学规范系统、教学过程监控系统、教学质量评价与诊断系统和教学质量反馈系统四个方面的教学质量监控系统，并且以运行质量监控为核心，以规章制度建设来推动质量保障体系建设（夏建国，2012），为新建本科院校质量保障体系建设提供了重要参考。

二、国外研究现状

与国内研究相比较,国外对高等教育质量评估与保障的研究较为丰富和全面,尤其是对高等教育多样化发展背景下新型大学(学院)质量保障体系建设进行了较为深入的探讨。从某种程度上讲,国内有关高等教育质量保障的研究,是在充分引鉴和学习国外相关研究成果及实践经验的基础上建立起来的。出于研究需要,本文首先从高等教育多样化发展的角度对国外"新建(兴)大学"的崛起和发展做概述,继而对这类院校开展质量保障体系建设的情况做文献梳理。

1. 关于"新建(兴)大学"的研究

在国外,对"新建(兴)大学"的研究是从高等教育多样化发展的角度提出的。美国当代知名教育家克拉克·科尔(Clark Kerr, 1995)是较早研究高等教育多样化发展的代表。他提出,"与单一化高等教育系统不同,'多元巨型化大学'有若干个目标、若干种顾客服务,这个系统的基本特征是:不忠诚于任何一种信念,不专注于任何单一的职能,各个部分处于最好是结合、其次是共存,或至少是接近的状态"。近20年来,国外"新建(兴)大学"的代表有英国的"新大学"、欧美创业型大学以及在德国、荷兰、芬兰以及瑞典等国兴起的以培养应用型人才为主的应用科学大学。其中,对英国"新大学"和欧洲地区应用型大学的研究主要是从高等教育学术型和应用型的分野以及学术型与应用型人才培养分类的角度来讨论的,而对欧美创业型大学的研究主要是从大学组织转型及其内部变革,尤其是从构建高等教育与社会发展新关系等角度来讨论推动学校自身的跨越式发展的新途径,开辟与研究型大学竞争的新路径。因此,前者对于我国新建本科院校办学定位和人才培养模式改革具有重要的启示,后者则对我国新建本科院校在战略转型期如何实现自身的飞跃成长有重要的借鉴。

20世纪60年代,受工业发展的推动,英国经济社会对技术型、应用型人才的需求增大。1992年,随着英国高等教育法修正案(*The Further and Higher Education Act*)的颁布,一批"1992年后大学"(post-1992 universities)诞生。它们的前身多为理工学院(polytechnic)。目前,英国一共有166所这样的大学,占据英国大学数量的一半,它们是英国促进大众高等教育体系发展、广设大学的结果。这些年轻的大学在某些新兴或单一领域上有较出色的表现,但是在整体声誉上大多不如传统大学,大学排名均在TIMES 50之后。但是,"新大学"的设立对英国高等教育发展具有重要意义,除了促进英国高等教育规模的扩张，它们对人文教育、大学科研职能做出新的诠释，为"非传统"的学生获取高等教育创造了有利的机会。2010年10月12日，为了保证英国"世界级"教育质量的地位以及这类大学的可持续性发展，题为《确保未来的高等教育持续发展》的布朗报告出炉。该报告建议提高这类大学的入学学费（目前这类大学每年收取本科生9000英镑的费用，高于其他大学的平均水平），并且要求这类大学"在课程与专业设置上要与就业市场保持紧密的联系"，同时在质量保障方面对这类大学提出更严格的要求和标准，对其质量管理者也要提出更高的要求。

近二三十年来，应用型高等教育在世界各国快速发展。德国、荷兰、芬兰、瑞士等国的办学成果较为瞩目，相关研究成果也较多。例如，荷兰学者胡伊斯曼（Huisman，2008）对荷兰的应用科学大学（Hogescholen，荷兰语）进行了研究，他认为，"应用科学大学之所以在荷兰得到快速发展，得益于相对较低的学位获取成本以及当前社会经济发展对技术性人才的需要"[1]；德国学者杜尔斯特（Durst，2010）认为，学术型和应用型高等教育之所以能在西方教育领域并行发展，其原因在于应用型高等教育的举办扩大了高等教育的开放程度，吸引了更多学生进入高等教育系统，增加了学生接受高等教育的机会。[2] 目前，西欧（如德国、荷兰）和北美（如美国、加拿大）以及澳大利亚等国在应用技术人才培养方面的模式和经验已成为许多国家争相学习和模仿的对象，在国内学者对西方国家应用型人才培养经验介绍中也占了相当大的比重。

美国著名高等教育专家伯顿·克拉克（Burton R. Clark，2004）以欧美创业型大学进行了研究。他认为，创业型大学有五个核心要素：强有力的驾驭核心、拓宽的发展外围、多元的资助基地、激活的学术心脏地带、一体化的创业文化。他重点研究了英格兰沃里克大学、荷兰特温特大学、苏格兰斯特拉斯克莱德大学、瑞典恰尔默斯技术大学、芬兰约恩苏大学的改革案例，之后又将研究案例扩展到了14个。这些创业型大学开创了教育与社会结合的新模式，提高了自身的竞争力和服务社会的能力水平，推动了学校的跨越发展，其成长和发展经验值得我国地方新建本科院校学习和借鉴。

2. 关于"高等教育质量保障"的研究

在西方，高等教育质量长久以来都是高校自身的责任，是大学内部的问

---

[1] HUISMAN J. Shifting boundaries in higher education: Dutch Hogescholen on the move [M]. Berlin: Springer Netherlands, 2008: 167.

[2] SLANTCHEVA-DURST S. Redefining short-cycle higher education across Europe: the challenges of Bologna [J]. Community college review, 2010, 38 (2): 130.

题,与社会外界无关。正如美国学者格林(Green,1994)所言,"直到上世纪 80 年代中期,任何关于高等教育质量的争论都是在高等教育机构内部进行的。当对质量的辩论成为一个公众话题时,学者们的反应是困惑和不公正感,原因是学术标准理应由大学自己来制定,学者们甚至为其学术受到公众的问责而感到愤慨"。[①] 20 世纪 80 年代中后期,在全面质量管理理论的影响下,高等教育评估活动的内容及其影响力逐步扩大,并演变为一场遍及世界的高等教育质量保障运动。

第一,关于外部质量保障的研究。根据联合国教科文组织国际教育规划研究所(UNESCO-IIEP)首席专家马丁(Martin)等人的定义,外部质量保障(external quality assurance,EQA)是指在高等教育机构之外的保障,包括由外部机构所驱动的对于学校整体的评价、评估,或者根据预先设定的标准对某个主题进行评估(如国际化水平等)。进一步地,他们还对强制性外部质量保障(compulsory EQA)和自愿性外部质量保障(voluntary EQA)做了概念上的区分:强制性外部质量保障是指由政府通过一定的政策、程序和标准来驱动,高等教育机构必须遵守的质量保障方式,其目的是通过国家监管机构的外部评估或审查,对高等教育机构的教育质量进行问责、控制和改进;自愿性外部质量保障以高校及其专业自愿的形式参与,如以认证的方式进行评估,其结果通常是颁发证书的形式,对高校的反馈及改进等的控制或决策能力相对较弱。

通过文献梳理可以发现,国外对高等教育外部质量保障的研究涉及质量保障政策、机构、模式、标准(指标)、方法、程序等多个方面,既有对教育质量保障活动普遍规律的探寻,也有对国家或地区高等教育质量保障特点及其发展历程的纵深剖析。值得注意的是,受全球化和区域经济一体化的影响,高等教育外部质量保障也呈现出国际化、区域化的发展趋势。联合国教科文组织、世界银行(The World Bank)、国际质量保证高等教育认证组织(International Quality Assurance and Accreditation in Higher Education,INQAAHE)及经济合作与发展组织(OECD)等国际性组织对推动质量保障制度在世界范围内的形成和扩散起到了重要作用。与此同时,欧洲通过博洛尼亚进程(Bologna Process)建立了区域性的质量保障框架,在非盟(AU)、东盟(ASEAN)的推动下,区域性的质量保障组织纷纷成立并推动建立了区域性的教育资历框架,促进了国家及地区间高等教育资源和学生的流动。相

---

① GREEN D E. What is quality in higher education? [M]. Buckingham: The Society for Research into Higher Education & Open University Press,1994:12.

应的研究也围绕上述趋势变化而展开,牛津大学教育系教授马金森(Marginson)和美国亚利桑那大学教授罗兹(Rhoades)在全球化背景下提出的一个研究国际高等教育的理论框架——"全球国家地方"(glonacal)模式。① 在此基础上,研究者从全球(宏观)、国家(中观)和地方(微观)三个层面(维度)考虑质量保障在全球的发展,或者分析欧洲、亚洲和非洲等区域质量保障与认证对于高等教育国际化发展的贡献,以及从全球化的层面探讨高等教育质量保障与认证对于世界高等教育系统的发展产生的影响。

在质量标准及质量评价指标的研究方面,OECD 在 1990 年与 1993 年先后两次发布了《高等教育绩效指标的编制——欧盟十一国纲要》(*The Development of Performance Indicators for Higher Education: A Compendium for Eleven Countries*)和《高等教育绩效指标的编制——欧盟十二国纲要》(*The Development of Performance Indicators for Higher Education: A Compendium for Twelve Countries*),这是关于欧洲地区评价高等教育质量绩效指标具有代表性的文献。欧洲高等教育质量保障协会(European Association for Quality Assurance in Higher Education,ENQA)于 2015 年修订了《欧洲高等教育质量保障标准和指导方针》(*European Standards and Guidelines for Quality Assurance in the European Higher Education Area*,*ESG*),为欧洲高等教育质量保障框架提供了指导性方案。美国工程与技术认证协会(Accreditation Board for Engineering and Technology,ABET)作为《华盛顿协议》(*Washington Accord*)发起组织之一,所提出的申请工程教育认证的专业认证标准,对于世界范围内工程教育质量保障产生了重大而深远的影响。

在对质量保障的方法、程序及其机制研究方面,美国学者迪尔(Dill,2010)对外部质量保障工具的使用及其对于学术质量的影响进行了研究,他根据驱动力来源将外部质量保障的工具分为"自我驱动、政府监控和市场监控"三类(见表 1-1),并提出了如何在高校、政府和市场之间找到质量保障工具混合使用的合适方法。②

---

① MARGINSON S, RHOADES G. Beyond national states, markets, and systems of higher education: a glonacal agency heuristic [J]. Higher education, 2002, 43 (3), 281 – 309.
② DILL D. Quality assurance in higher education: practices and issues [C] //MCGAW B, BAKER E, PETERSON P. The 3rd International Encyclopedia of Education, Oxford: Elsevier, 2010: 377 – 383.

表1-1 外部质量保障的工具

专业（自我）监管	国家/地区（直接）监管	市场调节/市场监管
专业认证和许可	学历资格框架	向社会提供质量相关信息
自愿性的高校认证	质量框架	学校及专业绩效数据
外部评估	学科评估	大学排名
	政府组织的认证评估	评估结果
	学术审核	
	基于绩效的投资或合约	
	国家考试或调查	

第二，关于内部质量保障的研究。马丁等人认为，"内部质量保障（internal quality assurance，IQA）是指在高等教育机构内部，为了确保标准和目标的实现，所采取的一切质量保证机制、工具和系统"。马丁还指出，"内部质量保障的关注点应放在学生的学习体验和自我调节能力方面，包括就业能力和劳动力市场准入，这些应是内部质量保障的重点关注内容"[①]。根据日本大学评价及学位授予机构的定义，内部质量保障是指"高等教育系统，高等教育机构根据自己的责任，对本机构内的各种活动进行评价，并根据结果进行改革和完善，以此保证其质量"[②]，简单而言，就是：自我检查、自我评价与自我提高。

从研究主题来看，高校开展内部质量保障的技术与方法，高校进行质量评价与保障的优秀实践案例，尤其质量标准的设立、质量保障模型的构建、质量评价机制的建立、质量监控措施、学生学习成果评价等均是讨论的焦点。

一是关于质量保障模型的运用。来自于工商业界全面质量管理（total quality management）、绩效指标模式（performance indicators model）、BS5750质量保证模式以及专家管理模式（professional model for quality）等在高校内部质量保障的质量管理中得到广泛运用。与此同时，关于上述工具在高等教育领域的适用性问题也引发了置疑和讨论，如美国学者贝克特（Becket，2008）提出，教与学不能被简单地看作"服务者"与"顾客"的关系，高

---

① MARTIN M，SANYAL B C. Quality assurance and the role of accreditation：an overview [J]. Palgrave Macmillan，2007（100）：3-17.
② 大学评价及学位授予机构. 关于构筑教育的内部质量保证系统的指导框架 [R]. 研究会资料，2013.

等教育质量保障的目的是增长学生经验（与商业模式下的盈利目的有根本区别）①，进而引发了研究领域关于工具理性的再度思考。

二是关于高校内部质量保障体系的建设研究。国外的研究主要从质量保障的组织机构建设，人员的工作职责划分和专业技能培养，质量信息的收集、发布和反馈等多方面进行研究。值得关注的是，联合国教科文组织国际教育规划研究所在2014—2016年组织实施了"高等教育内部质量保障优秀原则和创新实践项目"（Exploring Good and Innovative Options in Internal Quality Assurance in Higher Education，简称"IQA项目"），该项目通过对8所案例高校的研究，提出了关于高校内部质量保障政策的制定与实施、人员参与、工具与方法使用、提高管理成效等方面的建议，对发展中国家高校内部质量保障体系建设提供了大量可借鉴的经验。

三是关于高等教育（机构）质量文化建设。国外研究者不仅对"质量文化""大学质量文化""质量保障的文化"等术语做了词义上的辨析和概念的界定，而且注重从实证的角度证明质量文化建设与教育质量提升之间的关系，从而提出了有关质量文化建设的可操作性的建议。例如，美国学者库（Kuh）和威特（Whitt）在《看不见的景色：美国高校文化》一文中谈到，"高等教育组织的文化（higher education organizational culture）是在高等教育机构中形成的，用于指导个人或集体行为的规范、价值、实践、信念，这种价值和信念将成为组织内部各个成员或团体在组织机构内外行为方式的参照系和框架"②；比利时布鲁塞尔大学教授柏瑞丝（Berings）指出，"质量文化是一种复杂的社会建构现象，包含了组织情景、价值观、质量管理的不同阶段以及成员个人预期等多方面因素，因此，质量文化不应被视为一种孤立的文化存在，而应从更广泛的社会背景角度来考量"③；丹麦哥本哈根商学院的哈维（Harvey Lee）教授辨析了"质量文化"与"质量保障文化"含义的异同，他指出，"质量文化"（quality culture）不是"质量保障的文化"

---

① BECKET N, BROOKES M. Quality management practice in higher education – what quality are we actually enhancing? [J]. Journal of hospitality, leisure, sport & tourism education, 2008, 7 (1): 40 – 54.

② KUH G D, WHITT E J. The invisible tapestry: culture in American colleges and universities [R]. Washington, D. C.: Association for the Study of Higher Education, 1988: 28.

③ BERINGS D, GRIETEN S. Dialectical reasoning around quality culture [C]. The 7th European Quality Assurance Forum (EQAF) of the European University Association (EUA), Tallinn, 2012.

(quality assurance culture),真正的"质量文化"是基于管理者、教师和所有学生的主动要求改进的意愿,而不是对质量管理制度、要求和程序的服从,更不是一种妥协,它独立于任何官僚化的程序或规范。① 与此同时,国外一批关注"质量文化"的研究者和研究机构就质量管理与质量文化的关系开展了大量的实证研究,具有代表性的如欧洲大学协会(European University Association,EUA)于 2002—2006 年实施的"质量文化项目",2009 年发起的"质量文化检查项目",通过连续的调查从实证的角度证明质量文化建设对教育质量提升的积极作用。

第三,对于内部质量保障与外部质量保障之间关系的研究。在 2016 年 6 月厦门大学举行的"高等教育质量与就业:内部质量保障的贡献"国际研讨会上,来自海内外的众多知名学者对内部质量保障与外部质量保障之间关系进行了交流发言,并开展了热烈的讨论。马丁认为,"内部质量保障与外部质量保障如同硬币的两面,不可分离"②。克瑞斯汀·甘瑟尔(Christian Ganseuer)认为,内部质量保障是高等教育机构通过各种活动用于满足外部质量标准和指标,同时达到自身发展目标的各种程序、工具和测量方法。③ 对于内部与外部质量保障之间存在的张力或矛盾问题,有学者指出,内部与外部质量保障的冲突主要缘于利益相关者期望的不同。具体而言,外部利益相关者对高等教育机构的要求有时被解读为对正式的科层化结构的痴迷,这种结构会可能给学术机构(大学)带来沉重负担。④ 安萨(Ansah)认为,正式的外部质量保障确实给高等教育机构本身带来更高的压力,但正因为如此,高校要想获得更大的自主权,就必须通过建立正式的内部质量保障体系作为交换。"没有强大的外部质量保障,高校内部质量保障就不会得到真正的改善,高等教育机构内部的质量保障体系建设是提高高等教育质量的必要

---

① HARVEY L. Key features of internal quality assurance that support a quality culture [A]. Xiamen: Policy Forum on Higher Education Quality and Employability: How Internal Quality Assurance Can Contribute [C]. Xiamen University, 2016: 17 – 19.
② MARTIN M. What is at stake and what are the trends internationally? [A]. Xiamen: Policy Forum on Higher Education Quality and Employability: How Internal Quality Assurance Can Contribute [C]. Xiamen University, 2016: 9 – 11.
③ GANSEUER C, PISTOR P. From tools to a system: the effects of internal quality assurance at the University of Duisburg-Essen [A]. Xiamen: Policy Forum on Higher Education Quality and Employability: How Internal Quality Assurance Can Contribute [C]. Xiamen University, 2016: 12 – 15.
④ LEISYTE L, WESTERHEIJDEN D F, et al. Stakeholders' involvement in quality assurance in higher education [C].

条件。"①

为平衡与协调内部与外部质量保障的关系,研究者从质量保障活动开展的驱动力(因素)角度进行了研究。来自诺森比亚大学纽卡斯尔商学院的教员利雅得·夏姆斯(Riad Shams)认为,质量保障活动的开展是内外多方面因素共同推进的结果,外部如国家(或地区)的教育规则及政策、质量保障设计框架、政府及社会组织的质量期望及要求等,内部如高校对知识创新的渴望、对质量进步的内在需求等都是促进质量保障活动开展的积极因素。②从这个意义上讲,内部与外部质量活动具有互相推动和促进的作用(见图1-1)。

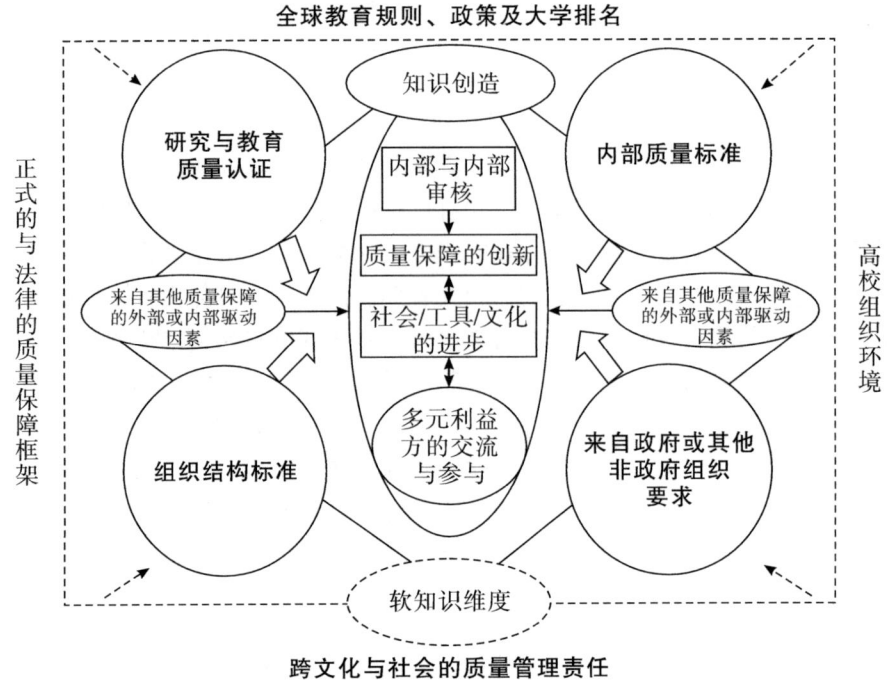

图1-1 质量保障活动开展的内外部驱动因素

资料来源:根据利雅得·夏姆斯等人的研究资料整理.

① ANSAH F. Conceptualising external and internal quality assurance in higher education: a pragmatist perspective [J]. Interrational journal of African higher education, 2016, 2 (1): 135-152.
② SHAMS S M R, BELYAEVA Z. Quality assurance driving factors as antecedents of knowledge management: a stakeholder-focussed perspective in higher education [J]. Journal of the knowledge economy, 2017 (3): 1-14.

3. 关于"新建(兴)大学质量保障"的研究

质量保障与高等学校多样化发展之间关系也是近年来高等教育领域研究的热门话题。"新建(兴)大学"是高等教育多样化发展的产物,在高等教育分类发展的趋势背景下,质量保障中统一的评价指标与高等学校多样化发展目标之间也引发不小的争议。美国著名的教育社会学家马丁·特罗(Martin Trow)曾指出,"在大众化发展的过程中,高等教育呈现出多样化趋势,而精英式的高等教育评价标准根本不能诠释新出现的高等教育现象"[1]。马里兰大学的高等教育教授伯恩鲍姆(Birnbaum)认为,必须要调整质量评价的标准和方法,采用新的评价方案,才能促进高等教育的多样化发展。[2] 质量保障之于高等教育多样化发展的负面影响时常被提及,挪威学者施登萨克(Stensaker)[3] 与耶鲁大学教授迪马乔(DiMaggio)[4] 等人均指出,统一的高等教育国家标准、国家层面的教育质量评价体系设计使高校在发展目标上趋于一致,从而让高校走向同质化。

近年来,随着高等教育体系向多层次、多类别发展,研究者对新型大学的质量保障进行研究,美国范德比尔特大学前校长约翰·尼尔(John E. Neal)在《创业型大学质量保障》(*Quality Assurance in the Entrepreneurial University*)一文中提出,欧洲创业型大学与传统大学的发展轨迹和逻辑有明显的不同,前者更注重与社会的交流(或社会服务功能),与经济、产业的联系更为紧密,对于这类高校,质量保障活动的开展应从增强学校的社会服务能力、提高人才培养与社会需求的契合度方面考虑。[5]

在欧洲,高等教育质量保障在很大程度上受到博洛尼亚进程的影响,各个国家的质量保障体系建设都有较统一的外部框架。以德国为例,1999 年,德国高等教育由二级学位制(硕士和博士)转变为三级学位制(学士、硕

---

[1] MARTIN T. Problems in the transition from elite to mass higher education [M]. Berkeley, CA: Carnegie Commission on Higher Education Reprint, 1973: 57.
[2] BIRNBAUM R. Maintaining diversity in higher education [M]. San Francisco, CA: Jossey-Bass, 1983: 209.
[3] STENSAKER B. Quality as discourse: an analysis of external audit reports in Sweden 1995 – 1998 [J]. Tertiary education and management, 2000, 6 (4): 305 – 317.
[4] DIMAGGIO P J, POWELL W W. The iron cage revisited: institutional isomorphism and collective rationality in organizational fields [J]. American sociological review, 1983, 48 (2): 147 – 160.
[5] NEAL J E. Quality assurance in the entrepreneurial university [J]. New directions for institutional research, 2002, 1998 (99): 69 – 85.

士、博士），采用欧洲学分转换体制（European credit transfer system, ECTS），推进双语（德语与英语）教学，应用科学大学的英文名称被统一为 "University of Applied Science"，力图建立与欧盟国家可比的教育体系，促进高等教育资源及人才的跨国流动和兼容。随着应用科学大学的崛起和大发展，德国各州文教部长联席会于2002年建立了一套"各州通用教育质量标准"，之后，各州又出台了各具特色的《应用科学大学法》，为这类高校的办学、招生、人才培养等提出了法律的依据与保障。2006—2010年，德国出台了一系列有关质量标准建设和质量管理水平提升的战略规划与办法，如"教育质量监管综合战略"和《教学质量协定》等，进一步完善了应用科学大学的教育质量保障机制。在博洛尼亚进程对欧洲高等教育区统一的教育规划要求和德国应用科学大学对人才培养的特殊性之间，德国选择了以"双元质量保障机制"来实施应用科学大学的质量保障。英国的高等教育历来具有较强的自治传统，但政府仍对多科技术学院的质量有严格把控，主要体现为对这类高校课程质量的严格把关。英国国家学位授予委员会会定期评估多科技术学院的课程质量，保证与普通大学基本持平。此外，对这类高校的评估的指标也包括人才培养目标、学生入学标准、课程教学大纲、课程考核程序和师资能力等方面，评估的方式以"同行评议"为主。一批由多科技术学院升格而来的"新大学"为了保证质量，也积极地与企业开展合作，培养社会需要的技能型人才，并通过从事应用研究和咨询活动为地方经济和社会发展服务。

可见，欧洲国家的新型大学在博洛尼亚进程推动和国家层面外部质量保障体系框架的设计下，平衡了"统一的质量保障框架与高等教育多样化发展"之间的张力，实现了学术型和应用型高等教育的并行发展，上述研究和实践均为我国新建本科院校质量保障体系的建设与完善提供了宝贵的经验。

三、研究现状评述

从国内外有关新建（兴）大学（学院）的发展和高等教育质量保障的研究来看，研究成果颇为丰富，研究内容涉及了该领域的多个层次和多个方面问题。近年来，国内高等教育质量保障领域通过学习和借鉴西方国家的先进经验，再加上本土化的探索与实践，也取得巨大的进步。总体来看，尽管我国与西方发达国家的高等教育质量保障研究相比而言，从整体上来说是追赶与借鉴的关系，但差距在逐渐缩小，有些地方甚至已与世界先进水平比肩而行（如教育质量标准的研究），个别还有领先于世界的（如基于大数据的质量评估的技术与方法)。但是，对于高等教育多样化发展背景下新型大学(学院)教育质量保障体系的研究仍是重点和难点，主要体现在以下两个方面。

第一，新建本科院校质量保障研究的系统性、整体性不足。当前国内对于新建本科院校质量保障体系的研究，对质量保障工具、方法、技术等方面的研究较多，而对于质量保障的人文价值研究较少；对教学环节或过程的监控研究较多，而对于影响高等教育质量的高校内外部各项影响因素的系统性研究少；对于内部或外部质量保障各自内涵、作用与方法的研究较多，而对于两者内在联动关系的研究较少；定性的描述较多，定量的研究较少。已有文献中，许多题为"质量保障体系"的研究，实际上只是对部分质量保障工具平面化、片断化的理解，尤其是对内部质量保障内涵与外延的理解都过于狭窄，不能将内部质量保障体系与学校的整体战略规划相连，也不能将内部质量保障的职能与高校其他职能相连，更鲜有将内部与外部质量保障的联动与协调作为研究的重点，从而造成了质量保障体系研究缺乏全面性、系统性。此外，以往的研究往往缺乏对全国新建本科院校的质量运行状况的整体调查，一手资源不足，从而造成了事实不清、状态不明，对新建本科院校质量保障体系建设提不出具有针对性和切合实际的建议等问题。

第二，对具有应用型人才培养特色的教育质量保障体系研究不足。目前，许多新建院校还处于转型发展的关键时期，诸多改革和研究都在同时进行，在此过程中，一些学校仍旧照搬学术研究型大学或综合性大学的评价标准，不能从学校的实际情况出发，提出适合自身发展特点的内部质量保障体系的建设路径与方法。此外，受政府主导的质量评估活动影响，一些新建本科院校对外部评估机械应对，在内部质量保障体系建设时简单套用或照搬外部质量保障的理念、标准和模式，内部质量保障成为外部评估制度的附庸和简单模仿，缺乏自身特色。作为以地方性和应用性人才培养为特征的新型高校，对具有应用型人才培养特色的教育质量保障体系研究深度和广度均显不足。

因此，针对目前我国新建本科院校质量保障理论研究不够深入、实践探索不够充分的情况，今后的研究将在整体性、系统性和特色化几个维度上予以展开。

第三节 研究思路和方法

一、研究思路

本研究探讨的是新建本科院校内部质量保障体系的构建、运行以及完善的问题,这就决定了本研究一方面要学习、借鉴西方发达国家高等教育质量保障理论研究的最新成果和实践中的成功经验,另一方面以我国高等教育发展的实际情况为出发点,对新建本科院校发展特征做充分调研,对相应的教育评价理念与方法等做出适当调整,建立有中国本土特色的新建本科院校的内部质量保障体系。新建本科院校的建立与发展是我国高等教育大众化进程中的一项重要措施,高等教育的多元质量观、质量保障国际发展趋势、新建本科院校教育教学改革及人才培养现状、质量保障体系建设中的问题和成效、质量评价的方法和技术改进等问题是本研究所关注的核心问题。因此,本研究将在对上述问题深入调研的基础上,从政策/制度分析和利益相关者分析两个视角切入,将理论应用与问题实证相结合,形成如下具体的研究思路和策略。

第一,以"多元质量观"和现代质量评价理论为基础构筑本研究理论和实证背景。《21世纪的高等教育:展望和行动》指出:"高等教育的质量是一个多层面的概念"[①] 因此要避免以统一的标准来衡量高等教育的质量。我国新建本科院校的设立有特殊的历史背景并由此而承担着特殊的历史使命,这类高校的人才培养既不是以学术型精英教育质量标准作为其标准,也不是以应用型或职业型的高等教育质量标准冲击精英高等教育的要求。新建本科院校的质量研究应从这类院校的实际出发,以多元质量观为基础,制定合理的质量评价标准,采取适宜的质量保障方法,进而探索该类院校质量保障体系的建设方法和运行机制。

我国的高等教育现代化进程与西方发达国家不同,具有"后发外生"的特点,即是一个先有质变、后有量变的过程。我国新建本科院校的广泛设立

---

① 赵中建. 21世纪世界高等教育的展望及其行动框架:'98世界高等教育大会概述[J]. 上海高教研究, 1998 (12): 1-8.

伴随着我国高等教育大众化的发展进程，这一进程不是循序渐进的，而是在很短的时间内通过大扩招的方式骤然实现的。因而，目前对我国新型高校的发展及其教育质量的评价管理无论是理论还是实践都还处于一个探索阶段。在这种情况下，如何通过分层的规格和规范为新型大学（学院）的发展提供分类和多样性发展的可能性，如何通过一定的管理手段，对新型大学（学院）的办学质量和人才培养质量开展具有适应性的评价，而不是简单地进行条块分割管理或简单地开展行政性外部评价，这些都是亟待解决的问题。

因此，从以上几个方面来说，本研究的开展需要以"多元质量观"和现代质量评价理论为基础，对我国新建本科院校的教育教学现状和人才培养情况进行充分的调研，尤其是要深入到新建本科院校内部，结合国情、校情，对新建本科院校的质量保障体系建设开展具有普适性的经验总结和具有个性的案例研究。

第二，通过高等教育质量保障的国际比较研究开启本研究理论应用和实证研究的大门。在充分了解和展望国际高等教育质量保障的发展前沿与趋势的前提下，可以为我国高等教育质量保障与评价体系建设提供有益的借鉴。从全球和国际的视野来分析21世纪高等教育质量保障实践取得的经验，研究当前遇到的重难点问题，细化理论应用与问题实证研究方案。在此方面，本研究注重在国际视野和国际比较中，找到适合我国的道路，在比较、甄别和借鉴的过程为解决这些难题做好充分的理念和实践积累。

以上两种方式，有利于提升研究的深度与广度，转变我国传统理论研究与问题解决、实践操作、国际经验脱节的局面，为本研究的顺利开展提供理论和实践的双重保证。

二、研究方法

一是文献研究法。本研究通过对国内外高等教育质量保障相关文献资料的收集、整理和分析，为后续研究打好基础。在具体研究过程中，笔者收集了大量有关新建本科院校内部质量保障体系建设的文本资料，包括政策性文件、官方统计资料、评估专家意见、学校自评报告、学校年鉴、校史、媒介报道等，这些一手资料的获取保证了本研究内容的丰富性和结论的可信度。

二是比较研究法。本研究涉及多个方面的比较，不同类型大学办学定位与人才培养目标的比较、不同时期和阶段教育教学评估制度的比较、高等教育质量保障模式的比较、不同质量观与质量保障方法的比较、不同质量评价方法的比较等。

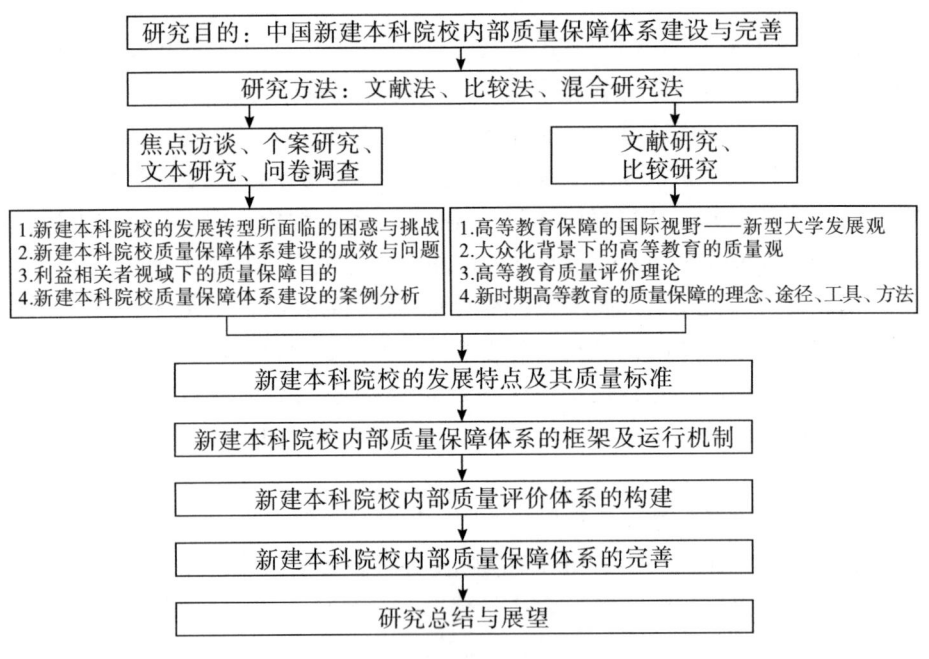

图 1-2 研究思路与技术路线图

三是混合研究方法。混合研究法是将质性和量化方法结合使用的一种研究方法,是在量化和质性研究方法之后产生的"第三种教育研究范式"[①]。本研究采用混合研究中的"三角互证"的研究设计。研究者同时、同等地使用量化和质性方法,既对量化研究结果和质性研究结果做比较,又通过焦点访谈、现象分析等质性方法对数据背后的问题做进一步的分析比对,以揭示量化数据背后的原因和问题,从而使研究结论更接近于真实的情况。具体而言,本研究对 2012—2016 年参加"合格评估"新建本科院校在学校官网发布的年度质量报告和教育部评估中心公开发布的评估报告,以及社会评价机构麦可思公司发布的《中国本科生就业报告》和《新建本科五年发展趋势》

---

① 20 世纪末,在质性和量化研究的争论中,产生了将质性和量化方法结合使用的混合研究方法。该方法是量化和质性研究方法之后产生的"第三种教育研究范式"。混合研究方法在学术研究中强调综合使用质性和量化方法两种研究路径,讲求条条大路通罗马,最大化地实现研究目的。这种方法是从实用主义的角度出发,倡导方法的多元主义,弥补"量化"和"质性"方法各自的不足,而且在混合方法研究中有益于彼此的结论进行互证,以及提供有效的答案。参见:SECHREST L, SIDANA S. Quantitative and qualitative methods: is there an alternative? [J]. Evaluation and program planning, 1995 (18): 77-87.

等进行综合分析，结合研究者对国内部分新建本科院校师生的调查访谈获得质性研究结论，在比较分析的基础上探明了我国新建本科院校质量保障体系建设的成效以及存在的问题。本研究还选择了国内外新建（兴）大学（学院）作为研究案例，通过实地考察走访、查阅网站和相关政策以及其他书面材料、访谈校内教师和学生，深入掌握其内部质量保障体系建设的实践经验，从而为本研究的开展提供重要的参考。

第四节 研究的重点、难点与创新点

一、研究的重点

本研究题为"中国新建本科院校内部质量保障体系研究"，研究的重点在于紧紧围绕新建本科院校的特点，察明新建本科院校质量保障开展的现实状况，构建具有操作意义的质量保障体系及其运行机制。具体而言，本文研究重点有以下三点。

一是对新建本科院校的发展特点及质量标准的研究。新建本科院校的质量标准的制定与其发展特点密不可分，这就决定了新建本科院校在质量标准的研制上与学术型或研究型高校有所不同。本研究在分析我国新建本科院校的发展特点的基础上，提出其质量标准的制定依据、原则、方法与要素等。

二是对新建本科院校质量保障体系的构成框架及运行机制的研究。本研究以系统论思想为指导，探索构建以学生为中心、覆盖高校人才培养关键环节的，有标准、有组织、有人员、有监控、有反馈、有提高的，稳定而有效的，内部与外部质量保障联动协调的新建本科院校内部质量保障体系，分析其内在的运行机制，建立以应用型人才培养为导向的多元化的质量评价方法体系。

三是对质量保障活动开展与质量文化建设之间关系的探讨。质量文化建设是高校开展内部质量保障活动的目的与指向，是回归教育的人文本性，形成各利益相关者之间基于信任的高等教育质量治理体系的根本途径。

二、研究的难点

本研究的难点有以下三个。

一是在研究选题上，学界对新建本科院校"转型发展"尚存争议，而在高等教育多样化发展背景下，我国高校内部质量保障体系的建设如何适应这一基本发展趋势，对此问题，国内的研究还处在起步阶段，缺乏较为成熟的经验可借鉴，这对本研究的开展和论文的写作提出了不小的挑战。一方面，新建本科院校的转型发展，是一个整体性的转型过程，包括办学目标、战略规划、人才培养、课程设置、教学方式等诸多方面。要构建新建本科院校的内部质量保障体系，需要从高校内部治理结构、顶层制度设计、内外综合改革等各方面进行整体性的考虑，内容繁杂且不容易把握。另一方面，不论是外部的质量监控还是内部的质量保证，对于高校教育质量的管理均须与高校的自主发展、多元发展与特色发展等问题相协调，这也是目前国内外对于质量保障活动应该如何开展这个问题的难点。

二是从整体性和系统性上研究我国新建本科院校内部质量保障体系的构建，涉及的因素复杂而广泛，而且新建本科院校作为一种高校类型和群体，其内部各高校发展基础、地理环境及经济因素并不相同、学科（专业）设置和人才培养目标等也各有特色，各个学校的办学实力和水平实际上也千差万别。因此，想要对这类发展复杂而多样的高校展开研究并探索一种具有广泛适用性的内部质量保障体系建设方法实属不易。因此，本研究尽可能地从大量的研究样本中挑选具有代表性和有借鉴意义的案例，抓住地方性、应用型人才培养这一主要定位和特点，从"组织机构、专业队伍、质量标准、评估监测、结果反馈、持续改进"六个方面展开讨论，以此解构新建本科院校的质量保障体系建设的关键要素。

三是就质量保障与质量文化建设的关系而言，尽管两者之间存在紧密的关系，但实际上并不是所有的质量管理与保障活动都会促进质量文化的建设与发展，相反地，不恰当的（或者说与高校自身文化不适应、不相符的）质量管理及保障行为还会对质量文化的形成产生消极影响和负面影响。因此，挖掘并合理利用影响高校质量文化建设的促进性因素，促进质量文化的生成与发展，是本研究的又一个难点。

三、研究的创新点

从本文的选题和研究内容来看，本文在中国地方普通本科院校向应用型高校转型的过程中，在国家全面推进质量强国战略和高校治理现代化实践的大背景下，深入探析我国新建本科院校开展内部质量保障体系建设的思路、途径及方法；根据高等教育质量保障的国际发展趋势和中国新建本科院校的办学特色，以"学生中心""产出导向""持续改进"等理念为指引，系统化地研究了我国新建本科院校内部质量保障体系建设问题，这本身就是一种具有创新性的探索。

在研究视角上，本研究将理论应用与问题实证相结合、院校自评与外部监测数据（政府评估与社会中介评价）相结合、内部质量保障与外部质量保障相结合，对我国新建本科院校内部质量保障体系建设，从理念到方法再到体系化的建设进行系统而全面的研究，突破了以往单纯研究高校内部教学活动的藩篱，内外结合地、多层次多角度地探讨高校内部质量保障体系的构建及其运行机制。在研究过程中，从利益相关者视角出发，充分考虑利益相关方对高等教育质量的诉求与期望，从而将内部质量保障与外部质量评估联合起来，旨在构建一个结构化、制度化、持续化的质量保障系统，整理一套有关本科教育质量保障体系及其运行的整体设计和实施方法。

在研究方法上，本研究运用混合研究中的"三角互证"的方法，既以量化研究为基础，又通过对利益相关方的访谈来获得质性研究资料；既查阅已有的研究文献积淀研究的前期基础，从而寻找问题的焦点和突破口，又通过实地走访获取新建本科院校内部质量保障体系建设的一手资料，从而有针对性地提出解决问题的方案。通过以上手段，本研究将对新建本科院校内部质量保障体系的研究置于更加坚实的理论与实践基础之上，让调查结果反映更真实的情况，使研究结论更符合新建本科院校的实际，从而拓展了新建本科院校质量保障研究新的方法论范式。

第二章
新建本科院校内部质量保障的理论基础

新建本科院校内部保障体系建设是在科学理论的指导下，运用一定的技术、方法和工具对教育教学的全过程和环节实施监控，以保证和提高教育教学质量的一套理论和实践的综合体。从新建本科院校的"新"出发，其质量保障体系的建立以应用型人才培养为导向，持多元化的质量观。本章在探明新建本科院校内部质量保障的相关概念的基础上，提出了本研究的两个重要理念——应用型人才培养的理念和多元的质量观。同时，从研究的角度考虑，新建本科院校内部质量保障体系的构建需以一定的科学理论为基础，并在实践中进一步探索质量保障的体系构建及其有效运行。

第一节 相关概念的界定

一、高等教育质量

"质量"本是一个物理学的概念，用于量度物体平动惯性大小。这一概念随后被运用到工商企业管理领域，并随着质量保障运动在世界范围内的兴起，成为高等教育领域研究的热词，被冠以"高等教育的生命线"之称。在牛津词典中，质量被解释为"与同类事物相对照，衡量事物的标准；事物的卓越程度；产品质量的改进"。"高等教育质量"是一个颇具争议的概念。

比利时根特大学教育学教授达默（Damme）认为，近三十多年来高等教育质量保障活动的开展并未帮助人们对质量的概念达成共识，反而滋生了人们对于质量概念更加多元的理解。① 加拿大麦克马斯特大学教学发展主任尼科尔森（Nicholson）也认为，质量一词的复杂定义导致许多学者从工商业管理的领域去寻找解释这个概念的办法，但这些解释并不适用于高等教育领域。② 有评论指出，"质量像'自由'、'正义'一样令人难以捉摸，对质量的认识就如同评酒，在于个人的感觉"。③ 尽管学界对于高等教育质量的定义莫衷一是，中英格兰大学的哈维与格林（Harvey and Green, 1993）总结出了关于质量的五种最重要的定义，目前已成为学界关于高等教育质量认识的代表性的观点。这五种观点是：①质量作为卓越（exceptional）。质量就是杰出、卓越和出类拔萃，通常被用作"黄金标准"或"最好"的代名词，这是一种比较传统的关于质量的定义，持这种质量观的人一般认为高的教育质量来自于好的生源，注重教育的投入与产出，而不是教育的过程；②质量作为符合标准（perfection or perfectly consistent），这种对质量的定义通常是指工艺或过程符合标准与规范、没有缺陷，"产品（指大学所培养的学生）"完全符合标准要求；③质量作为目标达成或适于目的（fit for purpose）。质量直接与预期目的相关，是指学生个体的成长发展目标或学校制定的学习成果目标得以实现或达到；④质量作为值得花钱/物有所值（value for money），质量根据投资成本和回报来评价，是一种典型的对政府教育投资的成本收益率问责的视角；⑤质量作为转变（transformation），即教育促进学生的改变或"增值（value added）"，教育对学生带来的即学生在个人能力、自主性和批判性思维等方面的成长。④

为了了解利益相关方是如何定义和认识高等教育质量的，笔者做了一个小范围的调查，结果发现，不同的利益相关方对质量的理解各有侧重（见表2-1）。

---

① DAMME D V. Trends and models in international quality assurance and accreditation in higher education in relation to trade in education [J]. Journal of Higher Educafion Policy and Management, 2002, 14 (3): 21.
② NICHOLSON K. Quality assurance in higher education: a review of the literature [J]. Higher Learning Research Communications, 2015, 5 (4): 257-274.
③ GREEN D E. What is quality in higher education? [M]. Buckingham: The Society for Research into Higher Education & Open University Press, 1994: 12.
④ HARVEY L, GREEN D. Defining quality [J]. Assessment & Evaluation in Higher Education, 1993, 18 (1): 9-34.

表 2-1 利益相关方对质量的定义

利益相关者	质量是什么
学生	对于实现的个人需要而言，技能的实践用途以及对于未来就业的适用性和实用性
教师	教学过程
管理者	学校的名誉、声望和成就（包括显性与隐性的）
校友	就业数量与质量
雇主	毕业生的竞争力
地方政府代表	毕业生的社会贡献
社区/社会	创造新知识，迎接现在或未来的挑战的能力

资料来源：根据笔者调研所得。

表 2-1 仅仅列出了部分高等教育的利益相关方对质量的理解。其他利益相关方，如学生家长、教育行政管理者、媒介等对此可能还会有更多的理解。此外，上述利益相关方还会随着时间的推移和角色的变化对质量有更新的理解。例如，当一个学生毕业之后，他/她的看法可能会与上学时有很大的转变。

由于不同的利益相关者对于教育质量有不同的观点，因而高校应关注每个利益相关的角色及其期望。例如：谁是质量保障活动中的主要利益相关者？其他利益相关者的期望和需求又如何兼顾？荷兰特温特大学教育学教授舍伦斯（Scheerens）等人认为，质量的概念是一种解释质量从生成到产出的框架体系，他还提出了一个关于质量生成的基本框架（见图 2-1），包括背景（context）、投入（input）、过程（process or throughput）、结果及其影响（output, outcome, impact）四个方面（此模型也被称为 CIPO 模型）。舍伦斯主张根据实际情况来设计质量，重点是考虑质量的生成环境、质量生成的过程，以及质量之于不同利益方的意义。[①]

---

① SCHEERENS J, LUYTEN H, RAVENS J V. Measuring educational quality by means of indicators [C] //SCHEERENS J, LUYTEN H, RAVENS J V (Eds.), Perspectives on educational quality. Springer Briefs in Education 1. Dordrecht: Springer, 2011: 35-50.

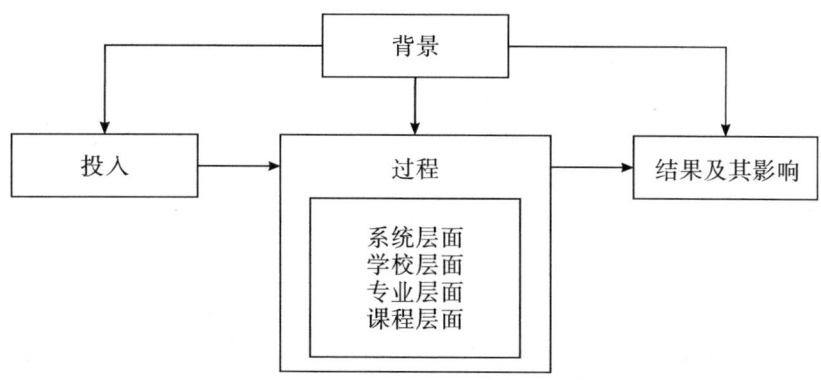

图 2-1 教育质量生成的 CIPO 模型

综上所述，教育质量是一个多层面、多维度的概念，包括课程、教学、师资队伍、基础设施建设以及所有与教育教学活动相关的多种功能与活动，也包含着人们对于教育的多重理解和多样期望；教育质量还是一个过程，包含了从资源投入到教学过程以及质量输出的整个过程和所有环节，涵盖了学习者一生所接受的正规和非正规的教育与培训活动。本研究认为，对于质量的理解可以是多元、多维度的，不同的高校管理者以及质量保障工作负责人对于质量的理解与自身的认识（价值观）以及高校所处的发展阶段有很大关系。同时，质量管理者也是从一定的质量观出发，采取相应的质量保障策略和方法，从而达到质量保障的目标。例如，从哈维和格林对于质量的定义出发，研究型大学的管理者可能更多采用"卓越的质量观"，而新建本科院校的管理者则更多地持"适于目的""符合目标""增值"等质量观或者是对上述三种质量观的综合。尽管我们很难对质量进行统一的定义，但从教育教学的实践来看，对教育质量衡量的核心在于特定类型、特定学段教育目标的实现程度，最终的落脚点应在学生的成长和发展之上。

二、高等教育质量保障

在定义了"质量"以后，紧接着的问题是：质量如何被测量、监控、保证和提高？"质量"与"质量保障"的区别是，质量是一个概念，而质量保障则是通过不同的工作、程序和工具来实现保持或提高质量的一系列方法。过去几十年里，学界关于质量保障内涵的争论始终没有停息，对于质量保障的概念也未有一致的界定。2009 年，欧洲大学协会（EUA）在一份有关研究欧洲高等教育质量变化的报告中提出，"从广义上讲，质量保障包括与明确、把握和提高高等教育质量有关的所有活动，涵盖了从制定战略到教师发展以及课程开发等一切活动"。此外，对于质量保障（保证）① 的目的，有学者认为质量保障（保证）的目的在于确保高等教育的最低质量（threshold quality），但也有学者指出，质量提高——高等院校的课程通过一定过程得到改善（improve）才是真正的目的。

英国伦敦大学教育学院教授罗尔斯·莫理（Louise Morley）在《高等教育质量和权力》一书中指出："质量保障是作为一个生产程序的规范工具被引入高教领域，而不是一个检查产品质量的工具。"② 英国 1991 年发布《高等教育改革白皮书》在操作层面将高等教育质量保障定义为质量的控制、审核和评估三个方面。在实践中，质量保障一般包括以下内涵：一是质量保障的主体，即主要负责实施质量保障相关活动者，包括政府（中央政府和地方政府）、各种专业学术团体、大学、第三方机构，以及包括学生和市场在内的各利益相关方；二是质量保障的目的，主要包括问责（accountability）、依从（compliance）、控制（control）、改善（improvement）以及国际认可或国际比较（international recognition）；三是质量保障的对象，包括高等教育机构、课程与教学、科学研究、学生管理，以及教学之外的有关财务、经营等；四是衡量质量的标准，包括卓越标准（excellence standards）或良好示范（good practice）、基本标准（threshold standards）、目标达成度（fitness for purpose）、消费者满意度（satisfaction）四类。

目前在我国，高等教育质量保障作为高等教育现代化治理的一种新方式，拥有其核心的理念以及在这一理念指导下的一整套行为方式。沈玉顺（2003）认为，"高等教育质量保障是一套涉及整个高教系统及其管理问题的系统化思维和行动的策略"③；余小波认为，高等教育质量保障是"运用监

---

① 关于"质量保障"与"质量保证"两个词的区别和用法，有学者指出，质量保障主要用于外部质量机构对于高校质量的问责、监控等，而质量保证偏重于"证明"，是高校对自身质量的说明和证明。但大多数情况下，在国内研究文献中出现的"质量保证"与"质量保障"都是源于工商业界的一个概念，在实际使用中并无本质的区别，因此，在本研究中为了表述的一致性，统一使用"质量保障"一词。详见：李汉邦，张循哲，罗伟青. "高等教育质量保障"与"高等教育质量保证"之概念辨析[J]. 湘潭大学学报（哲学社会科学版），2008（5）：136-138，153.
② MORLEY L. Quality and power in higher education [M]. Buckingham: SRHE and Open University Press, 2003: 14.
③ 沈玉顺. 高校教学质量保障的思想与实践 [M] 上海：文汇出版社，2003: 7.

督、控制、审计、认证和评价等手段,开展的高等教育质量的持续促进活动"。①

综上所述,质量保障是一个有着复杂含义的术语,质量控制、质量保证、质量管理、质量审核、认证、资格审查、同行评议、质量评估等术语都与质量保障有密切的关系。这些术语在教育领域具有不同的含义,但有时也可以互换使用。例如,在美国,保证和提高高等教育质量的体系称为认证;在澳大利亚,保证和提高大学质量的国家体系被称为质量审核。为了明确相关概念,本研究将对以下几对概念做进一步的辨析。

第一,外部质量保障与内部质量保障。对高等教育质量保障的内外之分主要是由实施主体而定的。顾名思义,外部质量保障(EQA)相对于内部质量保障而言,是指在高等教育机构之外的保障,是由外部机构所驱动的对于学校整体的评价、评估。EQA 可以是强制性的,也可以是自愿性质的。强制性 EQA 是最常见的形式,通常由政府通过一定的政策、程序和标准来驱动,高等教育机构必须遵守。国家监管机构的外部评估或审查的目的通常是问责、控制和改进。自愿性 EQA 可以是由区域组织组织的,高等教育机构自愿参加。内部质量保障(IQA)主要指在高等教育机构内部,为了确保标准和目标的实现,所采取的一切质量保证机制、工具和系统。② IQA 受到国家外部质量保障体系以及区域性高等教育质量框架的影响(如博洛尼亚进程和欧洲高等教育区对协议国高等教育质量保障活动的影响)。③ 一般来说,只要高校遵守外部法规和政策,就比较鼓励高校自由地实施他们自己的程序和制度。

国际社会一般认为 EQA 与 IQA 的边界并不清晰,两者存在交叉重叠,或者将其解释为一种"嵌套"(nested)的关系(见图 2-2)。④ 例如,自我评价(self-assessment)作为认证评估的前期准备,是 IQA 的一部分,但它也是 EQA 的必要程序。同行评价(peer review)既是外部质量保障的核心,也

---

① 余小波. 高等教育质量保障活动中三个基本概念的辨析 [J]. 长沙理工大学学报(社会科学版), 2005, 20 (3): 121-124.
② MARTIN M, SANYAL B C. Quality assurance and the role of accreditation: an overview [J]. Palgrave Macmillan, 2007 (100): 3-17.
③ ALTBACH P G, REISBERG L, RUMBLEY L E. Trends in global higher education: tracking an academic revolution [M]. Paris: UNESCO. 2009: 52.
④ ANSAH F. Conceptualising external and internal quality assurance in higher education: a pragmatist perspective [J]. International Journal of African Higher Education. 2016, 2 (1): 135-152.

可以看作高校内部自评的重要方式（因为它是由高校内部发起并实施的）。要做到 EQA 与 IQA 的协调和联动，一方面要求高等教育机构重视外部需求，认识到利益相关者的重要性，了解 EQA 背后的原因和目标，符合、达到抑或超越外部（门槛）标准；另一方面，质量监管机构要较好地理解并尊重高等教育机构的自主权，维护高校最根本的学术自治权力。

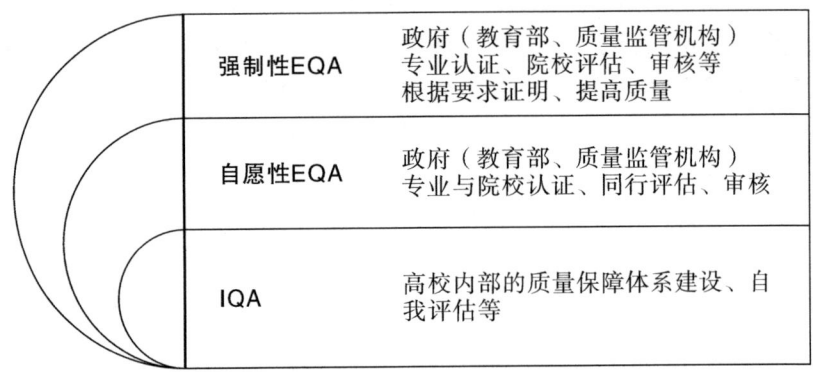

图2-2 外部质量保障与内部质量保障关系图

第二，质量保障与质量管理。质量保障（quality assurance）与质量管理（quality management）是经常混用的一对词，相关文献中有诸多含义和用法上的重叠，但一般情况下，人们将质量保障看作质量管理的一部分。① 质量保障与质量管理的最主要区别在于，质量管理是一种为引导高等教育机构不断改进、提高和发展质量的方法，而质量保障的目的则是确保高等教育的质量处于某种预定的水平，其重点在于维护质量。此外，质量管理还代表着教育机构为满足利益相关者的需求而开展的一种管理上的变革。但是，高等教育质量保障也包含着"高校为了达到、维持或提高质量所设计的政策、程序、体系及其实践"，质量管理也具有"高等教育机构为维护和提高学生和研究者的教育质量而采用的政策及其实践"等含义。② 厦门大学史秋衡教授认为，"质量管理是一个较为广义的概念，可以用来描述对于高等教育的判断、决策和行动的整个过程，它涵盖了保证高等教育质量所涉及的一切内部与外部的结构和过程……从大学管理制度的变迁历史来看，质量保障是质量

---

① VLÂSCEANU L, GRÜNBERG L, PÂRLEA D. Quality assurance and accreditation: a glossary of basic terms and definitions [M]. Bucharest: UNESCO – CEPES. 2007: 15.
② HARVEY L. Analytic Quality Glossary. Quality Research International. http://www.qualityresearchinternational.com/glossary/.

管理发展的一个阶段……高等教育质量管理将走向院校内部质量文化建设。"他将质量保障看作是质量管理的一个发展阶段,作为"大学自我质量调适的过程",质量保障的发展与变迁的方向是建立一种高校"自我调节(管理)"的文化,通过(高校)自我改进,从而不断提高教育质量,进而达到保障学生学习质量的目的。①

综上所述,高等教育质量管理包括了质量工作的所有细节和组成部分,如质量保障、质量控制(quality control)、质量评价(quality assessment)以及质量提升(quality enhancement)等各个有关高等教育质量的方面,而质量保障不仅是质量管理的一种方法、手段,也是质量管理的一个过程。

第三,质量保障与质量控制、质量提升(改进)。质量控制、质量保障、质量提升(改进)是解决质量问题的不同方式。具体而言,质量控制是一种确保输出(产品或服务)符合规范的机制;质量保障是一组技术,是从最开始的计划阶段到质量产出的整个过程采取措施以确保所输出的质量达到预期目标;质量提升(改进)是提高、升级或充实质量标准的过程。对于一所新建的高校而言,首先要做的事应该是质量控制。当然,这些词汇之间还有一些梯度关系,如图2-3所示,质量控制是质量保障的一部分,而狭义的质量保障是质量提升(改进)的基础。质量管理则是一个包罗万象的词汇。

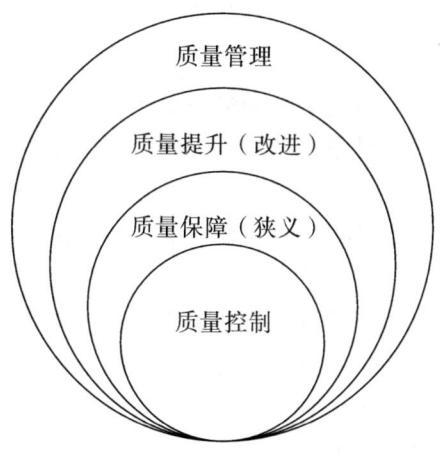

图2-3 质量控制、质量保障、质量提升、质量管理的关系

---

① 史秋衡,吴雪,王爱萍,等. 高等教育大众化阶段质量保障与评价体系研究[M]. 广州:广东高等教育出版社,2012:108.

三、高等教育质量保障体系

"体系"是一个科学术语，泛指一定范围内或同类的事物按照一定的秩序和内部联系组合而成的整体，是不同系统组成的系统。西方一些学者主张从不同的理论基础来思考质量保障，而系统的方法就是其中之一。例如，德国比勒费尔德大学教授尼克拉斯·卢曼（Niklas Luhmann）认为，高等教育体系存在于一个有组织的系统的抽象概念中，这样的系统内存在许多互补的子系统，输入高等教育系统所需资源（人、财、物等），通过课程教育以及管理的过程，最后转化为产出（拥有就业能力的毕业生/或研究成果），以满足社会发展的需求。因此，质量保障本身就是一个开放的系统，"这个开放的系统意味着与环境的交流"。[1] 在这个理论假设中，质量保障可以被看作是一种有意识的体系，包含输入/输出等子体系，同时，它也是一个持续的自我、批判和文化构建的过程。从这个意义上讲，质量保障本身就是处在系统视图中，基于持续或递增的有改善意识的质量体系。

国内学界一般借鉴工商界全面质量管理理论或者系统论的思想或者根据研究者教育实践经验，对高等教育质量保障体系的概念进行诠释或定义。代表性的观点，如"高等教育质量保障体系是为保证和提高高等教育质量而建立的集目标、资源、管理和运行于一体的整套系统"（刘振天，2016）。按照教育部评估中心的定义，高等教育质量保障体系是"以提高和保证教学质量为目标，运用系统方法，依靠必要的组织结构，把与教学质量有关的质量管理活动组织起来，将影响教学质量的一切因素控制起来，从而形成的一个有任务、职责和权限，相互协调、相互促进的有机整体"。[2]

本研究认为，"高等教育质量保障体系"包括内部与外部两个方面，在外部以国家或区域的质量保障体系框架为指导，国家监管机构或外部评估机构通过一定的政策、程序和标准对高等教育机构的教育质量进行问责、控制和审查，确保其质量达到既定标准或促进其改进教学、提高质量；在内部以提高和保证高等教育机构教育教学质量为目标，通过必要的组织管理结构安排质量管理行动，把学校内部有关教育教学质量的各部门、各环节严密组织

---

[1] LUHMANN N. Introduction to systems theory [M]. Cambridge, UK; Malden, MA: Polity Press, 2013: 112.
[2] 教育部高等教育教学评估中心. 中国高等教育评估词汇 [M]. 北京：高等教育出版社，2010: 82.

起来，通过管理、监控、评价、审核、反馈等手段，形成的一个任务明确、职责清晰、相互协调、相互促进的教育质量管理的有机整体。该体系涵盖学生从入学到毕业的整个输入和输出过程，包括质量标准、相应的人财物条件保障、组织保障、有效的评估和监控活动、有效改进机制等要素。

四、新建本科院校

新建本科院校是 20 世纪末 21 世纪初我国高等教育大发展的产物。2000 年以来，为适应经济建设和社会发展的需求，我国新建了一批面向地方和行业发展服务的普通本科院校（通称"新建本科院校"）。这些院校由多所不同层次、不同类型学校合并或专科独立升格而来，在国家和地方政府的大力支持下，新建本科院校得到了飞速发展。其中，2000—2004 年、2011—2014 年是我国新建本科院校增设的两个高峰，新增普通本科院校分别为 139 所和 142 所（如表 2-2、图 2-4 所示）。截至 2015 年，我国已有新建本科院校 678 所，占全国同期 1219 所普通本科院校的 55.62%。

表 2-2 2000—2015 年新建本科院校（不含独立学院）设置进度

升本时间/年	当年设置院校数/所	普通本科院校数/所	民办本科院校数/所
2000	43	40	3
2001	12	11	1
2002	32	30	2
2003	22	17	5
2004	41	41	0
2005	19	3	16
2006	20	19	1
2007	21	20	1
2008	18	1	17
2009	11	10	1
2010	22	22	0
2011	30	0	30
2012	23	15	8
2013	33	24	9
2014	35	3	32
2015	21	10	11

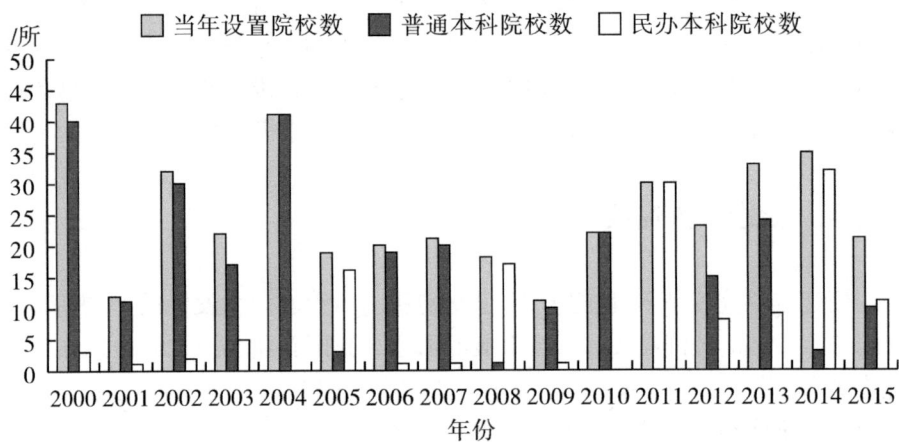

图2-4　2000—2015年新建本科院校（不含独立学院）设置进度情况

改革开放以来，我国高等教育取得了重要发展，但同时，我国高等教育发展不平衡，区域布局不尽合理，呈现出"东部强、西部弱"的分布状态。为改变这一不均衡局面，我国对新建本科院校设置实行"一年中东部、一年西部、一年民办院校"的布局原则，在实际实施过程中，适当向中西部倾斜。从表2-3中可看出我国新建本科院校布局情况。

表2-3 全国各地区新建本科院校数量一览表（统计截至2014年底）

地区	总数	普通本科/所	民办本科/所	地区	总数	普通本科/所	民办本科/所	地区	总数	普通本科/所	民办本科/所
河南	28	19	9	江苏	16	12	4	内蒙古	7	7	0
山东	27	15	12	江西	16	10	6	重庆	7	5	2
河北	23	17	6	辽宁	16	5	11	北京	5	3	2
四川	22	15	7	广西	15	13	3	新疆	3	3	0
湖南	20	15	5	安徽	15	11	4	宁夏	3	1	2
湖北	20	8	12	云南	14	12	2	海南	3	1	2
福建	18	11	7	贵州	12	12	0	天津	1	0	1
陕西	18	9	9	山西	12	10	2	青海	0	0	0
黑龙江	18	7	11	上海	12	8	4	西藏	0	0	0
广东	17	10	7	吉林	11	5	6				
浙江	16	13	3	甘肃	8	8	0				

资料来源：根据教育部评估中心发布数据统计。详见：教育部高等教育教学评估中心. 新型大学新成就：百所新建院校合格评估绩效报告[M]. 北京：教育科学出版社，2015：11.

我国新建本科院校的分布地域比较广泛，类型也多种多样。据统计，截至2014年底，312所新建本科院校以综合院校、理工院校、财经院校和师范院校居多，还有部分政法、语言、艺术、农业、医学和民族院校，如表2-4所示。

表2-4 2014年全国新建本科院校类型分布和占比

学校类型	数量/所	在新建本科院校中所占比例/%
综合院校	123	39.42
理工院校	78	25.00
农业院校	5	1.60
医学院校	5	1.60
师范院校	30	9.62
语言院校	10	3.21
财经院校	34	10.90
政法院校	17	5.45
艺术院校	7	2.24
民族院校	3	0.96
总计	312	100.00

资料来源：根据教育部评估中心发布数据统计。详见：教育部高等教育教学评估中心. 新型大学新成就：百所新建院校合格评估绩效报告 [M]. 北京：教育科学出版社, 2015：6.

新建本科院校的来源主要有三种：一是高职高专独立或合并升格而成；二是由师范专科院校升格而来；三是由成人高校向普通高校转制形成。新建本科院校属于新型的、以公办为主的、地方性本科院校，兼具"专业性本科教育"和"职业实用本科教育"的某些特点。有研究者将新建本科院校与传统的以学术型教育为主的大学进行比较，发现前者有以下三个突出的特点：一是面向区域（行业）经济和社会发展需要，培养应用型本科人才；二是在我国高等教育发展不均衡、不充分的背景下，承担满足人民群众对高等教育迫切需求的重任；三是在从专科教育向合格的本科教育过渡时期，形成专业性应用型教育特色，为向"新型大学"过渡做好衔接准备。还有学者认为新建本科院校要成为名副其实的本科院校，需要经历一个必要的建设周期，即从批准正式建校招生之日起到十届本科毕业生（大约15年），并获得硕士学位授予单位申报资格，这一时期是新建本科院校的新建和发展过渡期。[1] 目前，建设合格的有特色的地方性（或行业性）、应用型本科院校已

---

[1] 熊志翔. 新建本科院校的"新建期"探析 [J]. 高教探索, 2007 (1)：43-47.

成为几乎所有新建本科院校共同努力的目标。

五、新建本科院校内部质量保障体系

前文已对"高等教育质量""质量保障体系"等做了词义上的综合比较与辨析。结合上文所述，质量保障体系的定义包括了高等教育机构为满足外部质量标准与规格以及内部标准与目的所采取的提高质量的所有质量过程、工具与方法。此外，由于质量保障体系需回应不同利益相关者的需求，如学术人员关注于如何确保其研究与教学活动的质量，因此，一个完善的质量保障体系应该平衡好各方的利益诉求。

我国新建本科院校的概念具有典型的中国特色，主要由单科性或职业性高等专科学校升格、师范类高等专科学校升格以及前两种合并升格而来。从定位上看，新建本科院校主要培养高素质的地方性、应用型人才，与研究型大学和高职院校在教学、科研和社会服务三个方面都有显著的区别。目前，新建本科院校目前正处在"转型发展"的关键时期，需要进一步深化教育改革、创新人才培养模式、为地方（行业）经济发展提供更优质的人才和智力保障。因此，本文从更广义的角度来定义新建本科院校内部保障体系，它不仅是运用全面质量管理的理念和系统方法，以提高和保证教学质量为目标，依靠必要的组织结构，参照一定的质量标准，构建而成的一个结构化、制度化、持续化的教学质量监控系统，更是一个涵盖了从战略制定到人才培养的、全过程的、有关本科教育质量保障体系及其运行的一整套设计和系统性的实施方法。

第二节 研究理念的提出

一、应用型人才培养理念

1. 新建本科院校的"转型"发展

要谈新建本科院校的应用型人才培养，就不得不提及关于新建本科院校"转型发展"问题。2013—2014 年，在教育领域响应中央深化改革要求的背景下，地方院校转型发展一度成为社会关注的议题，在教育领域内外都引发了一定的讨论和争鸣。2014年1月，教育部在黄淮学院举行了地方本科高校转型发展座谈会，发布了《关于地方本科高校转型发展的指导意见（征求意见稿）》，提出要确定一批试点高校和专业向应用技术类型高等教育转型发展。2014年4月，在由中国应用技术大学（学院）联盟、中国教育国际交流协会主办的首届"产教融合发展战略国际论坛"上，178所高等学校共同发布了《驻马店共识》，主动提出要在"地方本科高校转型发展"和"中国特色应用科技大学建设之路"方面成为积极探索者和实践者。同年6月，国务院召开全国职业教育工作会议，刘延东副总理指出，要"通过深化考试招生制度的改革，打通从中等职业教育到专科到本科到研究生的上升通道，还要引导一批普通的本科高校向应用技术型高校转型"。

  从2014年初到6月，高等教育领域的一系列举动，使新建本科院校"转型发展"成为国内舆论的焦点。但同时，争议的声音也非常之多。一是教育领域有关专家学者建议不能行政主导、搞"一刀切"，认为"高校应根据自身特色研究出适应市场的人才培养方案，而非听从行政部门的统一要求，不顾实际"，不能"只看重和强调政府意志"；二是教育行政管理部门也对此心存疑虑，地方本科院校大多是"新建本科院校"，其本身还未成"型"，现在却要"转型"，"转到哪里去""怎么转"是难题；三是广大学生、家长并不能完全理解"应用型"的含义，对偏重"应用"的学校并不"买账"；四是有的地方本科院校也因行动上缺乏指导采取观望态度。当前，我国正处于教育改革的关键期，高等教育改革面临着攻坚之难。有人担心新建本科院校纷纷向应用型转变会导致新的"同质化"，即"千校一面"的应用型定位，同时也会使这些大学在办学理念、办学定位、组织结构、治理模式、人才培养、专业设置、课程内容、评价方式等诸多方面逐步趋同。[①] 鉴于此，本书拟从以下三方面讨论新建本科院校"转型"的问题。

  第一，关于新建本科院校人才培养定位。新建本科院校尽管有明确的人才培养定位，但是由于缺乏相应的办学经验，办学者又大多处在探索阶段，甚至在办学过程中模仿老本科的办学道路，以学术化人才的培养模式为主导，人才培养过程对培养目标的支撑度有所欠缺，培养效果对培养目标的达成度仍旧不够，所以在培养道路、培养模式、培养方案、师资队伍、评价标准等方面，都需要与培养目标相适应、能支撑人才培养目标的实现，而这才是"转型发展"的主要任务。

---

① 顾永安. 中国新型大学的新特质与新样态［J］. 中国高等教育评论，2018（1）：129－143.

第二，关于新建本科院校人才培养模式。在新建本科院校中，一些现象还比较普遍：培养道路上封闭式办学，以教室、书本和教师为中心的"三中心"教学模式以及与行业脱节、与企业分离的封闭式知识传授；培养方案中过多地追求学科知识的系统性、规范性，课程体系还是按照学校体系设置的多年不变的课程；教学模式和学习方式上是传统教学的灌输式、应试型，单一的知识传授，学生处于死记硬背、为考而学的被动状态；师资队伍中具有实践经历和专业技能的双师双能型人才过少；考核导向上死记硬背的内容过多，填空、选择、背定义的题型比例过大，与应用型目标不符；实践教学条件和组织方式上单纯面向验证式、分散式实验的传统实验室装备与实验组织方式、设计型、综合性实验过少，真正的实训动手做的过少。这种人才培养模式很难达到"应用型"人才的培养目标，而转变人才培养模式，真正实现"应用型"人才培养的目的，才是"转型发展"的要义所在。

第三，对于一些学者质疑的新建本科院校纷纷向应用型转变而导致新的"同质化"问题，我们首先应该承认一定程度和范围内的高校的"同质化"具有合理性，这是由高等教育的内在规律性和大学办学所固有的内部规定性所决定的。[①] 一方面，在国家层面，《高等教育法》对高等教育应该"培养什么人、怎样培养人"这一核心问题有明确的原则规定，对高等教育的学业标准、高等学校设立的基本条件及其教育教学活动组织等也有具体规定。在新建本科院校教学工作合格评估中，所谓"三个基本"（即教学条件基本达标、教学管理基本规范、教学质量基本保证），是对考察学校所要达到的质量标准的门槛限定，这是所有学校在办学过程中表现出"质"的同一性根本原因。但另一方面，新建本科院校由于其发展历史、学科基础以及所处地理位置等内外部环境的差异，即使是都以"应用型教育"作为办学的定位，也会在人才培养模式、学科专业特色以及服务层次和面向上有所不同，这也从客观上要求我国的质量评估与保障工作要"建立高校分类体系，实行分类管理"，促进各高校形成各自的办学理念和风格，在不同层次、不同领域办出特色。

因此，新建本科院校的"转型"有其合理性，但本研究所谈及的"转型发展"并不强调对新建本科院校发展类型的划分或描述，而是对其人才培养定位、培养模式以及人才培养质量目标和规格的综合性描述。

2. 应用型人才培养

新建本科院校是国家为适应经济建设和社会发展的需求而建的、面向地

---

① 王小梅. 理性对待我国大学"同质化"问题[N]. 文汇报，2016-09-23.

方和行业发展服务的新型普通本科院校。国家鼓励其走出一条在办学定位、办学类型、办学内涵和办学实践上与传统大学不同的错位发展的新道路，强调人才培养以培养应用型人才为主。因此，为了更好地了解新建本科院校在人才培养上的目标定位，我们有必要对"应用型"一词做更深入的探讨。出于研究的需要，本研究将从以下三个方面来分析对"应用型"的定义。

第一，比较视野下的"应用型"。在不同思想指引下，人才培养呈现多种类型。以工程教育为例，过去的"学徒制"是师傅口授心传、亲自示范、苦练成才。现代以来，中等职业学校面向具体岗位，提供职业导向、就业导向的技能教育，它相对学徒制有了很大进步，一是有最基本的理论指导，二是实操实训规范科学，三是同学之间可以相互学习。但是，如果个人需求再进一步，中等职业学校则无法协助其完成，就必须交给高等教育来完成。工程师的培养任务尽管可以由高等职业教育、普通高等教育来完成，但两者在学制上有所区别（一般相差1年），在办学层次上区别为专科、本科，在培养规格上也大为不同。例如，有的高等职业院校强调培养"上手快、用得上、离不开"的人才，而一些应用型本科则主张培养"下得去、留得住、有后劲"的人才。

在欧洲，本科教育经历近千年的分化发展，形成了三种基本的类型：一是学术性本科教育。这一类型的高等教育以追求高深学问和对学生进行心智训练为主旨，重视学术性人才的培养，其人才培养的目的是为研究生阶段的教育做准备，或者培养各行各业的"领军人才"。二是专业性本科教育。这种教育通过将理论知识运用于社会生产、生活的实际，培养各行业的技术和业务骨干，其本质是一种以社会需求为导向的高等教育。三是职业性本科教育。这种类型的教育主要通过对学生的职业技能的训练，使其更好地适应就业市场的需要，其本质是以个人职业生涯发展需求为导向的教育。

基于以上三种不同的本科教育类型，现代大学形成了不同的本科教育办学目标，进而形成了三种不同的人才培养方案或思路：一是以提高综合素质为导向的通识教育。研究型大学通常采取这种设计思路，重视基础知识，强调对学生的心智训练，关心学生的综合能力与素质胜过专业能力与素质。二是以严格扎实的学科训练为导向的专业教育。专业本科院校多采用这种思路，重视专业基础胜过学术基础，强调严格的专业规范训练，培养学生成为各行业的"专才"。三是以适应就业需要为导向的应用本科教育。"新型本科"常用这种人才培养的模式，强调学生的就业能力，适应就业市场的需要。专业更具灵活性，课程更具实用性，教学更具实践性。

第二，发展视野下的"应用型"。本科教育的实现方式有专业、通识、应用三种。以通识方式开展本科教育，国内并不常见，但国外却很普遍，如美国的文理学院就惯用这种方式。通识（通才）教育通常是走"通—专—通"的道路，即在本科阶段实施"博通"教育，在研究生阶段深钻一门，取得一定实践经验后再进一步深造，向更广阔的道路拓宽。当然，也有其他如走"先专后通""专—博—专深""先博后专"的道路。①

不管走什么样的道路，人才培养需要以相应的学位制度以及学分学制等作为支撑。在我国，学术型高等教育制度完整，而应用型高等教育正在完善中。目前学界较普遍地认为，应用型教育具有"瞄准应用，淡化学科，强化专业，依托现有学科基础办学；立足本地和行业，开发协作""不是理论联系实际，而是实际联系理论；不是学科通领办学，而是专业实践和应用推动学科发展；不求知识的全面，而求能力的综合"等特点。这种特征还将持续相当长的一段时间，主要是由我国经济社会发展水平，尤其是工业现代化进程及水平所决定，由社会需要所决定，由新建本科院校的整体办学实力而决定的。而从发展的眼光来看，应用型本科中的领头羊会逐渐分化出来，随着办学实力的增长，"通才"培养的经验也可以借鉴，从外部表征上看是发展研究生教育，而从内涵上讲是在本科阶段就实施一定分量的学术训练。因为，如果应用型人才培养只是静态地关注"专业精专"人才培养，所培养的学生就很难应对科技的迅速发展和社会职业岗位的变动；而专业的精专也要领会博通，真正的"专精"人才不惧怕行业的变动，因为他已掌握到渊博的学识和处事治学之法，很容易举一反三、触类旁通。例如，法国的工程师教育注重把当代的科学和技术与工程实践紧密结合，融合在人才培养的全过程；德国应用科学大学可以与传统学术型大学联合授予学生博士学位，等等。这些举措，都是对应用型人才培养理解的进一步深化。

第三，高校分类视野下的"应用型"。目前，我国大致将高校分为以下几种：一是按学科设置特点分类，如理工类、农林类、师范类等；二是按科研的规模和研究生比例分类，如研究型、教学型、专业型等；三是按资金渠道进行分类，如公立、私立等；四是按建校时间分类，如新建院校、老校等；五是按颁发文凭的系列分类，如普通高校、成人教育院校等。

尽管目前绝大部分新建本科院校都确立了以应用型人才为主的培养目标，但关于学术型与应用型人才培养的问题却一直存在争议，争议的焦点问题在于"将本科教育简单地分为学术型教育和应用型教育是否科学""人才

---

① 王义遒. 高等教育培养目标中的"博通"与"专精"[J]. 北京大学学报（哲学社会科学版），2008，45（3）：5-15.

类型与教育类型是否存在直接对应关系",等等。然而,这种二元划分的方式并不影响我们对以上两类教育或人才培养的理解。例如,1997年联合国教科文组织发布的《国际教育标准分类法》将应用型专业性教育定位于介于学科型教育(5A1)和职业型教育(5B)之间的第二类型的专业性应用教育(5A2)(见图 2-5);2011 年新修订的《国际教育标准分类法》(ISCED-2011)将教育类型划分为两类:普通/学术教育和职业/专业教育。① 其中,学术教育是普通教育的延续和深化,专业教育是职业教育的延续和深化,并在两类教育间建立了转换连接的桥梁。

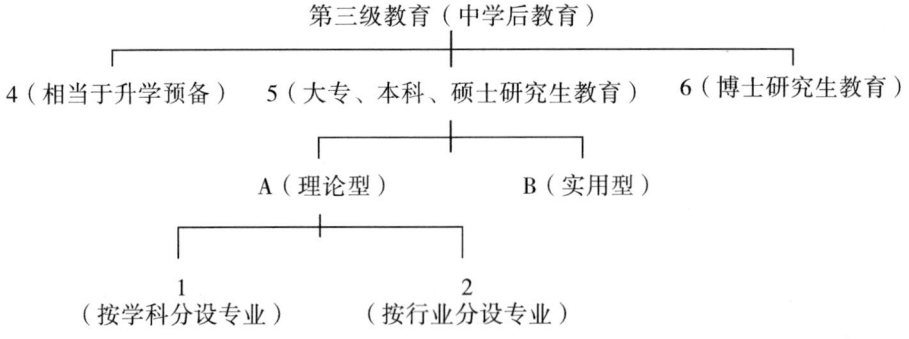

图 2-5　联合国教科文组织颁布的《国际教育标准分类法(1997 年)》

本研究借鉴联合国教科文组织的人才类型二分法来界定新建本科院校的人才培养类型,并由此来定位其办学定位与人才培养目标。即:将高等教育类型分为学术型与应用型两大类。以"学术型高等教育"来表述以普通/学术为导向的高等教育,而以"应用型高等教育"来表述以职业/专业为导向的高等教育。在人才培养上,前者以研究高深学问、培养高层次人才为主要目标,代表了传统大学人才培养的特征;后者则以满足多样化社会需求、培养高素质应用型人才为主要目标,代表了新型大学对人才培养的要求。新建本科院校的人才培养应以新型高素质技能人才为主,同时注重在职业/专业教育与普通/学术教育之间打通通道,为学生的自由成长和发展路径的选择提供更广阔的空间。本研究关于新建本科院校内部质量保障体系的研究也将以"应用型人才培养"为导向,提出适应其办学定位与人才培养目标的质量保障体系的框架、内容、方法与途径,并由此区别于其他类型高校(如传统的以学术型人才培养为主的高校)的内部质量保障体系建设。

---

① UNESCO. International standard classification of education 2011 [EB/OL]. (2016-06-25)[2017-06-01]. http://cedefop.europa.eu/files/isced-2011-en.pdf.

二、多元化的质量观

正如哈维与格林所言,"高等教育的质量是一个多层面的概念"。那么,我们应该以怎样的质量观和评价方法来衡量新建本科院校的办学水平与人才培养的质量呢?首先需要澄清的是,新建本科院校这一概念所涉及的高校在类型上其实并不统一,各新建本科院校的办学定位、人才培养目标从更具体的层面来说也不一致。原因在于,尽管绝大多数的新建本科院校已提出了"走以服务地方(行业)为特色的致力于培养高层次应用型人才的发展之路",但不可否认的是,新建本科院校的部分专业或人才培养方案也可以培养学术型人才,这要根据学校、专业、人才培养的具体方案而定,具体问题具体分析。更何况,我国新建本科院校分布地域较广,由于地域环境等外部条件所导致的高等教育发展不均衡也造成了各新建本科院校在发展上的不均衡、不一致,学校内部各方面的发展也千差万别,学科基础各有所长、专业教育各有侧重、转型发展路线各有不同。这些复杂的因素都决定了我国新建本科院校的质量观及评价方法不可因循守旧,不能完全按照传统的质量观和评价方式来衡量。

世界高等教育发展以多样化和适应性为时代主流和主要特征,因而我们对于质量也应有多元的认识。澳大利亚著名学者比格斯(Biggs)曾指出,"人们总是从一定的质量观出发,采取相应的质量保障措施或策略,从而达到一定的质量目的",他于2001年提出的质量保障二元划分模型,从高等教育质量的三种定义(质量作为价值增值;质量作为适于院校的目的;质量作为转化)出发,将质量保障分为回溯性的质量保障(retrospective quality assurance)和前摄性的质量保障(prospective quality assurance)两类:回溯性质量保障主要关注院校做了些什么,会根据外部的标准对院校的教育质量进行终结性的评判,其议程是管理的而非学术的,程序是自上而下和官僚化的,问责在其中占据优先地位;前摄性质量保障是指院校开展的具有前瞻性和发展性的质量保障活动,其目的在于提高教学质量,并不专注于已经完成的事情,而是"保证目前以及未来的教学质量符合院校的目标,通过改进教学来促进质量的提升,建立一种满足需求的教学系统"(见图2-6)。[①]

[①] BIGGS J B. The reflective institution: assuring and enhancing the quality of teaching and learning [J]. Higher education, 2001, 41 (3): 221-238.

图 2-6　质量保障二元划分模型

然而，在实际调研中我们发现，大学管理者的行动实践远比比格斯所提出的模型复杂，我们不能简单地把进行质量保障的策略和方法做二元划分。从回溯性的维护质量的方法，到"关注当下"证明质量的方法（通过前摄性的提升质量的策略使质量达到预定目标），再到更具有前摄性视野的以提升质量为目标的质量方法（基于反馈的质量改进和提升），大学管理者进行的质量保障活动实际上是在一个连续的谱系上运行（见图 2-7）：几乎每个管理者都具有多样的质量观，但又有所偏重；管理者所采取的质量保障策略与方法是灵活而多样的，与大学所处的发展阶段、质量目的及文化价值观等有很大关系；各种质量保障的方法都有其优势及弱点，方法与方法之间可能还存在紧张、分歧和冲突，但是在大学管理的实践中却是在一种动态的平衡中共同致力于提高高等教育质量。[①]

我国新建本科院校有新历史使命、新办学目标和"大学"精神。这也决定了这类院校的教育质量应有新的质量观和质量评价的方法。但这并不是说，新建本科院校就要完全抛弃以学术为本的质量观，而是说，我们应该根据学校所处的发展阶段、人才培养的特殊性以及内外部环境的要求，兼容并包、有所取舍，建立适应国情、学情、校情的质量观和质量标准。本研究以多元质量观为价值引领，多角度、多方位地观察和考评新建本科院校的办学水平与人才培养的质量，并以"转变"（即增值）的质量观为重点，探索建立新建本科院校质量评价的方法体系。

---

① 秦琴. 大学管理者的质量观及其进行教育质量保障的方法：基于对"IQA 项目"遴选的 8 所案例大学中高层管理者的实证研究 [J]. 比较教育研究，2018（3）：85-97.

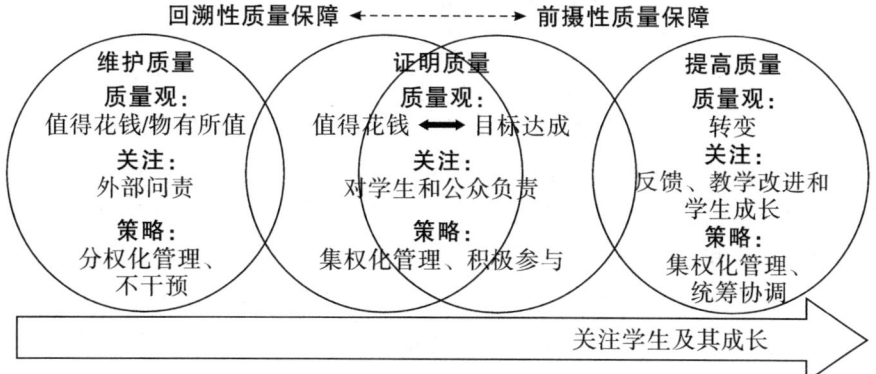

图2-7 多元质量观下的质量保障模型

综上所述，本研究在探讨新建本科院校内部质量保障体系建设过程中，除了以"学生中心""产出导向""持续改进"等世界先进的评估理念为指引外，突出应用型人才培养观和"增值"的质量观，紧紧围绕应用型人才培养这一新建本科院校的特点，研究相应的质量标准的制定；以多元的质量观为取向，构建质量评价的方法体系，突出新型大学的发展观和人才质量观，区别于传统的以学术为主的高校。

第三节 相关理论基础

一、新公共管理理论

20世纪70年代末，以英国为起点，在西方发达国家兴起了一场"重塑政府"的运动，该运动被认为是一种区别于传统公共行政典范的、新的公共管理模式的出现。在这场运动中，人们重新认识市场经济条件下政府、市场与学校的关系，从政府权力下放，到高校自主办学以及提高公共管理效率，进而到提高公共服务质量以回应公众要求，宣扬政府管理的新方式等，研究者提出了诸多新的理论与思想主张。其中，赫克谢尔（C. Heckscher）、巴扎雷（Michael Barzelay）、胡德（Christopher Hood）等人是这场运动中理论研究界的代表。后来，人们把这套政府管理新模式称作新公共管理模式，并将由"新公共管理"实践催生出的不同于传统公共行政的理论统称为"新公共管理理论"（New Public Management）。新公共管理理论并不是一个统一的理论流派，研究者所持观点各不相同，并且引发了理论界与实践界旷日持久的争论。但总体而言，新公共管理理论有一些颇具共识的核心主张，如以顾客为导向，奉行顾客至上的全新价值理念；主张政府公共行政中将制定政策和执行政策分开，政府职能由"划桨"转为"掌舵"；在公共管理中引入竞争机制，主张私营部门参与公共产品（服务）的生产与提供，从而提高服务供给的质量和效率等。

新公共管理理论对现代大学治理产生了重要影响。在西方，现代大学的管理走出了"象牙塔"的世界，许多国家都不约而同走向多主体的高等教育"公共治理"模式，政府对高等教育的管理职能及方式发生转变，即由事无巨细、主动提供各项服务转向监督规范大学服务的过程，督促大学提高质量、满足市场需求。在质量保障领域，公共管理理论及其"公共治理"的理念也对高等教育的质量保障活动的开展产生了深远的影响。

第一，在政府、学校、社会三者关系上，新公共管理理论强调政府的"监督规范"职能，政府职能由"划桨"转为"掌舵"。在我国，大学外部管理自新中国成立以来经历了政府松散管理、集权管理、分权管理再到集权管理的多次变更过程，政府缺位、越位、错位的现象时有发生，其根本原因就在于政府、学校、社会三者之间的关系没有厘清。新公共管理理念提出的政府职能转变的问题，在我国现阶段有了新的解决路径。2013年《中共中央关于全面深化改革若干重大问题的决定》中提出要"深入推进管办评分离，完善学校内部治理结构"，"形成政事分开、权责明确、统筹协调、规范有序的教育管理体制"；2015年《教育部关于深入推进教育管办评分离 促进政府职能转变的若干意见》（教政法〔2015〕5号）再次提出，要"引导和支持学校切实发挥教育质量保障主体作用，不断完善内部质量保障体系和机制，认真开展自评，形成和强化办学特色"。

上述政策文件表明，教育评估作为我国现阶段保障高等教育质量的重要手段，已走向新的方向，即"评估与学校的办学分离、与政府的行政管理分开，评估不再是政府对高校直接管控的手段，而是追求价值的中立"。"管办评分离"政策实际上为政府、社会、学校三者在高等教育质量保障活动中的作用做出了界定：教育行政主管部门是教育评估制度的顶层设计者，借助现代信息手段加强对高等教育体系的运行状态的宏观监控、调整与纠偏；社会应积极主动参与教育公共治理，行业协会、专业学会、基金会等专门机构和社会中介机构应在教育评价方面发挥更重要的作用；学校作为办学主体，根据国家基本办学标准和总体规划要求等，结合本校办学定位和方向特色，制定自评的标准、内容、程序等，对自身的办学质量负起责任，并接受外界的监督与问责。

第二，新公共管理奉行顾客至上的全新理念。在此理念影响下，"以生为本"的教育理念在世界各高校都得到认可与遵守。过去的教学往往以教师为中心，教学管理也以学校的管理制度为本，学生的地位和作用并没有在质量管理的过程中真正体现和发挥出来。随着"以生为本"思想逐渐深入人心，"将学生的发展置于核心地位，认为高质量教学的标准必须以学生的发展需求为本，以学生的满意作为衡量高校教学活动的基本依据"也成了高等教育质量保障的核心理念。

第三，新公共管理理论强调问责、竞争与绩效。这就要求，高校建立内部质量保障体系：一方面要通过建立专业化的机构、聘用专业的工作人员，以专业化的管理和服务来提高工作的科学性与质量；另一方面，要以先进的技术和科学的方法为保障，增强质量工作的效果和提高效率。此外，新公共管理强调引入竞争机制，打破传统公共行政中等级森严的管理制度，减少行政干预。从这个方面来看，目前世界各国在建立教育质量保障体系过程中，都提倡第三方独立机构的参与，从而在高等教育质量保障机构中也形成一种竞争机制，规范质量监管或保障机构的组织理念、技术和方法，促进绩效的不断改进。

综上所述，新公共管理理论中关于政府职能转变、注重提升效率和质量、重视管理绩效、引入竞争机制等方面的理念对正处于转型调整期的新建本科院校实施质量保障具有重要的理论参考价值，是新建本科院校内部质量保障体系研究和实践的理论指导。

二、利益相关者理论

20世纪60年代左右，利益相关者理论在西方国家逐步发展起来，最早主要运用于公司治理领域，随后扩展到公共服务及教育领域。利益相关者理论在教育领域的运用与现代大学治理体系的建设有密切的关系。荷兰莱顿大学副教授贝肯丝（Beerkens）等人认为，目前利益相关者参与已成为欧洲现代大学治理的重要原则，尤其是在高等教育质量保障方面。[①] 欧洲质量保障的指导性文件——《欧洲高等教育质量保障标准与指导方针》（ESG2015），

---

① BEERKENS M, UDAM M. Stakeholders in higher education quality assurance: richness in diversity? [J] Higher education policy, 2017, 30 (3): 1–19.

不仅在文本中强调利益相关者的广泛参与，其本身也是一个利益相关者积极协商、参与讨论的产物。

那么，谁是高等教育质量保障的"利益相关者"？根据美国学者弗里曼（Freeman）在1984年提出的经典定义，"利益相关者是指能够影响组织行为、决策、政策、活动或目标的人或团体，或是受到组织行为、决策、政策、活动或目标影响的个人或团体"。① 此定义较为宽泛，但却为此后关于利益相关者概念的界定拟定了一个标准范式。美国学者巴罗斯（Burrows）在此基础上根据利益相关者与教育机构的关系，将质量保障的利益相关者划分为内部利益相关者（学校管理者、教师、学生）和外部利益相关者（雇主、社区、媒体）。② 其中，学生和雇主是近年来备受关注的利益相关方。在"学术资本主义"时代③，学生的意见反馈作为消费者满意度和市场信息的表达，是教育改革的重要依据。学生不仅是教育组织的重要成员，更是校园事务管理的合法参与者。随着大学与劳动力市场关系的日趋紧密，更多的高校管理者认识到与社会（企业）保持密切沟通的重要性，特别是那些以回应产业（行业）规划发展为使命的应用型高校，已自觉地将"满足劳动力市场需求"作为衡量教育质量建设的重要目标和质量保障的重要内容。在此情况下，代表着市场信息和作为合作资源、就业机会提供方的雇主也格外受到关注。④

在我国，对质量保障利益相关者的认识和分类应基于我国当前开展质量保障活动的实际情况。目前，我国高等教育质量保障体系由内外两部分组成。外部开展的高等教育质量评估以政府为主导，教育部评估中心设计"五位一体"评估制度并负责实施和落实；内部质量保障活动则以高校为主体，包括以监控、保障和提升教育教学质量为核心的围绕高校内部质量保障体系建设的所有程序、环节及内容。高等教育质量保障作为一个复杂的体系，涉

---

① FREEMAN R E. Strategic management: a stakeholder approach [M]. Cambridge: Cambridge University Press, 1984: 23-38.
② BURROWS J. Going beyond labels: a framework for profiling institutional stakeholders [J]. Contemporary education, 1999, 70 (4): 5.
③ 斯劳特（Slaughter）在其著作《学术资本主义》一书中指出，当今世界，知识成为一种"资本"，拥有知识的大学教师则成了"资本家"。参见：SLAUGHTER S, RHOADES G. Academic capitalism and the new economy: markets, state, and higher education [M]. Baltimore: Johns Hopkins University Press, 2004: 79-83.
④ CARDOSO S, DOS SANTOS S M. Students in higher education governance: the portuguese case [J]. Tertiary education and management, 2011, 17 (3): 233-246.

及了政府、社会、高校、教师和学生等诸多方面,质量保障的结果也是多层面、多因素共同参与作用的结果。北京理工大学教授王战军认为,我国高等教育质量保障体系的利益相关方主要有政府(中央及地方)、高等学校、行业企业、社会组织、教师和学生等几个方面。各利益相关方的功能或职责的关系是中央政府主导、省级政府统筹、高等学校主体、行业企业参与、社会组织实施、教师为核心以及学生为行动者,质量保障相关方的行动遵行责任分担、自主互信的原则(见图2-8)。① 不同的利益相关方对于质量保障的目的诉求有所侧重和区别。例如,作为质量保障的利益相关方,政府的责任是提高质量并维护高等教育公平,培养人才、发展经济、提高国民素养、增强综合国力则是政府对于质量保障的目的诉求;大学行政人员以及教师希望建立良好的学术氛围,获得较高的薪金待遇和职业晋升机会,促进自我价值的实现;学生期待通过高质量的课程学习提高自身素养,获得好的就业机会;企业希望大学能培养符合其要求的高素质人才,同时能与高校保持更加密切的合作,获取科技转化带来的相关利益等。

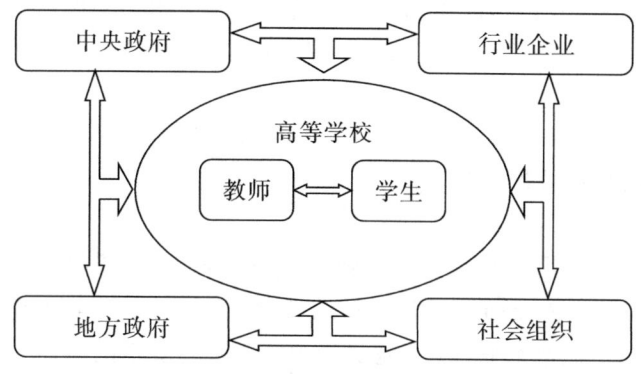

图2-8 高等教育质量保障体系利益相关方

研究发现,利益相关者理论对于高等教育质量保障有以下三方面的重要影响:第一,利益相关者参与对促进政策或法规制定的合法性、适用性以及实施的有效性具有重要意义。各类利益相关者有其特有的知识领域或行业背景经验,广泛的利益相关者参与质量保障有助于利用利益相关者的专业知识提高政策的有效性,有效地避免质量政策或规则的制定只符合某一利益团体的要求而不能兼顾更广大公众期望的弊端。第二,利益相关者参与有助于增

---

① 王战军. 构建研究生教育质量保障体系:理念、框架、内容[J]. 研究生教育研究,2015(1):2.

进外部"问责"。例如,在高等教育质量保障活动中引进外部专家团体,实际上是将利益相关者的专业领域的知识和经验引入其中,这有利于人们对于质量保障过程的监督和问责。此外,利益相关者的参与还能建立起一种更广阔的受众反馈机制,使得质量保障体系更加开放和灵活,从而改进以往机构内部以自我改进为基础的自主监督方式,将组织机构内部自评与外部评价结合起来。第三,利益相关者的参与有助于搭建一个可供不同意见相互交流的平台。交流过程本身不仅有助于稳定协议的形成,还可以使参与者感受到结果的公平与公正,从而更加认同质量保障的活动。

综上所述,利益相关者参与高等教育质量保障实际上是在公共治理体系下,多元参与的决策机制建立成为必须。公共问题之间相互关联、边界交叉的特点,也从客观上要求建立一种多层次、多角色参与的政策制定机制。"协同治理"既是利益相关者参与质量保障形势发展的产物,同时也为利益相关者参与质量保障拟定了一个基本范式。此外,随着越来越多的利益主体的咨询意见及相关诉求在公共部门得到尊重和采纳,如何更好地开辟质量保障多元主体"协同机制",让利益相关者积极参与高等教育质量保障实践,体现、满足和协调各利益主体的诉求,便成为当今我国高等教育发展中迫切关心的问题。

三、全面质量管理理论

1961 年,美国管理学家菲根堡姆(Feigenbaum)博士提出了全面质量管理(total quality management,TQM)的概念,他指出:"全面质量管理是为了能够在最经济的水平上,并考虑到充分满足顾客要求的前提下进行生产和提供服务,并能把企业各部门在设计质量、维持质量和提高质量的活动构成为一体的一种有效体系。"全面质量管理的原始动力在于最大限度地满足顾客的要求。自从全面质量管理的思想被提出以来,世界各国掀起了一股学习及研究的热潮。早在 20 世纪 50 年代,质量管理的思想由戴明(Edwards Deming)博士引入日本企业经营实践并取得了不小的成功,这一思想也在日本得到较大发展。20 世纪 70 年代日本企业将统计技术和计算机技术与之相结合,进行推广和应用,全面质量管理逐渐发展成为一门正式的管理科学,在世界各国的工商企业等管理领域得到迅速发展。朱兰、石川馨、久米均等著名管理学家对全面质量管理的思想、理论及方法都有不同程度的发展。

全面质量管理的基本理念可以归纳为"三全一多","三全"是指"全过程的、全员参与的、全面的质量管理","一多"是指"多种方法的质量管理"。其中,"PDCA 循环"是全面质量管理所应遵循的一种科学程序和重要方法。"PDCA 循环"又叫质量环,最早由美国工程师、统计学家休哈特(Walter A. Shewhart)于1930年构想,后来被戴明博士在1950年再度挖掘出来,并加以广泛宣传和运用于持续改善产品质量的过程中。因此,"PDCA 循环"也被称为"戴明环"。PDCA 代表 Plan(计划)、Do(执行)、Check(检查)、Action(行动),"PDCA 循环"就是按照这样的顺序进行质量管理,并且循环不止地进行下去的科学程序。

在教育领域中引入全面教育质量管理并能成功地予以实施,首先必须接受全面质量管理思想的两个核心观念,即"消费者中心"和"持续的质量提高"的观念。"消费者"是与教育质量相关的各个利益体,如学生(家长)、用人单位等;要实现"持续的质量提高",在工作方法上,按照"计划—执行—检查—行动"的程序进行管理。如图2-9所示,PDCA 循环是爬楼梯上升式的循环,大环套小环,小环保大环,推动大循环,每循环一次,质量就提高一步。PDCA 循环是综合性循环,四个阶段是相对的,它们之间并不截然分开,而是通过不断巩固、持续改进,实现质量的持续提升。

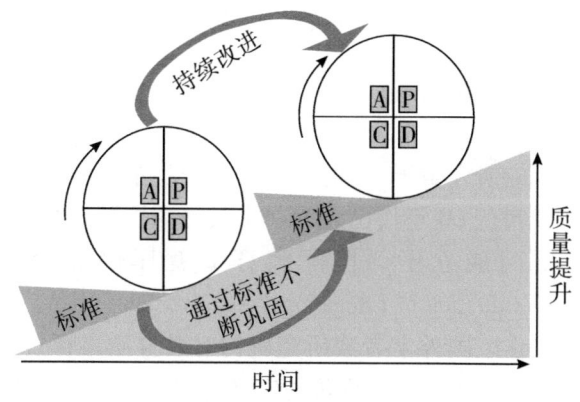

图2-9 PDCA 循环图

全面质量管理的核心理念是全员参与、消费者满意、质量的持续改善和基于事实数据进行管理。在高校的质量保障活动中,学校的教职员工及学生都要参与,学生的学习成果以及满意度就成为评价教学质量的根本依据,学校要通过收集高等教育利益相关者对大学教育质量的反馈信息,以提供有关教育教学培养过程和生源输入的有效信息,实现高校从"学生入学—培养过程—毕业—反馈"全程的质量持续改进与提升,从而使大学内部教育质量保障形成一个闭合的环路。

本研究以全面质量管理理论为指导,试图构建适应新建本科院校创新发展路径的质量管理闭环系统，实现教育质量的持续改进与提高。因此，以 PDCA 持续改进作为质量改进与提升的基本模型，建设内部质量保障体系（见图 2-10）。

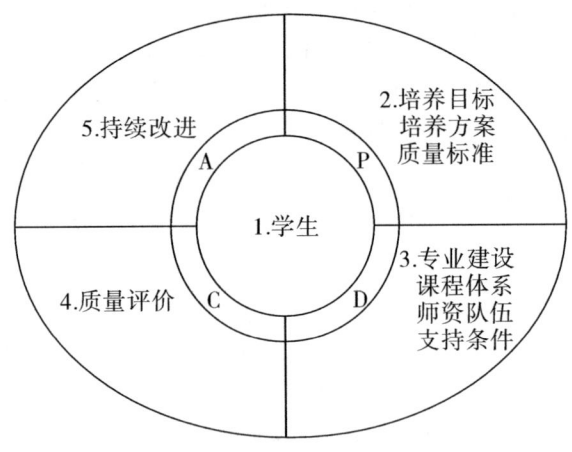

图 2-10 持续改进的基本方法

四、教育质量评价理论

现代教育评价的研究始于 20 世纪初美国进步主义教育联盟组织的"八年研究"，到了 20 世纪 60 年代已成为一个具有独立研究价值的教育科研领域，国际上也专门成立了"国际教育成就评价协会"（International Association for the Evaluation of Educational Achievement，IEA），开展世界性的教育评价和研究工作。国外学者或研究机构对教育质量评价有不同的理解。从相关研究来看，关于教育质量评价的定义有以下几种有代表性的观点，分别是目标说、方法手段说、信息说、价值判断说、满足需求说等（见表 2-5）。

表 2-5 关于教育评价定义的阐释

学说	代表人物	主要观点
目标说	泰勒 （Tyler R. W.）	教育评价过程在本质上是确定课程和教学大纲在实现教育目标的程度的过程
方法手段说	长谷川荣	教育评价就是系统地、有步骤地从数量上测量或从性质上描述儿童学习过程和结果，据此判定是否达到了所期望的教育目标的一种手段

续上表

学说	代表人物	主要观点
信息说	克龙巴赫（Cronbach, L. J.）	一个搜集和报告对课程研制有指导意义的信息的过程
	斯塔弗尔比姆（Stufflebeam, D. L.）	教育评价不应局限于评判决策者所确定的教育目标所达到预期效果的程度，而应该是收集有关教育方案实施全过程及其成果的资料，为决策提供信息的过程
价值判断说	比贝（Beeby, C. E.）	系统收集信息和解释证据的过程，在此基础上做出价值判断，目的在于行动
	美国教育评价标准联合委员会	教育评价是对教育目标和它的优缺点与价值判断的系统调查，为教育决策提供依据的过程
	王汉澜等	根据一定的目的和标准，采用科学的态度和方法，对教育工作中的活动、人员、管理和条件的状态与绩效，进行质和量的价值判断
满足需要说	陈玉琨	教育评价是对教育活动满足社会与个体需要的程度做出判断的活动
事实判断+价值判断	格朗兰德（Gronlund, N. E.）	评价=测量（量的记述）或非测量（质的记述）+价值的判断。教育评价的基础是事实判断，核心是价值判断，评价手段可以是定性的，也可以是定量的

资料来源：作者根据相关文献整理。

根据美国评价专家库巴（Guba, E.）和林肯（Lincoln, Y. S.）的研究，教育评价理论的发展大致可以划分为四个时代：①以测量为标志的第一代教育评价（1900—1930左右）；②以描述为标志的第二代教育评价（1950—1970年左右）；③以判断为标志的第三代教育评价（1930—1940）；④以共同建构为特征的第四代教育评价（1970年至今）。1989年，库巴和林肯合著了《第四代教育评价》一书，并由此创立了"第四代教育评价"理论。他们认为，教育评价就是对被评事物赋予价值，其本质是一种通过"协商"而形成的"心理建构"。他们主张评价者平等地发表自己的意见，允许评价中存在"价值差异"，从而体现了价值多元的评价信念，对之后教育评价的价值走向产生了深远的影响。

从教育评价的模式来看，据统计，美国自 20 世纪 60 年代在教育领域使用过的评价模式多达四十余种，其中比较著名的如决策评价（CIPP）、目标游离评价（goal-free evaluation）、系统分析评价（system analysis evaluation）应答模式评价等（见表 2-6）。

表 2-6 几种主要的教育评价模式及特点

评价模式	提出者	特点
决策评价	斯塔弗尔比姆、布卢姆（Bloom）	评价不单纯地以教学目标为中心，而是为决策服务，为决策收集、组织和报告信息。评价最重要的意图不是为了证明，而是为了改进。评价过程分为背景评价（context evaluation）、输入评价（input evaluation）、过程评价（process evaluation）、成果评价（product evaluation）四个阶段
目标游离评价	斯克里芬（M. Scriven）	由于教育活动的开展除了收到预期效应外，还会产生各种"非预期效应"，因此，教育评价不设预定目标，从而促使评价者注重更为广泛的可能结果
系统分析评价	里夫林（A. M. Rivilin）	从系统的机能失调出发，有针对性地提出改进方案，强调科学实证的方法，评价材料必须能被证实；强调使用定量方法和数学技术，如回归分析
应答模式评价	斯塔克（R. E. Stake）	通过评价者与评价有关的各方面人员之间的持续不断的"对话"，了解他们的愿望，对教育的方案做出修改，对大多数人的愿望做出应答，以满足各种人的需要

从教育评价的类型来看，按照评价的目的不同，可分为诊断性评价、形成性评价和终结性评价三种。其中，诊断性评价是对评价对象现状及存在问题、产生原因等进行价值判断，如新学期开始时或某个特定的学习阶段对学生进行的评价；形成性评价（也称过程评价）是对正在进行的教育活动做出的价值判断；终结性评价是对评价对象（学生、教师）一定时期（一般是一学期）的较全面状况所进行的价值判断，评价目的一般是给受评价者下结

论或者评分。由于终结性评价的标准单一而刻板，难以科学检测学生的智慧和才能，更不能很好地体现素质教育的精神，而形成性评价比较注重学生个体过去和现在的比较，着重于学生成绩和素质的增值，因此日益受到人们的重视。此外，由于诊断性评价具有诊断教学计划进展情况及存在的问题的功能，为反馈信息和改进教学提供了重要的依据，因此运用也越来越广泛。

在我国的高等教育话语体系中，"评估"和"评价"的含义有所不同，"评价"的含义更为广泛，"评估"是"评价"的一种手段。但是，在高等教育质量保障的实践领域，"评估"一词的运用更为广泛，且在含义上与评价相通。例如，在教育部高等教育教学评估中心编写的《中国高等教育评估词汇》一书中，"教育评估"（education evaluation）被解释为"根据既定的教育目标，运用科学的指标体系和手段，通过系统地收集、整理信息资料，并进行定量、定性分析，对教育机构的办学方向、办学条件和办学水平等作出评价的估价的过程。这是教育管理的重要环节"。目前，我国新建本科院校的外部评估主要是依据教育部设计的"五位一体"评估制度，接受院校评估（包括合格评估与审核评估），自愿接受专业认证与评估、国际评估，定期填报教学状态数据（常态监控），撰写学校年度质量报告、状态数据报告等；在高校内部，主要是开展在校成长评价（学习效果、培养成效，在校学生）、教学评价（评课、评教）、教师评价（教师行为、教师能力、职业发展诉求）、毕业生就业质量跟踪调查与评价等，上述教育评价的理念、模式、类型及方法等对于新建本科院校教育质量评价（或评估）活动的开展提供了重要的理论基础。

目前，我国新建本科院校正向"新型大学（学院）"的建设目标迈进，其质量评价须实现向"两个满意"转变，即学生对学习效果满意、用人单位对人才培养的质量满意。在此背景下，新建本科院校质量评价体系建设需以多元化的质量观和评价观为指导，具体而言就是根据学校具体情况（如所处发展阶段、内外部环境、学科类别、发展优势及特点等），对人才培养规格和目标等进行系统思考；在对人才培养的质量评价方面，应以社会需求为导向，以满足地方（行业）经济发展为出发点，评价过程注重行业专家、主要用人单位负责人的全面参与，并且将学生（及其家长）对教学的满意度评价以及雇主对于毕业生的满意度评价等作为重点关注的内容。

五、系统理论

20世纪40年代起，随着系统科学（系统论、控制论、信息论，一般称之为"老三论")引入高等教育领域,高校的管理理念与方式也随之发生了深刻的改变。

系统论强调完整性、集中性、等级结构、终极性、逻辑同构等概念,系统内部各子系统、子子系统以及系统与外部环境之间都存在相互依存、相互影响和制约的关系。高校作为一个有机的系统,不仅其内部各职能部门和教学单位之间关系紧密,还与其所处的环境存在着千丝万缕的联系。具体而言,社会向高校输入学生,高校对学生进行教育和培训,最后输出的毕业生走向就业市场,满足社会所需。与此同时,高校的办学过程及质量也受到外界问责和内部保证。例如,政府或社会组织对高校的办学质量进行定期的监控和评估,雇主和毕业生也可以通过一定的访谈和调查将高校人才培养质量的信息"反馈"给高校,高校自身也在开展自评,并结合内外两方面的信息,调整人才培养目标,改善课程设置,从而持续提升高校的教育教学质量,提高高校的自适性并维持与外界社会的良好互动。

控制论是运用信息和反馈,"改善"某个或某些受控对象的功能或发展。信息反馈是控制论的一个重要概念,它是指由控制系统把信息输送出去,又把其作用结果返送回来,并对信息的再输出产生影响和制约,以达到预定目的。高校将所培养的人才输入社会,其人才培养的规格与质量是否适应社会发展需要,是否满足用人单位的需求,就要通过外部(政府、雇主、毕业生)的有效反馈来检验,并把这些信息反馈给高校,以便高校掌握相关情况,在教学上做出必要的调整,从而保证人才培养质量适应外界社会的需要,进而保证并提高人才培养质量。

信息论以通信系统的模型为对象,以概率论和数理统计为工具,通过数学的方法来管理各种系统信息,从而达到管理目的的方法。在当今信息化的社会,高校更需要各种信息资源的支持。高等教育子系统在与社会大系统的相互作用的过程中,由于系统之间的隔阂,难免会发生一定的偏差,因此,高等教育系统非常有必要从系统外部获取各种反馈信息,对高等教育与社会及市场的偏离进行有效的控制,建立现代化的信息反馈机制,利用外部反馈机制以保证大学内部质量以持续提升环路的闭合。

第三章
新建本科院校的发展特点与质量标准

目标和标准设定是质量保障体系建设的前提，从这个意义上说，质量标准的设立是质量保障活动开展及其体系化建设的基础。新建本科院校是在21世纪初，国家为适应地方经济建设和社会发展要求而建立起的一批服务地方和行业发展本科院校。在经历了短暂的发展"迷茫期"后，绝大部分院校很快在国家政策引导下和实践摸索中找到一条适合自身发展的道路——向应用型本科院校"转型"。这些院校普遍提出了服务地方（行业）和培养应用型人才的办学定位，并根据应用型人才培养目标制定了相应的人才培养方案。因此，新建本科院校面向区域（行业）发展需要，确立了培养应用型人才的办学定位，这与传统学术性人才培养标准之间存在一定的冲突。同时，这类院校在发展使命、发展阶段上具有特殊性，这些因素共同使得新建本科院校的质量标准成为一项亟待推进的重要任务。

新建本科院校与传统大学的区别主要在于人才培养目标或定位的不同，主要表现为应用型教育与学术型教育在人才培养理念上的差异，并由此提出了对质量评价及其指标、标准的特殊的需求和主张。[1] 目前，关于我国新建本科院校质量标准的制定还在理论与实践中不断摸索前进。质量标准是质量保障活动开展的准绳，在高等教育多元化发展的今天，质量观及质量标准也走向多元化。过去适用于传统大学的以学术质量为核心的标准，能否得到新建本科院校的认可？能否得到学生及用人单位的认可？这些问题我们都需要进一步探讨。与此同时，以学术质量标准为基础建立起的质量保障体系能否

---

[1] 潘懋元. 应用型人才培养的理论与实践 [M]. 厦门：厦门大学出版社，2014：28.

适应应用型高等教育这一新兴力量的冲击？如何应对两种教育之间的张力？这是当前我国高等教育质量保障面临的重大挑战。因此，本章从新建本科院校的特点和在新一轮评估制度指引下所呈现的发展趋势出发，探讨该类高校教育质量标准制定的原则、依据及方法，从而为新建本科院校内部质量保障体系的建设奠定坚实的基础。

第一节 新建本科院校的发展特点

研究新建本科院校的质量标准，理应以新建本科院校的人才培养特点及发展特征为出发点。而要探明以上特点，我们需要对新建本科院校的发展脉络有清晰的认识。从世界范围来看，国外新建（兴）大学在办学定位及人才培养上与传统大学出现明显的差别，主要在于高等教育内部出现了学术型教育和应用型教育的分野，这是高等教育由精英教育向大众化发展过程中自然出现的分化，其中既有高等教育自身的发展规律，也有社会生产工业化等外部条件的推动。例如，20世纪60年代，随着英国产业结构的不断变化，工业应用科学技术被广泛需要，对应用技术型人才的需求也日益增加，从而推动了英国多科技术学院的诞生与发展；20世纪60—70年代，德国在新兴产业方面的飞速发展和所取得的辉煌成就，迫切需要大量的高层次应用型专业技术人才，应用科学大学的兴起弥补了原有教育体系在人才培养和专业设置以及在区域发展规划分布方面的不足与缺陷，因而其发展也得到了政府和社会的大力支持。

21世纪初，我国新建本科院校的诞生与发展与国外应用科学大学有一定的相似之处，这也是国内学者频繁援引欧洲应用科学大学的办学经验来提供相关域外经验的原因。但是，与国外应用科学大学相比，我国的新建本科院校又具有鲜明的中国特色。具体而言，国外应用科学大学的举办一般与本地产业或经济发展紧密相连，尽管许多应用科学大学也位于非中心城市，但总体而言，各地的学校之间的差距并不大。但在我国，由于高等教育资源分布不均，高等教育整体呈现"东部强、西部弱"的特点，新建本科院校的发展极不平衡，不同地区高校之间的软硬件差距较大。此外，国外应用科学大学的办学理念和人才培养目标从成立之初已经确立，而我国新建本科院校则是在"转型"的探索中逐渐明晰。以德国为例，作为老牌的工业国家，培训熟练技术工人的习惯在德国社会中有良好的传统，这种传统根植于其应用科学大学的文化之中，无论高校还是企业，人们对这种类型的高校及其培养的学生有较高的评价，社会的认可度也非常高。而在我国，许多专科学校在升本前已有成熟的办学理念，升本以后反而办学定位不清。当一些新建本科院校最早提出培养"应用型人才"时，社会上还有诸多不解或误解，甚至觉得应用技术型人才总比学术型人才"低一等"，这也造成了部分新建本科院校对于"转型"持犹豫和观望的态度。因此，我国新建本科院校的转型发展之路既要借鉴西方先进经验，又要立足于本国实际，在"中国特色问题"的基础上，结合国际视野和国际比较，找到适合我国的道路。

近些年来，在"五位一体"本科教学评估制度引导下，新建本科院校在办学定位、人才培养目标和模式、教育教学服务及管理理念等方面都发生了较大的转变，呈现出新的发展特点。笔者通过对教育部发布的《全国新建本科院校教学质量监测报告》（2012—2014）、《新型大学新成就——百所新建院校合格评估绩效报告》（2015）的仔细研读，结合对参评（合格评估）院校自评报告的文本分析以及社会中介机构麦可思公司提供的新建本科院校毕业生就业情况跟踪调查数据，对新建本科院校近年来的发展状况进行了分析，发现我国新建本科院校近年来呈现如下明显的发展趋势及特点。

一、凝练办学特色，积累比较优势

从近十年来的发展轨迹来看，新建本科院校并不是盲目地求大求全，而是围绕几个核心的专业领域，聚焦方向和特色。例如，一些院校"升本"以前就在某些领域有良好的学科/专业建设基础，有的院校在行业办学过程中，积累了一些比较优势，在已有学科/专业特色的基础上根据自身优势学科和专业集中打造特色，或者集中围绕几个行业产业打造与之相关的交叉复合专业方向，做精做强（见表3-1）。

表3-1　10所新建本科院校办学特色（以升本时间为序）

序号	案例学校	办学特色	学科与专业布局
1	河西学院	是甘肃西部和千里河西走廊唯一一所以教师教育为主的综合性普通本科院校，担负着为河西乃至全省培养基础教育师资和应用型人才的任务	理学、工学、农学、管理学、经济学、文学、教育学、历史学、法学、艺术学10个学科门类

续上表

序号	案例学校	办学特色	学科与专业布局
2	莆田学院	主动对接福建省莆田市的支柱产业和新兴产业，着力实施"人才、开放、品牌、文化"四大战略	涵盖了理学、工学、文学、管理学、医学、教育学、艺术学7个学科门类
3	华北科技学院	以工为主，以安全科技为特色	涉及工、理、文、法、经济、管理、教育、艺术8个学科门类
4	中华女子学院	培育妇女/性别研究特色和优势	涉及法学、管理学、教育学、文学、经济学、工学、艺术学、理学8个学科门类
5	广东金融学院	突出金融学科优势与特色，华南地区金融人才的摇篮	经济学、管理学、法学、文学、理学、工学6个学科门类
6	安阳工学院	开办飞行技术专业，培养民航飞行员，打造办学特色和亮点	涵盖工学、理学、管理学、经济学、文学、法学、艺术学、农学8个学科门类
7	北华航天工业学院	以航天文化建设和工艺类应用型人才培养为特色	一所以工为主，工、管、经、文、法等学科相互支撑
8	防灾科技学院	以防震减灾教育为特色	本科专业26个，涵盖理学、工学、管理学、文学和经济学等五大学科门类
9	贺州学院	在传统教师教育上保持特色，在地方特色资源研究和开发利用上彰显特色，在面向基层培养应用型人才上突出特色	以工学、理学、教育学为主，文学、经济学、管理学、艺术学、法学等多学科协调发展

续上表

序号	案例学校	办学特色	学科与专业布局
10	武夷学院	以茶学、旅游管理、艺术学为特色，积极培育新型工科，努力实现多学科协调发展	本科专业27个，主要专业是茶学、旅游管理、艺术学

数据来源：根据 2013—2015 年接受教育部合格评估的 169 所新建本科院校质量报告整理。

二、明确服务面向，确定办学定位

近年来，新建本科院校服务区域（行业）的定位日趋明晰。调查表明，我国新建本科院校在服务面向、学科专业设置和毕业生就业等方面有明显的区域（行业）特色（见表 3-2）。具体而言，新建本科院校在专业布局上体现地方经济、产业和文化特征；在服务面向上立足于所在城市，满足地方/区域经济/重点产业、新兴产业的需求；在招生就业上，以本地及周边地区生源为主，毕业生大多在就学所在区域（行业）及周边地区就业。另据麦可思公司对新建本科院校 2012 届到 2016 届毕业生就业情况的跟踪调查，毕业生留在本省（本科就读学校所在省）就业的情况一直维持在 60% 以上[①]，他们已经成为服务地方经济发展的重要的驱动力（见图 3-1）。

表 3-2 5 所新建本科院校服务区域（行业）发展情况对照表（以升本时间为序）

序号	案例学校	地理位置	服务面向	学科/专业布局	就业
1	呼伦贝尔学院	呼伦贝尔市	立足呼伦贝尔，服务内蒙古，面向全国	突出民族特色、地区特色和应用特色，重点建设俄罗斯语言文学、摄影、民族历史文化与艺术、冰雪运动、学前教育、旅游等学科专业	毕业生就业主要面向呼伦贝尔市及内蒙古自治区，毕业生服务基层工作

---

① 王伯庆. 新建本科五年发展趋势 [R]. (2017-05-05).

续上表

序号	案例学校	地理位置	服务面向	学科/专业布局	就业
2	龙岩学院	龙岩市	立足龙岩、服务海西、面向基层、紧贴行业	以机械类、材料类、动物医学类为重点，大力发展应用性学科	2011年留在福建省内就业占当年毕业生总数的85%以上，其中龙岩市内毕业生就业人数比例占当年毕业生总数的40.6%
3	湖北理工学院（原黄石理工学院）	黄石市	立足鄂东南，面向湖北，辐射全国，重点为地方经济建设和社会发展服务	以工学为主，理工结合，理、工、经、管、文、医、教多学科协调发展的学科/专业体系	2006—2008年为黄石地区输送了7090名本专科毕业生
4	广东金融学院	广州、肇庆两个校区	以行业需求为导向，立足广东，面向华南，服务行业	以经济管理类专业为主体，经、管、法、文、理、工等学科相互支撑，构建协调发展的专业体系	毕业生大多服务于银行、保险公司、证券公司
5	江西科技学院（原江西蓝天学院）	南昌市	立足江西，面向全国，为基层服务，为区域经济建设和社会发展服务	以工学、管理学为主，多学科协调发展	面向地方，面向基层

数据来源：根据2013—2015年接受教育部合格评估的169所新建本科院校质量报告整理。

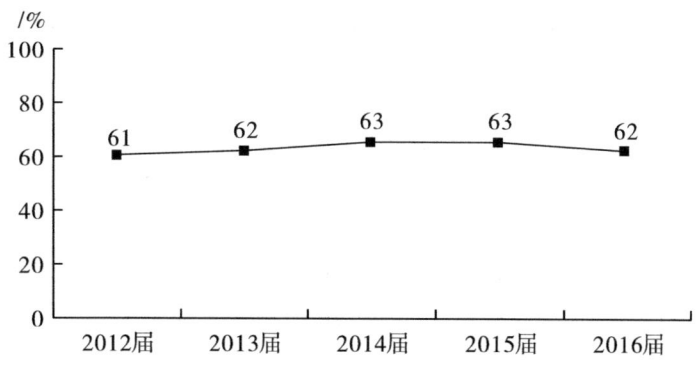

图 3-1 新建本科院校毕业生服务地方就业情况

数据来源：根据麦可思公司《新建本科五年发展趋势》（2017 年）相关数据整理。

三、积极探索实践，突出应用型人才培养

在学校发展目标定位上，绝大部分学校主动提出要在"地方性、应用型本科高校转型发展"和"中国特色应用科技大学建设之路"方面成为积极探索者和实践者。为实现这一办学目标，一些高校推进教学方法改革、优化课程体系，制定并实施新的多元化教师考核评价制度。表 3-3 列举了 5 所新建院校的案例，这些高校为适应区域经济和社会发展需要，面向生产、建设、管理和服务一线，制定应用型本科人才培养目标。另据麦可思公司的调查数据，2012—2016 年，新建本科院校培养的学生在中小微企业就业的比率为 57% 左右（见图 3-2），在服务业行业就业的人数比率保持在 60% 以上，且呈明显的上升趋势（见图 3-3）。

表 3-3　5 所新建本科院校人才培养目标对照表（以升本时间为序）

序号	案例学校	人才培养定位	发展定位
1	南京工程学院	培养适应区域（行业）发展需要的应用型高级工程技术人才和管理人才	特色的多科性、开放型、高水平应用型工程大学
2	淮阴工学院	应用型人才	省内同类高校中处于先进水平的应用型本科院校

续上表

序号	案例学校	人才培养定位	发展定位
3	黄淮学院	培养"就业能称职、创业有能力、深造有基础、发展有后劲"的高素质应用型人才	"地方性、国际化、开放式、应用型"的国内知名应用科技大学
4	金陵科技学院	以实施本科教育为主,致力于培养高级应用型人才	应用型科技大学
5	百色学院	"下得去、留得住、用得上、干得好""知识、能力、素质协调发展",面向生产、管理、服务一线的高层次应用技术人才	特色鲜明、水平较高的教学型、应用型地方本科院校

数据来源：根据2013—2015年接受教育部合格评估的169所新建本科院校质量报告整理。

图3-2 新建本科院校毕业生到中小微企业就业情况

（注：中小微企业是指规模在300人及以下规模企业）

数据来源：根据麦可思公司《新建本科五年发展趋势》（2017年）相关数据整理。

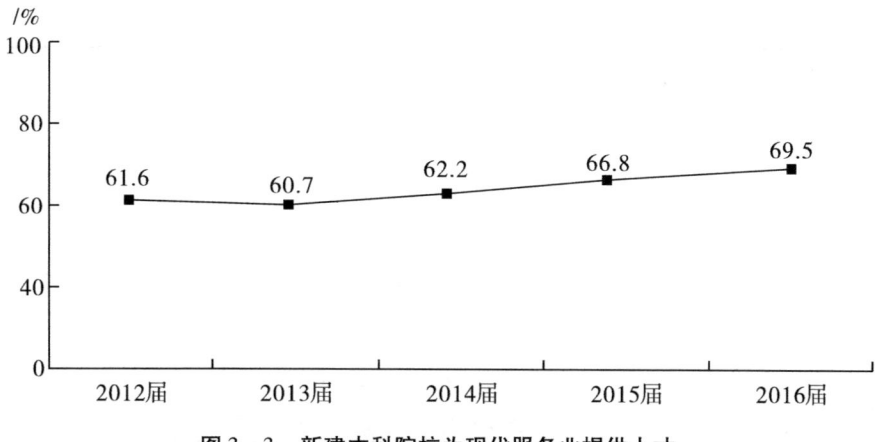

图 3-3　新建本科院校为现代服务业提供人才

数据来源：根据麦可思公司《新建本科五年发展趋势》（2017 年）相关数据整理。

四、重视与业界合作，推进产学研结合

2010 年《教育规划纲要》提出要"推进产学研用结合"，促进高校与社会教育资源深度合作与共享。近年来，新建本科院校在应用型人才培养过程中，主动与业界保持紧密的合作，在教学过程中打破学校、专业、课程、课堂和教师隶属的边界，通过产学研合作育人的方式，促进了高校与业界资源共建、互利共赢局面的形成。如表 3-4 所示，许多新建本科院校在产学合作教育之路上不断开拓创新，或依托地区重点产业，或面向对口行业，办出了自己的优势与特色，取得了不俗的成绩。

表 3-4　5 所新建本科院校与业界合作办学情况（以升本时间为序）

序号	案例学校	合作产业（行业）	合作企业（单位）	合作方式
1	合肥大学（原合肥学院）	合肥市重点产业	国内数百家企事业单位，德国大众汽车公司、大陆轮胎公司、博世西门子公司、西伟德公司等外资企业	借鉴德国应用科学大学办学经验，与 30 多家企业建立了"双挂""双聘"制度，从企业引进工程技术人员来校任教，选派教师到企业挂职，与合作企业共建实习、实训基地等

续上表

序号	案例学校	合作产业（行业）	合作企业（单位）	合作方式
2	华北科技学院	煤炭、安全技术与评价	潞安、同煤（集团）、开滦、冀中能源（集团）等有限责任公司	合作研发与生产科技产品、促进科研成果转化并应用
3	上海立信会计金融学院（原上海立信会计学院与上海金融学院合并而成）	会计	财政部、商务部、国资委、中国注册会计师协会、中国会计学会、上海证券交易所、立信会计师事务所、上海市松江区政府等单位	会计教育、会计师事务所、会计出版社"三位一体"的办学模式
4	重庆科技学院	石油、钢铁	中石油、重庆钢铁集团等80多家单位	共建实习基地，开展订单式人才培养，校友会成为校企合作的纽带
5	防灾科技学院	防震减灾	防震减灾行业各研究所、地震监测台站、任务型事业单位，北京及周边企事业单位、高新企业	利用行业内外两种资源，合作教育、合作教学、合作就业，开展产学研合作教育

数据来源：根据2013—2015年接受教育部合格评估的169所新建本科院校质量报告整理。

五、以专业能力培养为核心，改革课程体系

国外应用科学大学的办学经验对于我国新建本科院校而言有诸多可借鉴之处，近年来，国内许多院校纷纷与国外大学开展合作，在合作办学中借鉴国外先进办学模式，开展课程体系的建设与改革。如表3-5所示，国内一些新建本科院校通过与国外同类型高校合作办学或结为"友好学校"，效仿国外高校课程体系的建设，以学生能力培养为核心，构建与业界要求相契合的人才培养知识、能力体系和课程体系，强化学生所学知识的综合应用。

表 3-5　4 所新建本科院校课程体系建设情况（以升本时间为序）

序号	案例学校	友好学校（德国）	课程体系改革与建设
1	浙江科技学院	汉诺威应用科学大学	进行模块化课程体系改革，组建成通识教育课程、专业基础课程和专业课程三大教学模块，同时重视学生的人文和社科基础，拓宽和加强学科专业基础，将知识、能力和素质三方面相互统一
2	台州学院	马格德堡—斯坦达应用科学大学	2008 年就提出培养应用型人才的学校，应以技术为导向，重点培养学生运用技术解决工程实际问题的能力。课程体系设计坚持与学校办学定位、地方产业需求、学生需求相一致的原则，工学类专业课程设计加大学生企业实习力度
3	合肥大学（原合肥学院）	汉诺威应用科学大学	由"学科导向"向"专业导向"转变，由"知识传授"向"能力培养"转变。改革课程体系，增开专业导论课，强化学生对专业的认知度和认同度；增加一个认知实习学期，让学生经历从理论到实践再到理论的全过程，感受专业的职业素养和职业要求；探索模块化课程体系建设。根据应用型人才的特征，以模块化为核心，构建应用型课程体系
4	宁波工程学院	亚琛应用科学大学	要求各专业明确本专业的专业核心课程与专业核心能力，确定 1~3 门基础核心课程、7 门以内专业核心课程；每个专业明确 1~2 个核心能力，以突出专业核心能力的培养。为了保证毕业环节的质量，将课程进行适当前移，主要课程都安排在前 7 个学期，鼓励实施 3+1 学习模式，适当控制理论课时

数据来源：根据 2013—2015 年接受教育部合格评估的 169 所新建本科院校质量报告整理。

六、人才培养过程注重实践，提高实践教学成效

应用型人才的培养离不开大量的实习实践教学。据统计，2013年新建本科院校各专业实践教学占总学分比例的平均值仅为16.76%，而按照2004年教育部《基本办学指标》的要求，"人文社科类专业实践教学占总学分（学时）不低于20%，理工农医类专业实践教学占总学分（学时）不低于25%"，新建本科院校在这一指标上尚未达到教育部的要求。近年来，各新建本科院校加快了实习基地建设，持续加大实践教学投入，加强实践教学指导队伍建设，制定政策引导高水平教师指导实践教学，聘请业界专家指导实习实训等，切实提高了实践教学的效果（见表3-6）。到2014年，新建本科院校各专业实践教学学分占总学分比例已达到27.49%，较2013年提高了近11个百分点。①

---

① 教育部高等教育教学评估中心. 新型大学新成就：百所新建院校合格评估绩效报告[M]. 北京：教育科学出版社，2015：89-90.

表 3-6 5 所新建本科院校实践教学情况对照表（以升本时间为序）

序号	高校名称	实践教学体系	培养途径	实践教学所占比例	实践教学投入与保障	相关政策与措施
1	吉林外国语大学（原吉林华侨外国语学院）	课内教学实践、课外教学实践、综合素质教育实践三个模块	校企联合开展培训，抓毕业论文质量	各专业实践教学环节的学分均超过了总学分的15%	投资3680.1万元，建设校园电视台、同声传译厅和地球村（大型语言实践基地）等实习、实训场所	出台17项实践教学管理制度
2	常熟理工学院	在实践教学中强化基础技能、专业技能、综合创新三个层次能力的培养，设置课型实验教学、实践环节集中教学、实践教学组织方式，以应用能力培养为主线贯穿整个培养过程，形成实践教学体系	校企互动紧密合作，毕业论文（设计）与实践紧密联系	2008级人文社科类专业实践教学占总学时比例高于18%，理工类高于23%，师范类实习不少于12周	2006—2008年三年教学仪器设备经费投入达4386.66万元，用于教学改革课题立项、专业课程教材建设、实践教学和大学生创新立项，文体竞赛等活动的经费达1365.88万元	实习经费管理采用项目管理制，由教务处严格审核实践教学计划，据实报销

续上表

序号	高校名称	实践教学体系	培养途径	实践教学所占比例	实践教学投入与保障	相关政策与措施
3	吉林农业科技学院	以"实践能力和创新精神培养为主线"的实践教学体系	企业、行业高级管理人员和专业技术人员参与制定专业人才培养方案，参与实践教学和实践教学基地建设	实践教学环节达30~40周	学校现有农业部国家农产品加工分中心1个、省级重点实验室1个、省级工程研究中心1个，基础和专业实验室121个。建有20个校内实习实训基地、264个校外实践教学基地	在人才培养方案中，明确规定社会实践不少于4学分，每学期第2~5学期，每学期不少于一周，并将社会实践的时间和任务具体化，保证了社会实践的开展
4	长沙医学院	"2+1+1+1"的全科医生人才培养模式，即早期临床实践教育与临床实习实训与临床操作技能训练，发挥行业专家在人才培养方案制定中的作用	课程实验、临床实习、医疗服务等实践教学，加强学校与医院、企业的合作，发挥行业专家在人才培养方案制定中的作用	医学类专业实践教学占总学时比例大于35%，文科类专业实践教学占总学时比例大于24%	仪器设备总值8035万余元，年均增长比例超过10.67%。校内建成附属医院，2009年实习实训经费为430万元，2010年为670万元	完善实践教学管理制度

续上表

序号	高校名称	实践教学体系	培养途径	实践教学所占比例	实践教学投入与保障	相关政策与措施
5	合肥师范学院	以应用能力培养为主线，以实验、实习、实训、创新实践、社会实践、制作、毕业设计等为主要环节的实践教学体系	改革实践教学方法和评价方式；创新实验、实习、社会实践、学科竞赛、科技活动、毕业论文（设计）；完善辅修制、小学期制，双证实践教学拓展形式	人文社科类专业实践教学经费支出超过20%，理工、艺术和体育类专业实践教学经费支出超过25%	2010—2012年三年实践教学支出分别达到124.71万元、148.76万元、165.05万元	实施实践教学全程化计划，出台《全程化实践教学指导性意见》，优化实践教学体系；制定《专业实践技能训练纲要》，对接岗位核心能力

数据来源：根据2013—2015年接受教育部合格评估的169所新建本科院校质量报告整理。

七、师资队伍结构多元,提升"双师型"教师比例

应用型人才的培养离不开具有一线生产实践与管理经验的教师。这就要求新建本科院校教师队伍建设要走"双师型"道路:一是要求教师有扎实的理论功底,能承担基本的教学任务;二是要有较强的专业实操技能,具有指导学生进行专业实践、创新创业或开展社会服务的能力。近年来,新建本科院校通过改革人才引进与培训制度、职称评定与晋升等政策等,大力打造兼职相结合、结构合理、优势互补的"多元化"教师队伍。表3-7列举了3所新建本科院校进行教师队伍建设的策略与举措。随着一系列政策的实施,我国新建本科院校教师的数量得以提高,结构也得到进一步优化。例如,2009—2014年,新建本科院校中"双师型"教师占专任教师比例从11.96%上升到19.72%,5年共提升了7.76个百分点[①](见图3-4)。

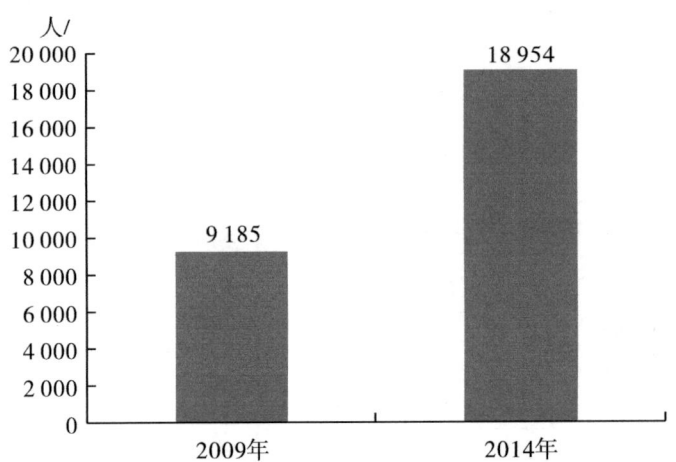

图3-4 2009年和2014年新建本科院校"双师型"教师数量对比情况

数据来源:根据2015年新建院校合格评估绩效报告相关数据整理。

---

① 教育部高等教育教学评估中心. 新型大学新成就:百所新建院校合格评估绩效报告[M]. 北京:教育科学出版社,2015:46.

表 3-7 3 所新建本科院校教师队伍建设策略与举措（以升本时间为序）

序号	案例学校	建设策略	具体举措	具有专业（行业）职业资格和"双师能力"的教师人数（比例）
1	苏州工学院（原常熟理工学院）	提升教师学历、优化教师结构、建设"双师素质"队伍	"青蓝工程"：青年教师培养；"双百工程"："双师素质"教师队伍建设；"四百工程"：教学团队和科研团队建设；"师表工程"：师风师德建设	15.7%
2	重庆科技大学（原重庆科技学院）	加强对教师队伍结构的优化和转型，培养和引进具备专业（行业）职业资格和能力的教师	"能力提升计划"：提升教师业务素质；"青年教师三种经历计划"：青年教师培养	26.2%
3	金陵科技学院	"内培外引"，加强高层次人才队伍建设，提升教师学历（学位），师德师风建设长效机制	"学历（学位）提升"和"能力提升"计划：培育优秀骨干队伍；实施青年教师成长计划：青年教师培养；"课堂教学质量年"活动：提升教师教学水平	26.3%

数据来源：根据 2013—2015 年接受教育部合格评估的 169 所新建本科院校质量报告整理。

八、以服务为导向，改善学生发展和就业服务

为了在高等教育市场中体现竞争力，近年来，我国新建本科院校树立了以服务为导向的管理理念，在学生发展和就业服务上下足了功夫。如表 3-8 所示，一些院校加强了对学生学习和就业的指导，辅助他们制订职业生涯规划；加强了创业教育，提高学生就业、创业的意识和能力；开展毕业生跟踪

调查，与用人单位保持紧密联系，加强了对用人单位反馈信息的使用，基于反馈进行教学改革，从而增强学生职业适应性；等等。

表3-8 3所新建本科院校学生指导与服务举措与成效（以升本时间为序）

序号	案例学校	举措	成效
1	成都大学（原成都学院）	成立职业发展与就业指导教研室，校内外专兼职教师26名，校外就业创业导师50多名，初步构建了ECOC（教育+竞赛+实践+资金扶持）学生创业机制。就业创业指导，出版教材，开设课程。通过"朗途职业测评"和"职业生涯加油站"项目，为学生提供职业测评、职业咨询等服务	2011年，学生就业创业杂志《远路》被评为四川省高校"最具潜力校园媒体"。2012年学校获批为"大学生KAB创业教育基地"和"大学生SIYB创业培训基地"
2	北京城市学院	探索"分类分层分阶段开展就业指导和服务"，试行"实习就业训练营"模式，开展"优""困"毕业生领航与帮扶工作	本科生的就业率连续5年均保持在98%以上，2014—2015年毕业生对学校就业指导与服务工作的满意度均在90%以上。学校被评为北京地区高校示范性就业中心
3	浙江树人学院	根据浙江省民营经济比较发达的实际，提出"民办对接民营"的学生就业工作思路；落实一把手负责制，明确责任，全员参与；从新生入学开始，加强毕业就业教育，并坚持贯穿于各个教育教学环节之中，建立了毕业生跟踪制度	2010届毕业生中有69%在民营（个体）企业就业，高出全省平均水平19个百分点。2013—2015年，学校本科毕业生初次就业率保持在95%以上。跟踪反馈表明毕业生岗位适应性较强，对职业发展前景感到乐观

数据来源：根据2013—2015年接受教育部合格评估的169所新建本科院校质量报告整理。

第二节 新建本科院校的质量标准

质量标准的建立既是从外部开展质量评估的核心，也是高校内部质量建设的重点。在教育部针对新建本科院校开展的"合格评估"中，评估指标体系（合格评估）就是对新建本科院校质量标准的分解和具体化，是国家教育行政主管部门根据新建本科院校的发展状况及特点所制定的对高校人才培养过程及结果的要求和规定，具有独特的指标参数和理论内涵。

质量标准的制定是一项复杂的工程，涉及高校教学及人才培养的方方面面。质量标准的制定是其中的一个方面，也是一个重要的环节。本节主要对新建本科院校质量标准的制定依据、设计原则做初步探索，同时，在"PDCA循环"理念下，从高校内部人才培养的角度提出质量标准研制的一般过程和方法。

一、质量标准的概念及分类

2010年《教育规划纲要》提出要"制定教育质量国家标准，建立健全教育质量保障体系"。那么，什么是教育质量标准？哈维认为，标准一词常常被误解，有时还被用作质量的代名词。实际上，这两个术语既存在密切的关系，也有显著的区别。他认为，标准是某种预先设定的准则、规范（如教师的课堂教学应该在评价中达到"优秀"）或达到某种目标程度（如学生对本次课程教学的满意度）。标准与质量的区别在于，标准是可衡量的指标，用于进行比较和评估某些事物，而质量是用来描述过程（如这堂课上得如何）。这两者被讨论得最多的问题就是"教育过程的质量能否通过结果的标准来衡量？"哈维提出了高等教育的四种标准，分别是：①学术标准（academic standards），指学生要达到的知识水平；②能力标准（standards of competence），指学生要达到的技能水平；③服务标准（service standards），指学校提供给学生的教育服务水平；④组织标准（organizational standards），指学校保证向学习者提供适当的学习和研究环境的原则与程序。[1]

---

[1] HARVEY L, ASKLING B. Quality in higher education [M]. The Dialogue between Higher Education Research and Practice. Berlin: Springer Netherlands, 2003: 321.

中国教科院教育质量标准研究课题组将"教育质量标准"定义为"对各级各类教育活动事项制定的各类教育规范与技术规定"。① 根据国际上的共识，本研究将教育质量标准分为内容标准、评价标准和保障标准三种类型。其中，内容标准（content standards）是对学生在核心学术性领域应知应会的技能和知识内容等的规定，一般以课程框架来体现；评价标准（assessment standards）是对学生所掌握的知识和技能的程度的评估，主要指学生评价标准、教育质量监测、学分和资格框架，如世界经济合作与发展组织（OECD）开发的"国际学生评估项目"（program for international student assessment, PISA）就属于这一类型，用于测试 15 岁学生科学领域知识、技能及决策力；保障标准（assurance standards）是为了保证学生达到内容标准和绩效标准而对教育提供者在教育经验和资源上做出规定，如教师标准、办学条件标准、经费投入标准和管理质量标准。上述三个维度紧密结合，并不截然分开，始终围绕一个整体发挥作用，并在教育实践中不断丰富和完善。

在 2009—2015 年针对新建本科院校开展的合格评估中，本科教学评估指标体系实际上是一种评价标准。评估指标体系的制订侧重于以可采集、可操作、可量化的指标值来考核某所高校、某个专业建设及管理情况，是一种事后评价。随着评估的重心由外部问责转向高校内部，高校内部的质量评估标准应由高校参照国家统一标准转向学校自主开发。从人才培养的角度来看，本科质量标准的制订应紧密围绕"培养什么人，如何培养人"而展开，也就是说，人才培养质量标准的制定应是高校内部质量标准制定的核心工作。因此，新建本科院校质量标准应根据大众化阶段高等教育的质量观和新建本科院校的特殊实际，着力构建应用型人才培养质量标准，在知识、能力、素质及其结构方面体现自身的特点。

质量标准的制定是新建本科院校内部质量保障体系建设的主体和重心。新建本科院校的内部质量保障体系建设应以质量标准建设为基础，教学的监控、分析和改进也应以质量标准为依据。首先，对于人才培养的质的规定性才是质量标准中最根本和核心的问题。在此方面，高校应是人才培养质量标准制定的主体。其次，从质量标准的主体内容来看，新建本科院校人才培养质量标准的制定，需明确其特定的办学定位以及地方（行业）经济发展需要之于人才培养规格与目标的特殊规定性。具体而言，学校要对主要服务地区（行业）以及主要用人单位对人才质量的要求有清晰的把握，对所培养学生

---

① 中国教科院教育质量标准研究课题组. 教育质量国家标准及其制定［J］. 教育研究, 2013（6）: 4-16.

的发展前景和方向有前瞻性的认识。最后，从利益相关者的视角出发，应充分考虑政府、高校、用人单位、学生及家长、教师等利益相关方对于教育质量的期望和要求。新建本科院校的人才培养以社会需求为导向，这就要求质量标准的制定必须多元考虑，即在科学的质量观以及利益相关者广泛参与的基础上，提出新建本科院校人才培养标准制定的基本原则、程序与方法。

二、质量标准制定的基本依据

质量标准的制定依据来源于质量目标，而质量目标是否达成需要根据质量标准来衡量。质量标准的制定既要与国际发展趋势潮流相接轨，又要符合国家教育基本方针政策，还要充分考虑利益相关方的需求，并兼顾学校的现实基础。因此，新建本科院校质量标准的制定既要符合高等学校分类发展、特色化发展的目标，又要对新型应用型人才培养提供现实和可操作的参考，规范、引导高校的办学。总体来说，新建本科院校质量标准的制定要以科学的质量观为基础，参考域外经验，综合国家政策规定和学校的现实基础。

1. 科学质量观

潘懋元先生曾指出："高等教育大众化的前提是多样化，多样化的高等教育应有各自的培养目标和规格，从而也应有多样化的质量标准。"科学的质量观是人们科学认识高等教育及其质量，并自觉按照对高等教育及其质量的合理认识从事教育实践活动的前提和基础。我国的高等教育从精英阶段发展到大众化、普及化阶段，质量观也应从精英教育阶段单一的学术性质量观向多元化的质量观转变。

多元化的高等教育质量观包括以下三个方面：一是对质量标准多元性的认识，如高等教育系统在自身发展过程中出现的学术型教育和应用型教育的自然分化，形成两种不同的教育目的与人才培养目标，但应指出的是，同一类型高校也有的不同的发展层次与阶段，即便处于同一层次的高校，其质量也各有倾向或特点；二是对质量发展性的认识，高等教育质量不是一成不变的，而是随着时代和现实情境而发展变化，没有既定或永恒的质量标准；三是对质量个性化的认识，在大众化和普及化阶段，人才培养是以社会经济发展的需求为准绳的，多元化、差异性是主要特征。

新建本科院校质量标准的制定应以大众化和普及化教育阶段的多元质量观为基础，考虑质量标准制定主体的多元化、标准的多样化、质量的发展性以及高校发展需求的个性特征，合理把握质量标准的个适性、内适性与外适性之间的关系，考虑多方利益相应者的需求和期望，在一定程度上更加强调质量标准的"社会导向性",从而使我国新建本科院校在新时期更好地履行其历史使命,同时达成办学目标。

2. 域外经验

从欧美国家应用型高等教育的发展历程来看,其外部质量保障的框架为这类大学应用型人才培养提供了良好的土壤。为保障各类人才的培养质量,欧美发达国家制定了与教育体系特征相符的质量保障的框架。例如,欧洲终身学习资格框架不仅对应用型人才培养做了知识、技能、素质方面的规定,而且还通过制定一整套等级分明、定义严谨的质量标准,实现了应用型与学术型教育的连接和转换,为学生在两种教育间的选择提供了通道,促进了学生的终身学习和发展;德国的应用科学大学对学生的入学资格有特殊规定,要求报考学生须毕业于职业中学或经过一定时期的专业训练(一般为两年),对于应用科学大学的教师的聘任,要求出任应用科学大学的教授兼具教师和工程师的双重素质;美国工程技术认证理事会的应用科学专业认证标准包括一般专业认证标准和具体专业认证标准,一般标准是对整个专业领域的一般性要求,但对于该专业下面的具体专业方向,则设计了具体的专业认证标准。在上述案例中,应用型高等教育都得到了长足发展,其外部质量保障框架的作用是不容忽视的。因此,这些域外经验对我国新建本科院校质量标准的制定具有重要的参考价值。

3. 政策依据

高等教育质量标准既是衡量高校人才培养质量的重要尺度,也是对高校办学过程及质量结果的规定。因此,质量标准的制定首先要符合国家的基本法律、政策及制度。例如,《中华人民共和国高等教育法》《中华人民共和国学位法》对国家高等教育基本制度、高校教学活动组织、高等教育学位申请等做出的基本规定,应是质量标准制定的基础。此外,党和国家的教育方针政策、国家教育行政部门颁布的各类本科教学工作指导性文件,也是我国本科教学质量标准制定的重要依据。

2018年1月,教育部正式发布了《普通高等学校本科专业类教学质量国家标准》(以下简称《国标》),涉及587个本科专业、全国高校56 000多个专业布点。《国标》对所述专业类内涵、学科基础、人才培养方向、人才培养的目标和规格以及相应的师资队伍、教学条件、质量保障体系等做出了明确的规定,并配有相关量化指标。这是我国现阶段本科教学质量的标准,同时也是新建本科院校各专业在教学过程中所要遵循的内容标准。

在质量保障的标准方面,"合格评估指标体系"与"审核评估范围"既为新建本科院校建立教学质量标准体系指引了方向,也为院校制定教学质量保障的标准提供了可资遵循的道路。第一，从指标体系的内容来说，该体系强调以区域（或行业）经济发展需求和就业为导向，引导新建院校科学定位，依据新建本科院校的办学基础与现实情况，对地方政府经费投入、教师队伍建设、教学过程（包括实践教学和产学研结合）等做出了详细的规定。新建本科院校应当自觉落实这一教学质量标准，基于评估指标体系的要求，制定相关的教学质量标准和质量保障标准。第二，从合格评估、审核评估的考察重点——"五个度"的质量标准来说，"五个度"的质量标准不仅可以作为新建本科院校制定教学评价标准和质量保障标准的根本原则和基本依据，它对于高校自身建设也具有重要的引领和示范作用。具体而言：首先，这"五个度"不是单一标准，而是通过相互衔接和支撑，构成了一个闭环式的结构：社会环境决定了高校的办学定位与目标，定位引导培养目标；目标达成需要师资条件支撑，教师决定有效教学；质量保障体系确保教学质量、人才培养质量和定位目标达成度；人才培养质量反映定位目标达成度，决定学生和用户满意度，体现社会需求适应度，社会环境再反馈回定位目标。其次，这"五个度"是具有概括性和囊括性的质量评价与保障的框架，无论是衡量世界一流大学和一流学科，还是评价地方应用型本科发展水平，均具有适用性。教育部评估中心所编写的《全国新建本科院校教学质量监测报告》即在上述"五个度"的框架下，分析并评价了我国新建本科院校的教学质量。因此，"五个度"的质量标准可作为新建本科院校质量标准制定的重要参考和依据。

4. 现实基础

新建本科院校的办学定位和人才培养目标决定了其质量标准的建设要求与应用型人才培养需求，区域（行业）发展需求以及自身发展阶段（校情）相契合。具体而言，院校在教学标准的制定中，要处理好应用型本科人才中学术性要求和职业维度要求的关系；在课程建设与改革中，要协调好学术型课程与应用性课程的设置比例，为学生学分选修和转换提供必要的支持；在产学研合作教育中，要处理好学生科研素质与应用能力相生相长的关系；要注意教学质量的评价指标与手段的改进，根据对应用型人才的实际需求来建立教学质量标准；要理性借鉴企业管理理念（如ISO9000族标准和全面质量管理理念），探索符合院校实际情况的教学质量标准建设之路。

三、质量标准制定的基本原则

1. 以学生成长和发展为中心

大学教育的根本在于人才培养。以学生为中心，制定教育质量的标准，为学生的成长领航、把关是国际高等教育质量保障的共同取向。长期以来，以教为主的质量标准占据着主导地位。教学质量的评价以教师视角为主，学生角度的评价往往不受重视，学生作为学习的主体，积极性得不到充分发挥，教学质量也得不到根本提高。近年来，随着《教育部关于全面提高高等教育质量的若干意见》（教高〔2012〕4号）、《国务院教育督导委员会办公室关于印发深化教育督导改革转变教育管理方式意见的通知》（国教督办〔2014〕3号）等一系列政策文件的出台，"以学生为中心、学生学习与发展成效驱动"的教育理念逐渐深入人心。在新的教育思想和理念下，我们必须重新审视高等学校本科教学质量标准，从"以教为中心"转变为"以学为中心"，关注学生学习兴趣、动机和学习效果，关注学生学习的参与度与投入度。

从高校内部质量保障的方面来看，以学生的成长和发展为中心制定质量标准，就是要求高校从学生学习过程、学生学习效果、学生成长发展等方面来构建本科教学质量标准。首先，对于新建本科院校而言，应用型人才培养的目标决定了学生实践能力培养的重要性，标准的研制应在遵循教育部的基本要求的前提下，在学术能力相关质量标准方面适当有所弱化，突出对学生实践能力和适应市场需求的能力的要求。其次，鉴于目前新建本科院校人才培养存在与社会需求匹配度不高、学生首次就业离职率较高的情况，学校应重点关注人才培养质量与经济社会发展要求的一致性，着力提升学生的可雇佣能力。最后，质量是一个发展的概念，质量标准也应与时俱进、不断发展。新建本科并不是一个具有持久性的概念，随着办学的不断成熟，质量监控手段的不断完善，新建本科院校也会成为"老牌大学（学院）"。因此，新建本科院校对人才培养的目标和要求也要与时俱进，与时代和教育的发展同步，做出相应的调整。相应地，其人才培养的质量标准也应在发展中不断突破原有状态，在持续的教学改进中不断提高质量标准与要求。

2. 广泛调研、民主决策为基本方法

质量标准的研制要以民主决策为基本原则，鼓励利益相关方积极参与。尽管世界各国在制定质量标准时程序及步骤有所不同，但大多遵循"政府主导、专业引领、多方参与、民主公开"的原则。其中，政府主导是为了发挥政府政策引领的作用，确保质量标准的合法与合规；专业引领是指邀请行业领域专家和知名人士参与质量标准制订的全过程，对质量标准研制所涉及的理论和实践问题做系统性的深入探讨，起到决策咨询的作用；多方参与指多方利益相关者共同参与，表达各自的利益需求，同时监督标准的实施，反馈、评估标准的实施成效等；民主公开是要求质量标准制定和实施的过程对公众公开，这有利于质量标准获得更多的公众支持和认可，从而提高政策的执行效率和民众的满意度。这就要求高校的质量标准研制者要更新观念、广泛调研，以开阔的胸怀和广阔的视野吸收和综合各方意见，并且要善于归纳和总结，抓住重点，有所为而有所不为。

3. 坚持基础性与多样性相协调

质量标准的制定既要遵循国家对各专业类提出的统一要求，保证基本质量，又要体现各校各专业人才培养的特色，并为其发展留有足够的拓展空间。国家制定的高等教育教学质量国家标准，合格评估中对参评院校制定的评估标准以及教育部印发的《基本办学指标》等，都是对各学校办学、专业建设和人才培养提出的统一要求，是维护正常的教学秩序、保证普通高等教育基本的教学质量和规格而提出的国内各高校都要遵守和达到的基本标准，是高校人才培养的"基础标准"。但是，新建本科院校的发展又有其特殊性，应允许由不同类型学校升格、合并、转型而来的新建本科院校有适应性、弹性化的质量标准，从而促进各类高校在不同的层次上办出质量、办出水平。

4. 坚持稳定性与发展性相协调

质量标准的制定既要对各专业类提出教学基本要求，同时又要对提升质量提出前瞻性要求，追求优秀和卓越。一方面，高等教育质量标准的设计要具有一定的稳定性，无论如何发展，新建本科院校教育教学质量都要能够达到国家、社会和受教育者对高等教育的基本期望和要求，使国家、社会和受教育者满意，这样的质量标准是与国家、社会和个人需求契合和适应的，必须保持一定的稳定性，才利于高校办学质量的不断提升；另一方面，新建本科院校质量标准的制定还要具有发展性和一定的前瞻性，随着时代、环境以及院校自身的发展变化，质量标准的内涵也要随之有所变化与调整，与社会发展对人才培养提出的要求保持同步。因此，新建本科院校质量标准的制定可以适当超出国家标准或原标准中涉及的指标规定，考虑其特有的人才培养规格和要求，对人才培养目标及其质量创新留有足够的发展空间，在促进特色化、提倡创新等方面推动学校的不断发展。

5. 坚持定量与定性相结合

质量标准的制定要对各专业类标准提出定性要求，同时包含必要的量化指标。新建本科院校的质量标准要以结果为导向，具备一定的可测性，并最终通过对指标的量化统计来显示。例如，教育质量标准涉及包括师资、教材等硬软件多个方面，为了能对学校人才培养的全过程进行必要的监测和即时的调整，以量化指标来监测和评价质量水平，可以较清晰地体现学校在某一时期（或时间段）的质量细节及其具体状况，这是高校进行质量保障的必要基础。然而，新建本科院校的质量标准体系也不能"唯指标"论，例如，从人才培养质量这一核心点来讲，对学生的道德品质、批判与创新思维能力等综合素质的评价难以量化，此外，学校的信誉与知名度、群众的口碑以及公众的满意度等也不宜以数据来呈现。因此，对于高校的办学质量也要从定性的方面来评价，由社会和市场的反馈来进行综合评定。从这个角度来说，质量标准的制定要坚持定量与定性相结合，在满足一般标准的基础上要体现其有特色、有影响的地方，切不可搞"一刀切"。

6. 注重国际化和本地化相统一

在经济全球化趋势下，高校应培养具有国际化的视野、深谙国际规则、有较强的跨文化交流沟通能力的高素质人才。近年来，我国频繁与国际高等教育质量保障组织交流，与世界上其他国家开展双边或多边的质量评估与认证合作，我国的质量标准体系、技术方法在此过程中也走出国门受到国际认同和采纳。例如，2015—2016 年教育部评估中心赴俄罗斯对俄大学及专业开展中俄联合专业评估认证；2016 年 6 月，我国正式加入《华盛顿协议》，我国工程教育质量标准实现了国际实质等效。这些成就的取得与我国近年来在高等教育质量保障领域紧跟世界先进潮流，把握高等教育质量建设主流方向，质量标准的制定与国际逐步接轨有密不可分的关系。因此，尽管新建本科院校的定位是地方性和应用型，但这并不排除人才培养要放眼国际世界，追踪世界最先进、最前沿的发展趋势。学习和借鉴西方国家的先进经验，尤其是吸收西方国家新型大学在发展战略规划和人才培养方面的经验，这是我国新建本科院校目前发展阶段建设的重要途径和方法。此外，根据具体情况，新建本科院校也各有发展方向及特点，因而在质量标准的研制上应以国情、校情为根本，注重将国际先进经验与本国高等教育的实际相结合，推动国家经验的本土化，增进政策及标准制定的适应性。

7. 坚持以可操作为准则

"标准为先、使用为要"，标准要发挥"以标促建、以标促改、以标促强"的作用。质量标准不仅是教学效果的判断标尺，更是教学行为的操作准则，这就要求质量标准要有可操作性。新建本科院校要根据自身所处的内外部环境，清楚地认识自己所处的发展阶段，从自身实际出发制定具有实际意义的、可操作的质量标准,从而为指导教育实践发挥作用。所谓可操作性,是对质量标准的建设提出的一个综合性要求。首先,它要求质量标准要具有科学性,能对高校发挥引导作用。其次,所制定的标准既能够为使用者(如学校师生、评价者等)所接受,又可以保证按此标准开展的教育教学及其评价活动能有效地开展。例如,可根据此标准有效地区分质量的不同等级,从而为高校制订相应的管理计划提供可参考的依据。最后,质量标准体系不求繁求全,而是要能够抓住主要矛盾,清晰明了,使质量管理工作者能有效掌握质量(评价)的指标体系,有利于提高工作的效率。

总之,我国新建本科院校质量标准的研究和制定,既要以国家教育政策、法律和质量保障制度体系为依据,又要充分借鉴国际经验,且以学校的现实发展需要为根本,建构科学合理的、定性与定量相结合的、可操作可衡量的、有底线也有拓展空间的质量标准体系,质量标准的研制应与高等教育的改革之路同行,并且需要在实践中不断完善、不断更新。

四、质量标准制定的方法

从人才培养质量标准的角度来看,解决"培养什么样的人才、培养人才的措施有哪些、如何使这些措施落实到位"的问题就是制定质量标准的核心目的所在。因此,本文基于全面质量管理的方法及 PDCA 循环理论,以高校人才培养质量标准为例,阐述质量标准制定的基本步骤和方法(见图 3-5)。

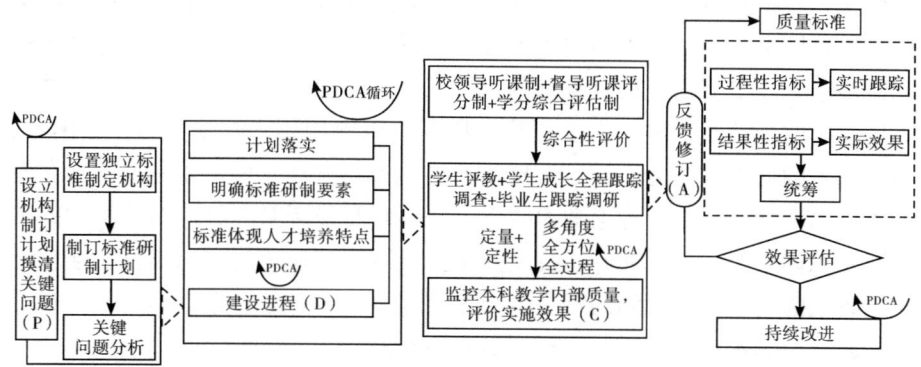

图 3-5 基于 PDCA 循环理论的本科人才培养质量标准研制路径

资料来源:参考廖春华等人关于本科人才培养质量标准研制路径研究绘制。参见:廖春华,马骁,李永强. 本科人才培养质量标准研制路径探析:基于 PDCA 循环理论的视角 [J]. 教育发展研究,2014 (21): 23-29.

1. P（plan）计划：确定目标和活动规划

计划阶段要根据国家教育政策、法律法规和质量保障相关制度，并在充分调研的基础上，制定质量标准研制的工作方案。首先，设立标准研制机构、成立标准研制团队，明确人才培养的各关键环节及所面临的主要问题，做好标准研制的整体规划。在学校层面，学校要开展校级的质量标准研究，根据国家的教育大政方针，制定学校人才培养目标的总体目标与规划；院系层面也要从专业教学与专业人才培养出发，成立院系层级的"专业标准与质量委员会"，结合社会市场需求，根据学生个性发展需要，制定本专业的质量标准（如专业目标、课程标准、毕业要求等）。在此基础上，制定系统化的工作规划与安排，针对标准制度的主要问题进行调研。例如，以问卷调查、组织座谈和单独访谈等形式了解学生的需求，知晓教师对于学生学习、专业定位、课程设计等方面的理解，同时，要对主要服务或行业面向的用人单位进行定期、广泛、深入的交流，邀请相关人士参与到质量标准的制定过程中来。其次，要制定整体工作方案以及工作时间表、路线图，对标准研制工作的推进情况进行日常性的监督管理。最后，针对标准制定过程中涉及关键问题、关键环节事先进行集中讨论，提出解决计划及方案，以保证标准研究工作的顺利进行。

2. D（do）执行：制定标准（合规律、合目的）

这一阶段实际上是按计划执行工作要点、推进计划实施的过程。在此过程中，要根据质量标准研制的要素，对人才培养质量所包含的目标规格、课程体系、教学规范、教学条件、教学效果等内容分别制定标准。要借鉴同类院校以及国际经验，征求利益相关方，如行业、市场的意见。既要符合国家基础要求，还要突出院校自身特色；既要培养每个学生成长成才，又要关注不同学生的个性与差异。由于新建本科院校以应用型人才培养为主，因此，对于学生的通识和能力培养，学校除了要达到国家规定的基本标准外，在专业基础知识方面要突出理论知识的应用性，而非强调对完整性与系统性的本学科知识体系的掌握；在专业技能方面要从适应就业市场需求出发，强调学生具备较强的技术应用和的解决生产和管理中实际问题的能力。

3. C（check）检查：检测结果与做出评价

这一阶段主要是总结执行计划的结果，明确执行效果，寻找存在的问题，对本科人才培养质量标准实施结果进行检测和评价。新建本科院校在评价人才培养质量时要以"适应社会需求""促进学生成长成才"为原则，从基本知识与技能、专业能力及其发展、综合素质及其提高三个方面考察学生的成长和发展。对人才培养工作对照制定的标准进行自我评估和外部评价。

如出现培养过程中不符合标准的情况，要按照相应程序控制要求即时识别、对症分析，找出不达标、不合规的原因，分析其造成的影响，通过"专家会诊"等方式"确诊"是标准制定的问题还是人才培养的过程环节问题，以便做下一步的决策。具体而言，学校一是可以建立院校领导听课制，了解教师教学水平和课堂教学动态；二是建立督导听课制，了解师风师德、教师教学态度和敬业精神等；三是建立学分综合评估制度，通过学生学分置换机制，给予学生灵活发展的空间，全面考查学生德、智、体全面发展情况；四是组织学生成长跟踪全程调查以及毕业生的就业情况跟踪调查，从学生成长需求和就业质量的方面来反思教学的改进；等等。

4. A（action）行动：纠正、改进与提高

对总结检查的结果进行处理，对成功的经验加以肯定，并予以标准化；对于失败的教训也要总结，引起重视。对于没有解决的问题，应提交给下一个 PDCA 循环中去解决。质量标准的制定过程其实也是一个持续改进的闭环过程：通过实时跟踪，即时了解教学过程中学生成长发展的过程性结果，对学生的学习质量水平做出阶段性判断，肯定成绩，找出问题；以结果性指标反映人才培养的实际效果，结合用人单位的反馈以及学校规划目标的实现程度，为一定周期内学校整体目标规划的执行提供阶段性评估优化意见；统筹过程性和结果性指标评价的结果，为质量标准的下一步优化提供现实性方案；提出针对性的改进措施，进入下一轮 PDCA 循环。

五、新建本科院校主要质量环节标准的设计

确立教学质量标准是保证教学质量的前提，也是实施教学质量监控、评价与保障的重要基础。教学质量标准既是教学工作的目标要求，又是质量监控评价的重要依据，也是教学质量管理的基础。2010 年《教育规划纲要》将"促进人的全面发展"和"适应社会需要"作为衡量教育质量的根本标准，这就要求新建本科院校在定位上要以服务区域与行业经济发展为目标，建立具有时代性和社会导向性的人才培养机制。因此，新建本科院校在办学定位和人才培养上都要紧扣上述目标与要求，在教学质量标准的制定中突出对学生实践技能、职业技能以及综合能力的培养，在学科及专业建设上突显应用型的特点。合格评估和审核评估都以"五个度"的质量标准为核心，它分为目标与愿景、政策与资源、课程与师资、学生服务与发展、社会服务与成果转化五个维度。以上述五个维度为框架和分析思路，本书从新建本科院校的办学定位和人才培养目标出发，基于利益相关者的视角，确立了新建本

科院校的主要质量环节和关键质量控制点，即从人才培养目标制定、师资队伍建设、教学条件保障（实验室与实习基础建设、教学设备仪器等）、专业与课程建设、实践教学、教学评价等方面，确立了新建本科院校的 20 个主要质量环节，它们分别是：人才培养方案、专业建设、课程教学、教学大纲、教材建设、教案编写、课堂教学、考试、试卷管理、课程过程考核、实验室建设、教学仪器设备的管理和使用、实验教学、学生实习、学生实习报告撰写、校外实习基地建设、第二课堂建设与管理、本科毕业论文（设计）、教师评学、学生评教。这 20 个主要质量环节包含若干要素和监控点，本书进而对各个监控点的质量标准进行了整理和分析，形成了新建本科院校主要质量环节的质量标准。限于篇幅，具体内容见附录 1。

第四章
新建本科院校内部质量保障体系建设的现状及问题

建立健全高等教育质量保障体系是提升教育质量的重要途径。我国新建本科院校的质量保障体系建设起步相对较晚，但是发展速度较快，经历了从无到有、从点到面、从碎片化发展到系统化建设的过程。目前，新建本科院校须进一步重视和加强内部质量保障机构、人员、制度和项目建设，将内部质量保障体系建设不断向前推进。新建本科院校以培养适应地方（行业）经济发展需要的高层次应用型人才为主业，所培养的人才既须熟练掌握专业基础知识与技能，又要能将这些知识和技能应用于生产和生活实践。因此，该类院校亟待建立和完善符合其人才培养目标和定位的质量保障体系，并且形成良性的循环运行机制，促进教育质量的稳步提升。

为充分了解我国新建本科院校质量保障体系建设的现实状况，探明目前质量保障体系的问题，以便在现存问题的基础上科学构建完善我国新建本科院校的内部质量保障体系，本章运用混合研究方法，对2013—2015年参与合格评估的169所新建本科院校内部质量体系建设情况进行了研究，在发现问题的基础上，尝试构建我国新建本科院校内部质量保障体系的基本内容。

第一节 我国新建本科院校质量保障体系建设的历史概述

我国新建本科院校质量保障体系建设有其特殊的历史背景。随着1999

年党中央做出扩大高等教育规模的重大决策，我国高等教育得到了大发展、大提高。从 2000—2015 年，我国新建本科院校以平均每年 30 所的数量增设。与此同时，在教育部组织的各项高等教育教学评估的指导下，大部分新建本科院校都在搞基础设施大建设，在软件硬件方面都向评估指标所设定的质量标准靠拢或超越，从而造就了我国新建本科院校近 20 年来显著的发展成就。

  从 20 世纪 80 年代引介国外高等教育质量保障相关理论、撰写教育评估相关论著，到开展本土化的教育评估理论研究与实践，我国在高等教育质量保障的理论研究与实践探索上已走过 40 多年的历史。我国早期有关高等教育评估的立法相对滞后，有关教育评估的法律法规只是包含在一些专门性的教育法律、法规和条款之中。1990 年原国家教育委员会发布了第一部关于高教评估的行政法规性文件《普通高等学校教育评估暂行规定》，标志着我国高等教育评估逐步走向规范化和制度化。随着我国高等教育事业的发展，普通高等学校教学评估也在不断地进行适应性的变化和调整。从 1994 年至今，我国共开展了五次大规模的本科教学评估，分别是 1994—2002 年的合格评估、1996—2000 年的优秀评估、1999—2001 年的随机评估、2003—2008 年的水平评估、2009 年至今的"五位一体"评估。前四次评估对促进政府和高等学校加强教学投入、规范教学管理、深化教学改革和全面提高人才培养质量起到了重要的推动作用，但也存在一些不容忽视的问题。以 2003—2008 年开展的水平评估为例，这是前四次评估中涉及面最大、影响最深，也是高校反响最强烈的。但在本次评估中，"用同一个评估方案去评价所有的学校，针对性不强、适应性不够""高校争取优秀结果，内涵建设却下功夫不够和不深""评估手段单一，过分强调专家进校考察，忽视学校自评，更缺少常态性质量监测手段"等问题突出。① 因此，在对前四轮评估经验和教训总结的基础上，经过反复的研究和准备，教育部高等教育司和评估中心确立了常熟理工学院、合肥学院等 10 所新建院校作为合格评估调研试点单位，于 2011 年正式下发了《关于普通高等学校本科教学评估工作的意见》，对新一轮教学评估做出了全面规定。《评估意见》确立了五种形式的评估制度，其中，本科教学工作合格评估是为新建本科院校量身设计的，以"四促进、三基本、两突出、一引导"为核心内涵的新的制度设计，旨在充分调动学校、

---

① 教育部. 教育部关于普通高等学校本科教学评估工作的意见 [EB/OL]. (2011-10-31)[2017-08-15]. http://www.moe.edu.cn/srcsite/A08/s7056/201802/t20180208_327120.html.

政府、社会三方面的积极性，促进我国新建本科院校合理定位，强化内涵建设，改革人才培养模式，提升人才培养质量。

一、外部质量保障制度的特点及实施情况

目前，我国教育部顶层设计的高等教育质量保障制度的总体框架可以概括为"一个平台、两个支柱、三个保证、四个体系"①。该体系拥有五个显著特点：①以学生为中心、产出导向、持续改进的新理念；②强调基于人才培养质量的"五个度"的新标准；③运用高等教育质量监测国家数据平台，实现点面结合、内外结合、周期性评估与质量常态监测结合、学校自评报告与数据分析报告的有机结合的新方法；④以深度访谈、听课看课、考察走访、问卷审阅、问题诊断、交流反馈为代表的评价新技术，实现对人才培养质量的客观、公正评价；⑤强调将自我保障、自我评估、自我监测、以评促强、追求卓越升华为大学文化，成为大学的文化自觉。

从2009年开始，教育部对全国新建本科院校进行本科教学工作合格评估，至2015年已评估新建本科院校169所。合格评估的"地方性、应用型"导向和评估的刚性约束力，有力地促进了新建本科院校的改革、建设与发展，新建本科院校的教学质量有了较大的提升，学生在就业质量、个人综合素质发展方面都取得了较好的成绩。2015年前后，全国大部分新建本科院校已顺利通过合格评估。与此同时，较早通过合格评估的一批新建本科院校陆续进入审核评估阶段。审核评估是质量评估的另一种模式——审核模式，即依据被评估者自己设定的目标来评价目标达成情况。审核评估强调用学校"自己的尺子量自己"，重点审核"五个度"。合格评估与审核评估是"院校评估"两个不同的阶段，评估对象、内容、方法、重点等均有所不同。前者属于认证模式，达到标准就通过；后者主要看被评估对象是否达到了自身设定的目标，着重考察高校内部质量保障体系的完善程度和运行状况。

在开展院校评估的同时，自2011年开始，教育部评估中心受教育部委托，在全国新建本科院校开展教学基本状态数据采集工作，对参评院校的教

---

① "一个平台"是指建立高等教育质量监测国家数据平台；"两个支柱"是全面开展院校评估与高标准的专业认证；"三个保障"是指发挥高校质量保障的内驱力、外部质量保障的外推力，吸收借鉴国际先进理念经验参与国际高教质量保障工作、提高国际话语权和影响力；"四个体系"是指形成高等教育质量监测工作体系、高等教育质量评估工作体系、高等教育质量认证工作体系、高等教育信息发布工作体系四个体系。

学基本状态进行实时监控,加强了对新建本科院校办学情况的日常检测和监督。自 2012 年起,评估中心组织研究团队,通过对高等教育质量监测国家数据库中参评院校教学基本状态数据的分析,研究编写并连续发布《全国新建本科院校教学质量监测报告》。

总体来看,"五位一体"的本科教学评估制度将政府组织的院校评估、学校自我评估有机地结合起来,将周期性专项评估认证与常态化的监测评估有机结合,充分体现了"政府管、学校办、社会评",彰显了质量保障的整体性和多样性;学校自我评估置于整个评估的基础地位,强调自我评估的主体性,突出学校在质量保障体系中的主体地位;建立了全国高校教学基本状态数据库,持续发挥了教学基本状态数据监控在监督和保障高校办学质量与人才培养质量方面的重要作用,强化了质量监控与保障的常态性;实行两套评估方案,对新建本科院校有针对性地开展合格评估,注重质量保障活动的针对性和有效性;评估结论不分等级,而是形成写实性报告,用以指导高校的改进,从而弱化了评估结论的等级性和功利性,更有利于学校持续改进工作和提高教学质量。

二、内部质量保障体系建设的阶段及特点

梳理我国高校内部质量保障体系的建设历程可以发现,从 2000 年至今,我国高校内部质量保障体系的建设大致经历了三个阶段,这三个阶段并不完全分离,甚至还存在时间和内容上的重叠,但各个阶段的重心不同,新建本科院校内部质量保障体系建设的时间段主要集中在第二阶段和第三阶段(见表 4-1)。

表 4-1 我国高校内部质量保障体系建设的三个阶段

阶段	时间	评估模式	建设重点
第一阶段	2000—2008 年	水平评估	促进基础设施建设,保证教学管理基本规范,教师数量和学历层次达标,基本人、财、物的基础保障系统建设
第二阶段	2009—2015 年	合格评估	以"内涵建设"为主导,改革人才培养模式,建立健全教学管理制度,提升教师教学与科研水平,加快专业标准与课程教材建设

续上表

阶段	时间	评估模式	建设重点
第三阶段	2015年至今	审核评估	完善内部质量保障体系，提升质量保障能力

如表4-1所示，我国高校内部质量保障体系建设的三个阶段中，第一阶段是以基础设施建设、基本教学管理规范、基本人财物的保障系统建设为核心，采用的是"水平评估"的模式。在此期间，不少学校成立了评估事务管理机构（如评估处、评建办），专门负责此项工作，对学校内部各层级的教学管理工作进行逐步规范，保证了学校在扩招的同时，基础设施项目的建设、教学管理制度的制定能及时跟进并满足教学秩序正常运行所需。也是在这一时期，"以生为本"的教育观念逐渐建立并深入人心。第二阶段是从2009年新一轮本科教学合格评估工作开始到2015年前后，经过这一轮评估，绝大多数的新建本科院校（不含独立学院）完成了合格评估工作。这一阶段主要是以质量标准建设为基础，开展的高校内部"内涵式建设"，重点仍是加大经费投入、规范教学管理、深化教学改革、全面提高教学质量。第三个发展阶段始于2015年前后，最早通过合格评估的一批新建本科院校（不含独立学院）陆续准备或已进入审核评估阶段，它们基本达到或全部实现了合格评估设定的目标和质量评估指标，并且初步建立了内部质量保障体系，对教学质量及效果起到一定的支撑和保障作用，从这一阶段开始，提高质量保障体系运行的有效性，逐步完善质量保障的各项机制是工作的重点，这也是高校内外部治理结构发生根本性转变的阶段。

2010年《教育规划纲要》提出了"推进教育教学改革"和"完善中国特色现代大学制度"两个主题，这反映了当前及未来一段时间我国高等教育质量保障的主要任务：第一，进一步理顺政府、社会、高校的关系，全面贯彻现代高等教育理念，建立健全大众化教育背景下本科教学规范；第二，在我国教育文化传统和现实问题的特殊性的基础上，理顺高校内外部关系，完善高校内外部治理结构。

目前，我国新建本科院校正处于发展与变革的关键时期，不少学者提出要学习欧美"创业型大学"的发展之路，借鉴德国、荷兰等国"应用科学大学"办学经验的建议和主张，但通过以上对我国新建本科院校发展历程及其质量保障体系建设阶段的分析可知，我国新建本科院校的建立与发展与西方新型（兴）大学相比存在差别。

首先，西方各国在20世纪50—70年代完成的高等教育大众化甚至普及化的进程是建立在各国工业化、城市化等现代化进程充分发展,社会经济繁荣发展的基础之上,而我国是在 21 世纪初经过大扩招大发展骤然达到了大众化教育水平,这种大众化并不是渐进和自然生成的,而是在政府外力推动下短期人为实现的。因此,中国高等教育大众化缺少了像西方发达国家那样与教育体系扩张相伴的教育观念、结构和标准的调适,课程内容、教学模式也未经过一个与社会发展相同步相适应的调整期,社会生产力和经济发展水平、教育观念转变等准备明显不足。

其次,西方"新型大学",无论是英国的"1992 年后大学"、欧美的"创业型大学",还是德国、荷兰的"应用科学大学",其高校内部治理结构的形成都经历了长期的历史积淀,再加上这些"新型大学"在诞生和发展过程中,无论是高校设置的准入条件,还是与质量管理相关的各种配套措施和制度都相对完善,而中国的新建本科院校的设置和发展尽管有政府的政策指导和资金支持,但由于基础较弱、起点较低等,许多院校的基本办学规范都是"从零开始",因而在高校办学行为上往往存在"失范",缺乏"底线标准和基本规范"的问题,这都使得我国新建本科院校内部质量保障体系建设和内部治理结构的完善面临着相当艰巨的任务。①

综上所述,我国新建本科院校质量保障体系建设的背景和条件与国外新型大学有明显的不同,高等教育大众化进程中"新型大学"的建设与发展受到社会生产力、经济发展水平以及文化传统等的影响。我国高校的教育质量保障体系建设,无论是传统的大学还是新建本科院校都还有很长的路要走。因此,我们应对我国高等教育体系发展的背景、特点等保持清醒的认识,并在此基础上客观、公正地对我国新建本科院校质量保障体系建设的阶段、历程、成效等做出认识和评价。

第二节 混合研究工具设计与数据收集

混合方法研究由实用主义观点所驱动,强调使用最合适的方法解决研究问题和实现研究目标。这种方法认识到不同的研究问题需要不同的方法,将定性和定量方法结合起来可以更全面地了解复杂现象。美国学者约翰·克雷

---

① 邬大光,李国强.《教育规划纲要》实施五年进展与高等教育未来发展方向的基本判断:《高等教育第三方评估报告》前言 [J]. 中国高教研究,2016 (1):4-11.

斯威尔（John W. Creswell）提出将定量数据与定性数据相整合，有三种基础设计方案：一是聚敛式设计（convergent design），设计意图就是同时收集和分析定量数据及定性数据，最后基于比较两种结果的目的，而对定量数据及定性数据进行整合分析，或者用两种数据结果互相验证。二是解释性序列设计（explanatory sequential design），设计的意图在于先收集定量数据，然后使用定性数据来更深入地解释定量研究的结果。三是探索性序列设计（exploratory sequential design），设计的意图在于先用定性研究探索研究问题，在初始性探索后，研究者把定性研究发现用于第二阶段的定量研究，在这个阶段的定量研究设计各种测量工具或进行干预研究，再用这些定量研究工具、干预或者各种研究变量用于定量数量收集和分析过程。[①]

出于研究需要和科学性考虑，本研究选取聚敛式设计方案，采用三角互证策略，同时、同等地使用量化和质性方法，通过访谈、观察或文件分析获得定性数据，同时通过调查和现有数据收集定量数据，然后将定性和定量分析的结果进行比较和整合，结合相关文献的分析，以提供对研究主题的全面理解。一方面，对教育部评估中心 2012—2014 年连续发布的《全国新建本科院校教学质量监测报告》做二次分析，围绕新建本科院校质量保障体系建设的具体问题（包括深化教学改革、规范教学管理制度、促进地方或企业加大教育投资、加快学校章程建设、进一步完善内部治理结构等方面）进行全面剖析；另一方面，选取六所新建本科院校教师的问卷调查来获得量化研究数据，通过对学校管理者、教师的访谈来获得质性研究数据；与此同时，通过查阅现有研究文献来形成研究者的文献积累，从而构成研究者文献积累、量化数据和质性数据三角互证模型（见图 4-1）。

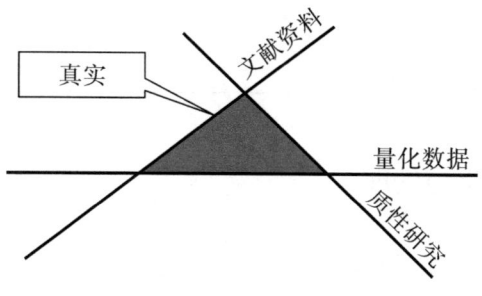

图 4-1　三角互证模型

---

① 约翰·W. 克雷斯威尔. 混合方法研究导论［M］. 李敏谊，译. 上海：格致出版社，上海人民出版社，2015.

一、研究工具的设计

本研究在联合国教科文组织国际教育规划研究所 IQA 项目的"质量保障有效的工具和手段"和"质量保障影响因素评价"两份调查问卷的基础上设计了"新建本科院校内部质量保障体系建设"调查问卷（见附录3）和访谈提纲（见附录4）。调查问卷的设计共分为两大部分：第一部分为被访者基本信息；第二部分为教师（或行政管理者）对当前新建本科院校质量保障工具使用情况的评价，评价维度设计见表4-2。访谈提纲针对学校管理者和教师设计，围绕学校内部质量保障体系的内容及运行机制，以及他们对质量保障的成效和问题的看法等核心问题设计。

表4-2 内部质量保障工具的使用及其观测点

质量保障工具	观测指标	观测点
课堂教学测评	参与情况	参与频率
专业课程评估	反馈情况	反馈频率
教学指导和检查（督导）		数据使用
（系）教学计划自评估		是否有用
（专业）教学质量监测	改进情况	改进课程教学连贯性
学生课业负担测评		更新课程教学内容
毕业生跟踪调查		拓宽专业口径
用人单位满意度调查		提高教师教学水平
用人单位参与教学计划修订		改进学生的学业评价
就业市场分析		增强毕业生就业能力
学生能力评估		改善学习条件

二、数据收集与处理

为了解高校内部质量保障活动开展情况，本研究对质量保障的常用工具、技术和方法在各新建本科院校的使用及其效果情况进行了调查。数据收集与处理的具体步骤如下。

首先，对部分新建本科院校的教师和行政管理人员进行访谈，了解他们对于内部质量保障的重要性、作用、现状和问题的认识。访谈者为一线教师、学校质量保障部门负责人及高层管理者（校长与主管教学工作副校长），他们熟悉学校内部质量保障工作，了解质量保障体系的内容及运行机制，对质量保障的成效和问题有较深刻的认识。通过访谈，本研究试图提取关于高校内部质量保障工具、技术和效果等与实践相关的核心要素。为保证调查效果，本研究在及时记录和整理调研资料的基础上，对收集到的现场文本做了一一归类和编码，仔细记录了资料的类型、收集的时间、反映的主题等相关信息。

其次，选取样本学校开展调查。本研究采用分层目的抽样，根据研究需要和调研的便利性原则，在全国范围内选择了6所新建本科院校，考虑到学校的类型和学科专业特点，研究分别选取了师范、理工、财经、政法、语言和综合院校各一所开展问卷调查。调查的目的是将访谈阶段筛选出来的与内部质量保障效果相关的各要素做进一步的验证，并获取各校开展内部质量保障的整体情况、重点工作措施、质量保障技术、工具使用的实际效果和相关影响因素等信息。问卷调查以抽样学校的管理者和教师为对象，共发放调查问卷600份，回收542份，回收率为90.3%，剔除无效问卷后，共回收有效问卷502份，有效率为83.7%。

最后，调查问卷回收后，按照统一的编码方式和录入说明录入数据，经过核实、整理后的量化数据采取SPSS 22.0软件包对数据进行分析。质性数据基于扎根理论的内容分析，运用Nvivo 10.0质性分析软件，对"新建本科院校内部质量保障体系建设"问题进行开放式编码和主轴编码，再经过提炼、归纳，进一步将其编码为10个树状节点（包括质量保障机构、教学质量监测、教学质量保障信息反馈、质量年度报告、双师型队伍建设、内部质量保障参与度、影响内部质量保障体系建设的关键因素、学生满意度、用人单位满意度、教学质量改进措施）。

第三节　我国新建本科院校内部质量保障体系的现状及问题

一、新建本科院校内部质量保障体系建设的成效

高校开展自评自建，是大众化及普及化高等教育时代高校面向社会独立办学、自主发展的必然趋势和要求，也是一所高校内部质量保障体系建设趋

于成熟的标志。在新一轮评估制度的引领和推动下，国内几乎所有的新建本科院校都设立了质量保障或评估机构，建立了教学质量监测机制，强化了质量信息的监测与反馈，质量保障机构、教学质量保障走向专业化，以自我评估为核心的教学质量保障体系已初具雏形。

1. 质量保障组织机构纷纷成立，组建了专业的质量保障队伍

高校内部质量保障体系的建设与功能发挥，需要以机构、人员、经费、制度、活动等软硬件条件为基础。设立专门的机构是高校开展质量保障工作的第一步。据调查统计，新建本科院校质量保障机构的设置主要有如下三种情况（见表4-3）：一是学校不设专门（独立）的处室，质量保障工作主要由教务处、教育科学研究院或督导室安排专门负责管理，此类高校占样本高校总数的41.3%；二是设置专门的处室（但不独立），如教务处下设"教学质量管理科""教学监控与评估中心"，或质量保障处室与评建办公室合署办公、教育发展规划处与评建办合署办公等；三是设有专门而独立的高等教育质量保障与监测机构，如合肥学院教学质量监控与评估处。后两种类型较多，占样本高校总数的58.7%。

表4-3　2014年312所新建本科院校教学质量保障机构设置

序号	设置类型	学校数量	比例	案例院校
1	教务处、教育科学研究院或督导室分管	129	41.3%	赤峰学院教务处、嘉应学院督导组
2	教务处下设专门科室（中心）或与其他职能部门合署办公	183	58.7%	闽江学院教务处教研教学质量管理科、许昌学院教务处质量监控科、防灾科技学院高教所（评建办）
3	独立、专门的质量保障机构			合肥学院教学质量监控与评估处、重庆科技学院教学质量与评估办公室、上海电机学院教学质量管理办公室

数据来源：教育部高等教育教学评估中心. 全国新建本科院校教学质量监测报告：2014年度［M］. 北京：教育科学出版社，2016：69.

目前，新建本科院校的质量保障队伍主要由教学管理和质量监控两类人员构成。从队伍数量和结构来看，在学历层次方面，具有硕士及以上学位的占44.5%（其中具有博士学位的占4.0%），35.3%的教学管理人员具有学

士学位，无学位的占 20.2%。在年龄和职称方面，人员多以离退返聘人员为主，56 岁及以上的质量监控人员占 36.3%；具有高级职称的质量监控人员占 53.0%，无职称的教学管理人员比例达 19.5%。① 总体来看，新建本科院校质量管理人员队伍呈现年龄大、职称高、学历低的特点。进一步调查后发现，新建本科院校青年教师比例高，质量文化建设有待加强，教学管理队伍水平整体偏低，政策因素影响队伍的稳定性，这些问题目前在很大程度上影响着新建本科院校开展质量保障活动的程度和水平。

2. 完善教学质量监测手段，强化教学质量信息反馈机制

新建本科院校主动完善教学质量监控体系，形成了包括专项检查、领导干部分类听课（检查）、二级教学督查、专家评价、学生评教、教师评学、行为评价和用人单位反馈、毕业生跟踪反馈等在内的系统性教学质量监控和反馈机制。以课程评价为例，据 2014 年的调查数据，新建本科院校中 95.3% 的院校建立了学生评教制度，94.7% 的院校建立了教学工作定期检查制度，94.7% 的院校建立了课程教学评价体系，90.6% 的院校建立了实习教学评价体系，88.9% 的院校建立了毕业综合训练环节评价体系，87.7% 的院校建立了实验教学评价体系，评估专家对于参评院校"质量保障规章制度"这一观测点的评价也比较高，合格率达 99.0%。② 此外，各校还充分利用信息化、智能化平台，通过开通学校教学质量监控网页、热线电话、专用电子邮箱等，建设信息反馈平台。例如，有的高校定期发布《质量监控简报》，分析教学质量现状，对相关问题实行情况通报，提出改进建议，进行适时调控。据对 169 所新建本科院校问卷调查的结果，84.02% 的教师、学生对"信息反馈改进"表示"满意"或"基本满意"。

如表 4-4 所示，教师对教学质量保障信息的反馈情况评价较高的有：课堂教学评估（2.98），（系）课堂教学自评估（2.96），专业课程评估（2.85），（专业）教学质量检测（2.78），教学指导、检查（督导）（2.82）；教师对教学质量保障信息的数据使用情况评价较高的有：（系）课堂教学自评估（2.98），课堂教学评估（2.90），教学指导、检查（督导）（2.89），（专业）教学质量检测（2.86），专业课程评估（2.82）；教师认为对教学质量保障信息的使用有效性评价较高的有：课堂教学评估（3.12），

---

① 教育部高等教育教学评估中心. 全国新建本科院校教学监测报告：2014 年度 [M]. 北京：教育科学出版社，2016：70.

② 教育部高等教育教学评估中心. 全国新建本科院校教学监测报告：2014 年度 [M]. 北京：教育科学出版社，2016：71-72.

教学指导、检查（督导）（3.06），专业课程评估（3.05），（专业）教学质量检测（3.02），（系）课堂教学自评估（3.01）。

表 4-4　教师对教学质量保障信息的反馈及使用的评价

项目	反馈情况	数据使用情况	有效性评价
课堂教学评估	2.98	2.90	3.12
（系）课堂教学自评估	2.96	2.98	3.01
专业课程评估	2.85	2.82	3.05
（专业）教学质量监测	2.78	2.86	3.02
教学指导、检查（督导）	2.82	2.89	3.06
学生学习能力评估	2.62	2.67	2.95
学生课业负担评估	2.53	2.51	2.75
毕业生跟踪调查	2.39	2.48	2.79
就业市场分析	2.36	2.39	2.83
用人单位满意度调查	2.45	2.29	2.61
用人单位参与修订教学计划	2.31	2.32	2.65
均值	2.64	2.65	2.89

3. 建立高校质量年度报告发布制度，自觉接受社会监督

建立高校质量年报发布制度，是完善以高校自我评估为基础，政府、高校、专门机构和社会多元评价相结合的评估机制，完善高校基本信息公开制度的重要举措，是高校进一步增强社会责任意识、竞争意识和改革动力，积极回应社会关切的重要体现，也是高校向社会展示学校风貌和办学特色、宣传办学理念和教学成果的重要途径。近五年来，按照《教育规划纲要》和《教育部关于全面提高高等教育质量的若干意见》的要求，各新建本科院校逐步建立起各类质量报告年度发布制度，目前开展的项目包括：本科教学质量年度报告、学生就业质量年度报告。各类年度质量报告，既是高校对自身各方面质量情况进行自我检查、自我监督的重要方法，也是高校向社会各界展示办学情况，接受社会监督的重要手段，有利于高校增强质量意识，健全内部质量监控机制，通过坚持不懈的自我检查和自我整改，持续提高教育质量。未来，更多的学校将认识到质量年度报告公开发布的必要性与重要性，自觉发布如"本科教学质量年度报告""学生就业质量年度报告"等在内的

高校质量年报,是形成高校内部质量保障体系的重要环节。

总体来看,经过多年的基础设施投资与建设,新建本科院校不仅在办学条件(包括基础设施建设、基本教学投入和基本教学规范等方面)上得到了较大的改善,教学改革也得到不断深化,教学规范不断加强,内部质量保障体系建设已初具形态。近年来,随着"管办评分离"改革的不断推进,我国高校独立办学、自主发展的改革方向日趋明确。新建本科院校也通过不断深化内部治理改革,如推动大学章程建设、建立学校教职工代表大会制、高校理事会(或董事会、校务委员会)等,通过教职工依法参与学校民主管理的方式支持学校的管理与发展,实现高校科学决策和民主监督,建立起具有中国特色的现代大学制度。其中,内部质量保障体系建设的日趋成熟也必定为这些新型大学(学院)内部治理体系的完善奠定坚实的基础。

二、新建本科院校内部质量保障体系建设存在的问题

21世纪以来我国新建本科院校不断加强基本办学条件和基础设施建设,尤其是在合格评估的指导下,进一步规范了教育教学管理制度、完善了现代大学(学院)制度,内部质量保障体系建设成效明显,但问题也显而易见,前文总结的各个方面都存在尚未解决的问题。具体而言,在教师队伍建设方面,新建本科院校"35岁以下青年教师比例过高,年龄、职称与学历结构等不合理"现象普遍,"'双师型'教师的数量依然难以满足应用型人才培养的需求"等问题依旧存在,高层次领军人才短缺的现象也未真正得到缓解;在质量保障方面,"管理队伍不稳定且人员素质不高,质量监控没有形成体系""人才培养各环节的质量标准没有明确""质量保障闭环系统尚未形成"等问题也比较突出;在现代大学制度建设方面,新建本科院校内部公共治理结构还很不完善,民主决策、民主管理和民主监督等机制都亟待加强。[①] 由此可见,新建本科院校内部质量保障体系建设在目前仍然是一项艰巨而长远的任务。

由于前文所述很多改革措施刚启动不久,新建本科院校在各方面的建设成效还须一定时间的积累,后续效果有待观察,因此,本章并不打算对前文所述每项改革措施一一展开进行分析,而是根据合格评估中专家提出的主要问题,结合笔者的实际调研,就当前我国新建本科院校内部质量保障体系建

---

① 教育部高等教育教学评估中心. 全国新建本科院校教学质量监测报告:2013年度 [M]. 北京:教育科学出版社,2013:103-104.

设面临的几个突出问题摘要进行总结和分析。

1. 高校进行质量保障的积极性、主动性、创造性不足

目前，新建本科院校内部质量保障体系建设内部动力仍待提升，高校的积极性、主动性和创造性并未全面激发出来；部分院校的质量主体意识不强，开展自我保障的能力不足。我们在调研中发现，尽管有90%以上的教师和学校管理者反映所在学校制定了内部质量保障相关制度，但只有60%左右的教师和学校管理者认为学校制定的内部质量保障制度对"我"的工作有所帮助，有近30%的教师和学校管理者认为学校制定的内部质量保障制度对"我"的工作关系不大或无帮助。相比较而言，学校管理者对内部质量保障制度的认可度比教师更高（见图4-2）。在访谈中，受访者认为我国高校内部质量保障体系建设成效不能尽如人意，与内部质量保障以外部驱动为主，机械套用和简单照搬外部质量保障的理念、标准和模式，自身创造力、积极性和主动性不足有很大关系。在院校评估中，无论是合格评估，还是审核评估，都有一定的周期性，受此影响，高校内部的质量保障也与此周期和频率相对应，一般在评估之前，参评高校会召开一系列动员会、启动会，调动校园内外一切力量，力争在评估中取得好的成绩，给评委留下好的印象；在评估之后，许多高校也会提出整改措施，对评估中出现的问题进行研究并力争一一突破。但是，由于各校主管领导的重视程度不同以及资源的有限性等因素，这种质量评估或保障活动一般持续时间不长，从而失去了内部评估的独立性和独特性，成了外部评估的附庸。造成这种现象的原因，最关键的还是政府部门掌握着教育资源的配置权，没有形成高等教育公共治理以及由社会和市场决定高等教育资源配置的格局。

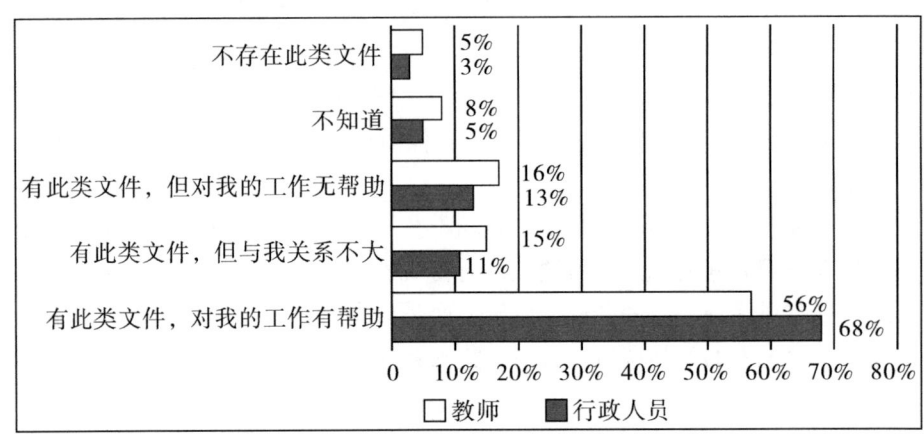

图4-2　教师和学校管理者对内部质量保障制度的认可度

根据调查统计数据（见图 4-3），教师对内部质量保障参与度的自我评价从高到低分别是：学生课堂教学评估（3.12）、专业课堂教学自我评估（3.01）、专业课程评估（2.91）、专业课程教学质量检测（2.87）、教学指导、检查（2.65）、学生课业负担评估（2.43）、学生学习能力评估（2.37）、毕业生跟踪调查（2.12）、就业市场分析（2.00）、用人单位满意度调查（2.00）、用人单位参与修订教学计划（1.56）。这说明，学生课堂教学评估、专业课堂教学自我评估、专业课程评估、专业课程教学质量检测以及教学指导（检查）等仍然是教师参与度较高的教学质量评估形式。

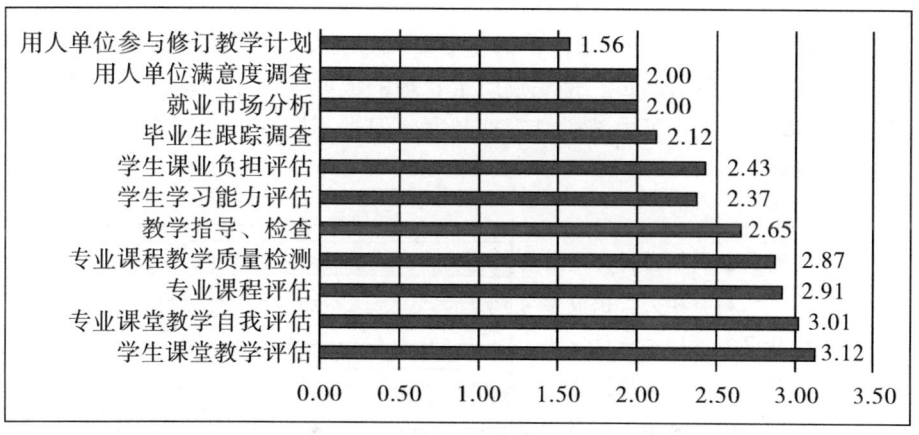

图 4-3　教师对内部质量保障参与度的评价

随着高等教育规模的扩张，高校办学也走向多元化、自主化和特色化。这就决定了政府终将不可能主宰高校办学的一切，分权化管理将是必然的发展趋势。高等教育质量是一种公共责任，政府、学校及社会部门均须承担责任。之前，我国政府在高等教育质量评估中主动权过大，从评估指标体系的制定到质量评估的组织开展以及对高校参评等，都做了统一的规划和要求，这不仅使得政府部门的工作和责任极为繁重，也使得高校须紧跟政策，围绕评价指标的"指挥棒"去开展工作，而高校的积极性和主动性并没真正地发挥出来。

近年来，随着"管办评分离"改革不断推进，政府、社会与高校的关系逐渐厘清。但目前最主要的问题是高校的质量主体意识的加强、高校自主开展质量保障的能力如何提升的问题，更深入地说，高校内全体教职员工及学生主人翁精神的确立、公共责任意识的加强、教育道德认知和办学行为的规范、高校质量文化形成等问题，已成为当前支持我国高等教育改革，支持高校走向独立办学和自主发展的核心要义。

2. 高校办学规范和内部治理结构有待完善

如图4-4所示，教师和学校管理者认为影响内部质量保障（IQA）的因素主要是：领导支持、教师支持、学生支持、内部质量保障各种信息透明、质量保障措施和程序明确、利益相关者积极参与等几个方面。通过访谈，我们了解到在基本制度规范和内部治理结构建设方面，目前存在的主要问题有：一是学校内部各单位、各部门之间缺乏有效的联动机制，管理部门之间存在隔阂，行政管理和学术管理之间缺乏平衡，各教学院系之间存在壁垒，学校内部的行政分割状态不利于资源的整合利用和系统运行的整体效率提升；二是高校内部的科层化管理倾向还比较突出，管理层级多，由此而滋生的官僚体制不同程度的存在，影响了管理的效率，学校管理亟须走向扁平化，建立公共治理格局；三是院校质量管理的成熟度水平不高，尽管许多高校都不同程度地建立了内部质量管理制度，但也不同程度地存在着制度执行不到位的情况。

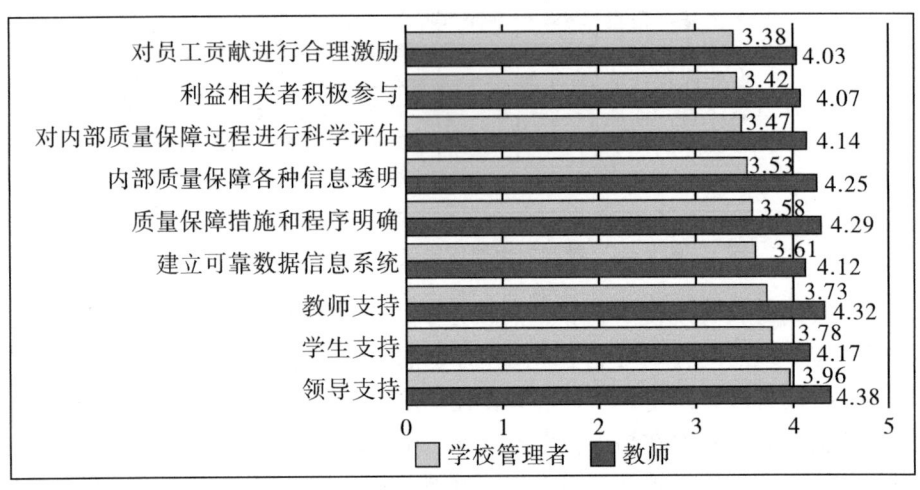

图4-4 教师和学校管理者对影响IQA因素的评判

我国新建本科院校内部质量保障体系建设尚处于起步阶段，同时面临着基础设施建设、管理制度规范、质量文化建设等多重任务。总体来看，近五年来，各级政府对新建本科院校的财政投入有所加强，生均拨款的地区间差异也在逐渐缩小。但是，部分经济发展滞后地区的院校在基本办学条件方面才刚达到及格线，办学核心要素的质量尚待时日。因此，各级政府对这些地方性院校的财政支持仍应继续加强。此外，由于新建本科院校面临着与原"985""211"工程院校和老牌院校在生源、资源等方面的竞争劣势，所以，除了优化校内资源配置、提高资源使用效率之外，这类院校还应加强与当地企业的深度合作，利用服务地方（行业）经济发展的契机，借助行业优势、企业资本和社会力量进一步扩大高校资源投入来源，真正成为地方经济发展的"助推器"，形成"办学条件—办学投入—社会资本—办学质量—社会需求的'连环结'"，从满足社会对人才培养需求的角度来提高学校的竞争力和资源支持。总之，新建本科院校内部质量保障体系建设实际上是学校教育综合改革的过程，高校办学中的多重矛盾有待在这一建设过程中得到化解。

3. 内部质量保障体系建设的系统性、科学性亟待提升

目前，高校内部质量保障体系的建设还存在系统性、整体性、科学性不足的问题：一是人们对该体系的认识还存在误区，如片面理解内部与外部质量保障的关系与内涵，人为分割为相关联的质量保障活动，各类质量保障工具（如听课、评学、评教、质量跟踪调查、信息反馈等）并未上升到体系化的设计高度，无形中影响了内部质量保障活动的效能。二是片面地认为高校内部质量保障仅是指校内（质量）管理部门的事，未认识到办学质量与高校组织机构整体运行的关联性，内部与外部质量保障没能持续、有效互动。由此可知，我国新建本科院校内部质量保障体系建设落后的原因之一，是建设实践刚刚起步，建设与管理的经验有所欠缺。三是新建本科院校正处于转型发展的关键时期，办学目标与定位的摇摆，战略规划缺乏科学指导，各项基础设施条件建立与制度规范建设等齐头并进，千头万绪，加之一些高校管理者未能解放思想，紧跟教育发展的趋势潮流，对大众化、普及化的高等教育规律缺乏清醒的认识，仍坚持走精英化发展道路等，导致了一些新建本科院校对于内部质量保障的目标模糊、思路不明、内容不清等问题。四是质量保障机构附属化、质量保障工作队伍专业化程度不高以及质量保障队伍不稳定也严重影响了质量保障工作的成效。有研究者指出："新建本科院校质量保障队伍建设的重要性和紧迫性甚至重于教师队伍建设。"此外，有的高校的领导者和质量管理负责人并未形成科学系统的建设思路，导致了质量保障体系建设不完整、不成体系，也影响了工作的成效。

如图4-5所示，教师认为教学质量保障活动对教学的有效性从高到低依次为：专业课程评估（3.27）、学生课程测评（3.24）、学生能力评估（3.22）、就业市场分析（3.20）、专业课程教学质量监控（3.17）、教学指导及检查（3.14）、毕业生跟踪调查（3.11）、用人单位满意度调查（3.08）、专业课堂教学自我评估（3.02）、用人单位参与修订教学计划（2.99）、学生课业负担评估（2.96）。

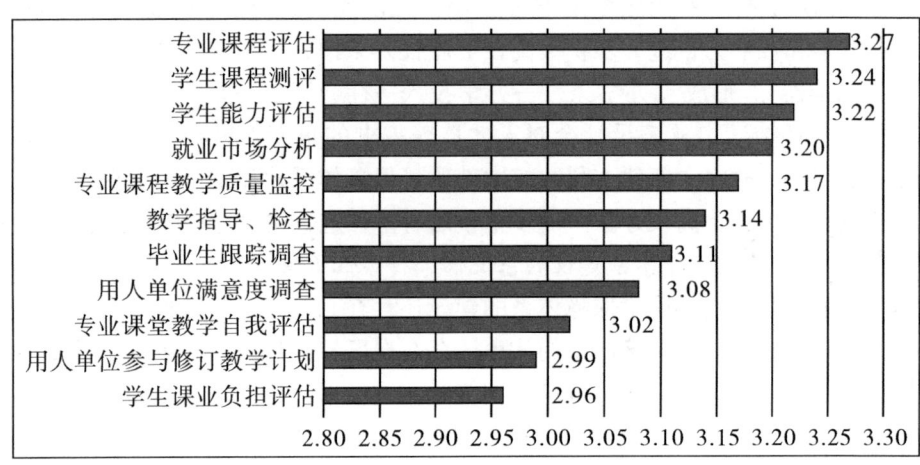

图 4-5　教师对教学质量保障活动有效性的评价

总体而言，高校办学质量根本的决定因素在于高校自身，作为高校质量责任的主体，高校内部质量保障体系建设对高校办学质量和人才培养质量的提高具有举足轻重的作用。从各高校的实践情况看，无论是教师（学术工作者），还是行政管理人员，对于高校内部质量保障体系建设的重要性和必要性的认识都在逐步加深，高校内部质量保障机构普遍设立，教育教学管理保障制度和规范得到建立和完善，质量保障的工具、技术、方法的使用等也日趋多样化。但是，无论是质量保障政策的实施，还是质量保障工具的使用方面仍然存在一些问题，如利益相关者（尤其是学生、雇主）的参与程度不够，校级领导的参与和支持在各个学校也有所差别，质量反馈信息的反馈和利用程度还不够，这些情况都使各个高校质量保障活动开展的成效大打折扣。

第五章
新建本科院校质量保障体系一般模型的构建

教育质量保障体系对于保证和提高高等教育的质量具有不可替代的作用，是促进高等教育机构教育教学质量提升与发展的有效举措。对于新建本科院校而言，内部质量保障体系建设不仅是保证其基本办学设施和条件，规范其基本教学管理并建立质量管理制度的过程，也是促进新建本科院校由依靠外界检查评估走向自我评估、自觉接受社会监督，从而建立自主、自治的质量文化，形成自我保证教育质量机制的过程，可以说是全方位保障新建本科院校教育教学质量的综合系统。从实践层面来看，新建本科院校的质量保障是各方利益相关者多元定义高等教育的质量，多方面实现自身利益诉求的一个复合系统，从这一点来说，质量保障的制度及其体系建设的精髓不在于强制，而在于对被执行者利益的拉动。因此，在有限的资源面前，为了保证资源的有效利用，高校在内部质量保障体系建设过程中，既要了解利益相关者的期望和诉求，又要有所为而有所不为。本章以利益相关者视角下质量保障目的的价值取向为起点，从拉动利益相关者内部需求的角度，构建我国新建本科院校内部质量保障体系的一般模型。

第一节 利益相关者视域下的高等质量保障目的

质量保障的目的是什么？这实际上是关于质量保障价值取向的问题，是决定高等教育质量活动保障什么，即高等教育质量保障内容的问题。研究者普遍认为，高校是典型的利益相关者组织，在当前高等教育质量管理自身高度复杂的情况下，质量保障活动的目的或内容不仅具有多元性，而且这些多元的目的诉求还应得到尊重、回应和平衡。新建本科院校要突出其"服务社会"职能，就要以多元、多样的社会需求为导向，深度融入社会进步的现实进程。因此，新建本科院校质量保障体系建设应充分关注利益相关者的价值期望与利益诉求，进行深入而广泛的调研，从而为建设更加全面的、综合响应社会需求的高等教育质量保障体系提供必要的参考。

一、研究设计与方法

为了详细描述利益相关者对于质量保障的目的期望，本研究采用"焦点小组访谈"的方法对我国高等教育质量保障利益相关者群体进行调查。焦点小组访谈是一种质性的研究方法，于 20 世纪四五十年代由美国社会学家罗伯特·莫顿（Robert Merton）和肯德尔（Kendall）提出。[①] 在访谈过程中，研究者提出某个特定主题，并对参与者之间的相同和不同意见进行观察、发现、交谈和分析，从研究对象之间"对话式"的探究中获取一手资料，小组讨论是研究者获得观点、感受和看法的关键步骤，小组成员间的互动与交流是获取信息资源的过程。目前，国内外学术界已运用此方法在教育研究中取得多项研究成果。[②]

根据王战军等人对我国高等教育质量保障利益相关者的研究，本研究的焦点小组访谈在高校行政人员、教师、政府代表、企业雇主、在校大学生和高中生[③]这六类利益相关者群体之中进行。其中，两个访谈是在政府部门人员中进行，一组受访者来自教育部及其下属的行政性事业单位（教育部高等教育教学评估中心）的人员，另一组是来自地方政府的代表，共有 10 人参加；两个访谈在企业中进行，受访者是企业中的高层管理者和人力资源管理

[①] MERTON R K, FISKE M, KENDALL P L. The focussed interview [J]. American journal of sociology, 1946 (51)：541 – 557.

[②] 方蒸蒸，程晋宽."焦点小组访谈"的比较教育研究方法意义 [J]. 外国教育研究，2012, 39 (6)：19 – 25.

[③] 本研究认为，在校大学生与高中生有所不同。根据巴罗斯等人对内外部利益相关者的界定，在校大学生身处校园之中，是质量保障的内部利益相关者；而高中生还未进入大学，是大学未来的"客户"，是高校潜在的利益相关者，同时，他们代表着身处大学之外的公众在质量保障活动中的利益及选择，因此，本文将高中生作为外部利益相关者进行界定和研究。

部门负责人，共有21人参加；两个访谈在高校学生中进行，有来自国内12所高校的30名在校大学生参与；两个访谈在大学校长中进行，来自国内10所高校的10位校长参与了此调研；两个访谈在高中学生中进行，有来自国内6所高中的14名学生参加；两个访谈在高校教师中进行，有来自国内8所高校的13名教师和学术人员参加。这些参加焦点小组访谈的大学生、教师和大学校长有的来自传统学术型/综合性大学，也有来自地方的应用型本科院校。12个焦点小组访谈总共有98人参与（见表5-1），访谈提纲见附录2。

表5-1 参与调研的六类利益相关者群体人数统计

利益相关者	群体数量/个	参与者人数/人
大学校长	2	10
高校教师/学术人员	2	13
政府代表	2	10
雇主	2	21
在校大学生	2	30
高中生	2	14
合计	12	98

为了使受访者的回答更加系统和集中，我们在访谈之前从相关研究文献中提取了有关质量保障目的的内容选项供受访者投票选择。经过梳理，最后归纳为14条如下：

①引导高等教育部门的劳动分工；
②对教学过程的控制和监督；
③提升高等教育的质量；
④为学生和雇主提供高等教育相关信息；
⑤促进高校参与国际国内竞争；
⑥规范高校的教学管理、促进经费投入、改善办学条件；
⑦保证毕业生达到学历资格的标准和要求；
⑧对新成立高等教育机构设置准入标准并对其办学过程进行检查和监督；
⑨在高等教育多样化发展的形势下引导高等教育机构合理定位、分类发展；
⑩影响并改变大学的管理模式；
⑪获得国际认可和参与国际比较；

⑫刺激学生流动；

⑬确保高等教育的发展符合政府或外部监管机构的要求；

⑭控制私人资本在教育领域的过快增长。

在信息搜集及分析阶段，我们根据以上14个选项和调查的具体情况，对上述内容进行了适当调整，最后保留下12项并将其分为四类：一是外部导向的信息交流；二是高校内部提升和发展；三是质量监控的标准与实施；四是信息支持与决策参考，并对各利益相关者的投票情况进行了统计（见表5-2）。

表5-2 高等教育质量保障目的分类及调查统计

高等教育质量保障目的分类	雇主	政府代表	大学校长	高校教师	大学生	高中生	票数合计
1 外部导向的信息交流	3	3	0	2.5	0.5	2	27
1a 高校相关质量信息的比较（国内和国际）	1*	0.5	0	1.5*	0	1*	
1b 引导高等教育机构分类发展	1*	1	0	0.5	0	0	
1c 为利益相关者提供教育信息	1*	1.5	0	0.5	0.5	1*	
2 高校内部提升和发展	0.5	2	9	8	1	0	24
1a 对教学活动过程的监控	0	1	5	4	0.5	0	
2b 促进高等教育质量的改进与提高	0.5	0.5	1*	2.5*	0.5	0	
2c 指导高校制定长期目标、战略规划与未来发展定位	0	0.5	3	1.5	0	0	
3 质量监控的标准及实施	2.7	4	3	2	4	2.5	36
3a 促进高校基本办学条件达标和教学管理的规范	1*	1	0	1*	1.5*	0.5	
3b 保证教学质量达到既定标准	1*	1.5	0	0.5	1.5*	1.5*	
3c 保证毕业生质量达到学历资格的要求	0.7	1.5	3	0.5	1*	0.5	

续上表

高等教育质量保障目的分类	雇主	政府代表	大学校长	高校教师	大学生	高中生	票数合计
4 信息支持与决策参考	1.4	2.5	0	2	1	0	15
4a 制定教育规划（避免同质化发展）	0.7	2*	0	1	0.5	0	
4b 公共资金使用的社会价值评估	0.7	0.5	0	0	0	0	
4c 促进高校间的竞争	0	0	0	1*	0.5	0	

注：表中的数值（最后一列除外）表示各种质量保障目的的选项被每个利益相关者选择的平均次数。*表示此选项在访谈中被每个利益相关者群体提及一次以上。

在数据分析阶段，本研究对各利益相关者关于质量保障目的的看法、表达、期望等进行了归纳、整理。对各个备选项目的投票情况进行了统计，计算出各选项的投票数。事实上，单纯地统计赞成票数也存在一些明显的弱点，例如，受访者直接回复"是"或"不是"而并没有给出理由，这导致了仍有许多模糊的问题需要研究者进行反复确认，不断去澄清受访者的真实意愿并在回答的基础上做更深入的分析。因此，除了对采访中较为普遍的问题做定量统计外，本研究还在之后的半开放式访谈环节做了定性分析，从而丰富了研究的内涵。

二、研究发现

通过调查和访谈，我们得到了利益相关者有关质量保障概念及其目的的不同认识和期望。根据表5-2的统计数据可知，在四种类型中，"质量监控的标准与实施"是选择频率最高的一类，在12个访谈组的记录中总共有36次被提及，而且几乎所有的利益相关者群体都谈到此项；紧随其后的是"外部导向的信息交流"（27票），这是被外部利益相关者（雇主、高中生和政府代表）提及最多的一类，同时也受到高校教师的关注；排名第三的是"高校内部提升和发展"，被选择频次较多（24票），这一类选项主要是在内部利益相关者（校长和教师）之中被讨论；最后是将质量保障作为"信息支持与决策参考"的一种工具（15票），主要是在政府部门管理人员和雇主中被提及。

在定量分析的基础上，为了更深入地了解各利益相关者群体对于质量保障目的的看法，挖掘潜在的原因，我们在后来的访谈中对各利益相关者群体所表达的主要观点做了定性分析。

1. 雇主：强调基于质量标准的质量监控，满足劳动力市场需求

雇主认为质量保障的目的在于确保高校所提供的教育服务应达到某一标准，并且符合人们的理想和预期。在此，雇主比较反对质量保证体系应根据高校的特点在评估中做标准的调整，他们认为，质量保障的目的就是确保每所高校的同一专业，在教育服务的质量规格上是一致的，都应提供达到某种标准的教育教学质量。如果某些高校达不到这个标准，那么这所高校就不应该开设这样的专业，至少，国家就不应该给予资助。此外，质量保障与评估还应该引导高等教育体系发展格局规划，避免高校之间不必要的模仿和重复建设，从而导致有限资源在分配中分散和消耗。

> 进行质量保障的目的就是客观地评价教育的质量。现在全国有各种各样的高等教育机构，数量上有两千多所，其中哪些才是合格的？我们应该有一个标准，（通过评估）那些质量不合格、不达标的高校就应当被淘汰，而不是继续对它们进行投资。而对于合格的高校，我们就应集中资源，继续提升他们的品质，这就是（质量保障）目的。（访谈记录：20180919-QY企业某部门主管01）

除了对质量进行控制外，雇主也希望通过质量保障向外界传递高校办学质量和水平的信息，让学生、家长、用人单位以及社会公众了解这所高校及其举办专业的质量到底怎样。它是否是一个优质的教育机构？质量保障应该为公众了解、比较这些高等教育机构提供基本的信息。

> （对高校进行）质量评估的结果应向外界公开，让学生（包括在校大学生和高中生）及社会公众了解：这所大学的运行状况、办学质量怎样？随着时代的发展，这所大学在哪些方面进行了改革，效果如何？（访谈记录：20180919-QY企业某部门主管02）

教育与劳动力市场的关系是雇主最关心的话题之一。

> 质量保障应该给毕业生相关的信息：高校的专业设置、课程内容等是否适应学生就业的需要？学生在毕业时是否做好了相应的准备？他们的知识、能力和素质能否满足相应工作岗位的需求？这是（雇主）最感

兴趣的信息。(访谈记录：20180917-QY企业某科科长)

雇主希望拉近质量保障与劳动力市场需求之间的距离。他们认为，质量保障应考虑某一具体专业或学习领域的学生今后在就业时的实际需要，而高校应基于这种实际需要提供相应的教学服务，即教学要符合劳动力市场的需求，并对其符合的程度进行评估。总之，雇主希望质量保障能够协调和平衡大学的人才培养和劳动力市场需求之间的关系。

此外，雇主多次提到关于质量保障对于高校发展的战略规划作用。他们认为，质量保障的目的不仅是对教育的质量进行监控，更是对高校发展目标、远景和战略的一种规划和指导。

> 质量保障对于高校发展的规划非常重要。质量保障的其中一个目标是对高校发展目标、远景和战略做规划和指导。质量保障应该引领高校的发展。(访谈记录：20180919-QY企业某高管)

2. 大学校长：强调质量评估对于高校发展的支持与建设性作用

与雇主不同，大学校长更关注质量保障的建设与支持功能。他们认为，质量保障应该在高校的组织管理中发挥重要作用。例如，通过同行评议提供信息反馈并服务于教育改进。校长们还特别在意每个教育机构的独特性以及对其做出公正客观的评价。

> 大学的建设期待专家的指导和建议。(通过评估)我们希望得到一份有关学校办学质量的指导性评估报告，而不是仅仅对照评估指标体系或评价标准给出这所学校哪些达标、哪些不达标的一份清单。我们更需要知道应该从哪些方面去改进。(访谈记录：20180605-GX某大学校长01)

> 质量保障或评估不是去完成一项任务，最后高校得到一个"通过"或"不通过"的鉴定证书，而是要通过质量保障清楚这两个问题：我们的教学工作哪些需要改进？如何去改进？而不是准备一系列的评审资料或提供大量的支撑材料证明我们已经完成了这样或那样的工作任务。(访谈记录：20180606-GX某大学校长02)

另外，校长们认为，质量保障的目的是对高校所制定的发展规划及其完成情况进行评价。

一所高校的战略发展规划的制定是否合理，高校是否按照其规划在发展，是否完成了既定目标？达标程度如何？质量保障应对高校的发展规划及实施执行情况进行评价。（访谈记录：20180608－GX 某大学校长03）

最后，校长们认为评估结果应成为政府决策的重要依据。如果一些高校在质量评估中取得了好的成绩，那么这个结果就应该成为政府为其提供相关保障的依据。

评估的结果不应仅仅为高校所用，它还应是国家制定相应教育政策、开展质量建设项目的依据。例如，一些高校及其举办专业在院校评估或专业认证中取得了好的成绩，那么，政府就应该为该校、该专业的发展提供政策和资金上的支持与保障。相反的，如果通过评估发现了问题，那么这些问题就应该成为政府部门制定相关政策或实施教育改革的重点。（访谈记录：20180606－GX 某大学校长04）

3. 高校教师：侧重质量保障对于高校发展的引导和教学的改进

与校长们相似，高校教师/学术工作者也十分重视质量保障对于高校内部发展的支持作用，注重评价过程中的信息反馈和对教育改进的指导意义。

质量保障最主要的目的是支持高等教育机构内部的教学改进。（访谈记录：20180606－GX 某高校教师01）

评估是一个双向的交流过程，通过评估反馈的信息达成自身的改进和完善是重要目的。其中，高校自评（作为高校内部质量保障体系的重要组成部分）应该是质量保障中最重要的方面。（访谈记录：20180605－GX 某高校教师02）

质量保障就像汽车行驶过程中的GPS导航系统，它指引着高校的发展方向，也告诉我们教师以及行政管理人员应该做些什么，怎样去做。（访谈记录：20180608－GX 某高校教师03）

此外，教师同校长一样，也认为在质量保障与评估中发现的问题应成为政府决策的依据，评估中发现的问题应格外关注，因为这是思考如何推动教育改革与质量提升的关键。但与校长们不同的是，高校教师认为质量保障中的信息反馈不仅应提供给学生、家长、雇主及其他社会公众，还应该作为高校之间相互比较、学习和自我改进的工具。

在一定程度上，质量保障活动为高校之间的比较提供了基础，甚至对于国际间大学的比较提供了必要的基础。（访谈记录：20180605 - GX 某高校教师 04）

（通过质量评价）我们可以有效利用世界大学排名制定机构发展战略以及为建设世界一流大学提供定位信息。（访谈记录：20180606 - GX 某高校教师 05）

此外，质量保障活动对教学过程的监控在其中一个教师访谈组里也得到激烈的讨论。

4. 政府：注重质量保障对于高等教育发展的引导以及评估信息作为投资决策的参考

"政府"的含义比较宽泛。为了更好地反映本研究的主题，我们将访谈分为两组：一组的参与者是来自国家教育行政管理部门及其下属行政事业单位的代表（教育部高教司和高等教育教学评估中心人员）；另一组是来自地方政府的代表。

来自教育部的代表比较看重质量保障对于高等教育体系及其发展格局的整体规划功能，通过质量保障活动促进高等教育多样化发展形势下高校合理定位、分类发展，并且规范新建的高等院校的教学管理、促进经费投入和改善办学条件等。

（评估是）为国家把关、为学校服务。（访谈记录：20170603 - ZF 教育部某处处长 01）

经费、条件、管理是决定教学质量的重要因素……通过（合格）评估努力实现促进新建院校办学经费投入、促进办学条件改善、促进教学管理规范、促进教学质量提高。（访谈记录：20180603 - ZF 教育部某处处长 02）

强化办学合理定位，强化教学中心地位，突出内涵建设和特色发展是审核评估的指导思想。（访谈记录：20180605 - ZF 教育部某处处长 03）

以外促内，通过外部评估引导高校建立内部质量保障体系，形成自我评价、自我反馈、自我提高的内在成长发展机制，也是教育行政部门开展外部评估与质量保障的重要目的。（访谈记录：20180604 - ZF 教育部某处处长 04）

评估的目的是促进高校的建设和发展，而内驱力还在高校自身，评估只是外在因素，高校的自我努力才是最重要的。（访谈记录：

20180606 – ZF 教育部某处处长 05）

地方政府代表更多地将质量评估的结果作为决策的参考和依据。质量保障应该为高等教育发展规划、高校建设项目的投资等提供辅助和参考。

（质量保障的目的是）确保高等教育资源的合理分配。哪些项目具有竞争力，特别是国际上的竞争？对这些项目我们就应该整合资源，对它们进行重点投资，创造更多更积极的影响。（访谈记录：20180621 – ZF 某地教育厅人员 01）

与雇主们相似，地方政府代表也强调质量保障应反映大学的发展与地方经济社会和劳动力市场的关系。

评估与认证需要了解大学（特别是地方性院校）的发展对经济社会的服务水平。大学的人才培养是否满足了劳动力市场的需要？高校是否有这样的规划以及它们做得怎样？是否具有可持续发展性？（访谈记录：20180621 – ZF 某地教育厅人员 01）

此外，政府代表还比较关注质量保障对于高校的声誉影响问题（关注高校排名和评估结论）。但是，关于高校的内部发展问题，这一组并没有提及。

5. 大学生：关注质量保障对于教学过程的监控和教学目标的达成

在校大学生认为质量保障的目的是保证学校的师资、软硬件水平及相应的教育服务、毕业时所获取的技能要满足社会需求。学生强调大学教育要与时俱进，他们所接受的教育应与劳动力市场的快速变化保持紧密的联系。并且，他们认为对于质量评估而言，最重要的是检查学校是否做了他们应该做的事，是否达到了相应的目标和标准。

质量保障最重要的是检查一所大学是否提供了它所承诺的教育服务，是否达到了教育质量标准。（访谈记录：20181211 – GX 某高校学生 01）

质量保障就是保证学生人身安全、良好的学习氛围、良好的教学风景、深厚的文化底蕴、优秀的师资队伍、较好的硬件设施。（访谈记录：20181210 – GX 某高校学生 02）

随着社会的变化，学校能否做出相应的回应和变化？例如，随着社会经济发展和行业分工的变化，大学是否在专业设置、课程教学方面紧

随社会发展潮流，做出相应的变化和应对？（访谈记录：20181211 – GX 某高校学生03）

假如有一个工程师的岗位需求，那么一所大学培养的工程专业毕业生能否胜任或适应其实际工作的需求，成为一名工程师？这就是质量。（访谈记录：20181210 – GX 某高校学生04）

在其中一组学生的访谈中，受访者提到"信任"和"声誉"是质量保障最重要的目的，还有一组的学生谈到，质量保障与评价的目的在于促进高校之间的竞争。

6. 高中生：关注质量保障的信息透明功能

相较于在校大学生，高中生（高等教育机构的潜在客户）更关注质量保障所提供的信息。例如，通过大学排行榜这一类的外部评价，告诉他们哪些大学的排名比较靠前，哪些学科/专业声誉较好，这些信息对他们在选择高校、填报志愿时有实际的参考价值。此外，高校各个专业与劳动力市场的关系对他们而言也非常重要。

当学生毕业后，他们可以在所学专业领域工作，他们所掌握的知识和具备的能力足以应付相应的工作。（访谈记录：20181217 – GZ 某高中学生01）

学生能多大程度上利用他们的专业，或者专业化的程度有多高，决定了这所学校的质量。（访谈记录：20181217 – GZ 某高中学生02）

但对于质量保障服务于高校内部发展，或者适应并遵循政府的政策引导等问题，学生并未提及。

7. 组间比较

通过组间比较发现[①]，内部利益相关者（大学校长和教师）认为质量保障是促进教学改进和质量提升的工具。在访谈中了解到，他们认为"好"的质量保障体系应是具有支持性和建设性、对于高校的发展和规划具有引导作用的系统。此外，他们认为评估的结果应为政府部门所用，例如，对于评价

[①] 组间比较以巴罗斯对高等教育利益相关者的分类为基础，主要是对质量保障的内部利益相关者（如学校管理者、教师、大学生）和外部利益相关者（如雇主、政府代表、高中生）的比较。参见：BURROWS J. Going beyond labels: a framework for profiling institutional stakeholders [J]. Contemporary Education, 1999, 70 (4): 5.

较高的院校或在质量建设项目中取得显著成绩的高校应予以肯定和奖励并给予后续的支持，而对于在各种评价或质量保障活动中发现的问题和暴露出的弱点应作为今后教育改革的重点和方向。外部利益相关者（雇主、高中生、政府代表）则更关注质量保障的信息传递（透明）功能，他们希望以质量保障获取更多的质量信息并作为其投资决策的依据。例如，高中生关注高校所举办的专业及其开设课程的内容、学校及其所举办专业的声誉与排名等信息，他们希望通过透明的信息能帮助自己进行比较和甄选，选择合适的学校、专业就读；高校教师也注重评价信息的公开透明，但他们更关注通过与其他高校的比较，找到改进的方向与目标（信息的标杆功能）；政府代表（地方一级）则希望通过质量评价的信息，为教育政策的制定和资金投入提供参考的依据。

几乎所有利益相关者都赞同"质量保障的目的在于对教学过程质量的监控"，但他们也有各自的侧重点。例如，教育行政管理部门希望通过质量保障和评估规范高等院校的教学管理、促进经费投入和改善办学条件；大学校长和教师则希望通过质量保障寻找自身的不足，促进高校内部的教学改进。此外，几乎所有的利益相关者都关心质量保障与高校整体办学的关系。其中，大学生关注教学内容与劳动力市场的关系问题；雇主也关心教育的总体质量，但他们更关注毕业生的知识、能力和素质能否满足相应社会职业的需要；大学校长关注的是质量保障与大学的发展规划、发展战略等方面的关系。在所有的采访中，除了学生，其余的受访者几乎都谈到质量保障应指引大学的整体发展和规划，质量保障应与大学的发展愿景与长期目标相联系，视野更为广阔。

三、结论

通过对利益相关方的调查，我们可以发现，几乎所有的受访者都肯定了高校内部的质量保障活动以及外部的质量评估工作对于高校教育质量提升的积极促进作用。其中，大学校长和教师对质量保障活动对于高校内部提升和发展功能高度认可；各方对目前我国高等教育质量保障体系所涉及的标准及实施均有一定的认可；总体上高校校长、教师与高中生的观点差异较大，前者更关注"质量提升"的问题，后者则更关注"质量透明"的问题，这可能更多地与相关方自身的认知水平以及对质量保障工作本身的了解程度有关。与此同时，研究结果也依赖于利益相关者的个体视角和被调查者自身的经验，对质量保障工作本身的认识及所在环境、身份所赋予的职责等。此外，研究结果也与目前我国高等教育的发展阶段、教育宏观体制特点密不可分。现阶段，政府主要通过质量保障与评估规范高校的教学管理，促进高校办学条件的整体提升，同时引导高等教育的合理布局、分类发展。此外，在高等教育大发展的形势下，广大的高校毕业生面临着求职就业的巨大压力，来自社会企业的用人单位也遇到了学生能力和素养与职业需要不甚匹配的问题，因而这两类利益相关群体更注重质量保障与劳动力市场以及学生就业的关系。高校内部的管理者和教师更多地从高校内部发展出发，思考大学如何进行教学改进以及更长远的发展，因而更加注重质量保障对高校发展的支持、建设以及信息反馈和比较的作用。

利益相关者的这些价值取向和利益诉求之间的差距天然存在，具有其合理性，而高等教育质量保障体系的建设和完善就基于这些差异，尽可能地在体系建设和活动实践中加以平衡、协调。

第一，内外协调，建立多元开放的高校内部质量保障体系建设机制。尽管大学的内部利益相关者（校长、教师、大学生）和外部利益相关者（雇主、政府代表、高中生）在质量保障的目的上存在一定的差异或分歧，但并不存在本质上的对立。事实上，在提高质量这一点上，他们还有着根本的利益契合点——提升人才培养的质量，促进学生成长成才。因此，高校作为质量主体，既要遵循其自身作为学术组织的特性，从内在的质量问题出发寻找提高质量的对策，激发高校师生参与质量保障活动的内在动力，又要关注越来越具有重要性和影响力的外部利益相关方的需求，获取外界支持和认可。因此，应用型高校从自身实际情况出发，协调各方面的利益关系，坚持"开门办学"，建立多元开放的高校内部质量保障体系建设机制。

第二，制定政策，保证利益相关者参与高校内部质量保障的实际效果。在这一点上，一是要制定利益相关者参与高校内部质量保障的政策，尤其是确立利益相关者参与质量保障的权利和职责；二是要制定利益相关者参与高等教育内部质量保障的原则与标准，明确他们参与质量保障的内容、范围、程序和方法；三是要建立利益相关者参与质量保障的评价机制，确保利益相关方的反馈意见和利益诉求真正得到尊重和落实，使高校能够及时、准确地了解其需求和想法，并且要基于利益相关者的反馈改进教学，提高利益相关者参与实际效果。

第三，加强研究，帮助高校更深入透彻地判断利益相关者的真实诉求。各个高校所处的发展阶段不同，其利益相关者的需求并不能一言以蔽之，质量保障是具体针对某一高校、某种学科专业的院校研究，不可能通过简单的问卷调查、随机访谈了解真实而具体的情况。相对而言，研究对象越是具体明确，所得结论的可靠性程度可能越高，对高校质量工作的指导性越大。因此，各个高校应更加重视对教育教学的研究，真正了解不同利益相关者的需求，并以此作为改进的科学依据。

第二节 内部质量保障体系的一般模型

在"产出导向、以生为本和持续改进"的先进评估理念指导下，围绕应用型人才培养这一核心问题，本节探讨了新建本科院校质量保障体系构建的基本思路、体系框架和实施路径，同时借鉴全面质量管理和戴明环理论，构建多元开放式的内部质量保障一般模型。

一、内部质量保障体系设计的理念

在高等教育强国建设中，我们须主动置身于世界高等教育改革的洪流中，对世界高等教育质量保障发展的主要潮流和趋势做出研判，同时对照自身的优势与不足，寻找改进的方向和途径。目前，世界高等教育领域形成了学生中心、成果导向、多元评价、持续改进的高等教育质量评价的先进理念。近年来，经合组织（OECD）和欧盟（EU）推出的质量评价项目，如"高等教育学习成果评价"（assessment of higher education learning outcomes, AHELO）、"高等教育机构教学质量提升项目"（fostering quality teaching in HEIs, FQT）以及"全球大学多维排名"（multidimensional global university ranking, U-Multirank）等均围绕"学生学到了什么""教师如何提高教学质量""学校办得如何"等问题，从学生、教师和高校三个方面全面监测评价高等教育质量，这些均反映了世界高等教育质量保障的共同理念，即：更加强调以学生发展为本位，更加关注教学质量的生成过程，更加突出从多元视角评价高等教育质量等。这些共同理念体现了国际高等教育改革的主流方向，也成为我国新建本科院校内部质量保障体系建设过程中应充分借鉴并运用的理念。

1. 产出导向（outcome-based）的理念

明确的、可衡量的毕业要求，按照毕业要求安排教学活动，并且对毕业要求达成度进行评价，是产出导向评估理念的具体体现。

2. 以生为本（student-centered）的理念

以三大主体（教师、学生和管理者）为出发点和落脚点，体现以学生发展为本的理念，强调对学生学习成果的评价，重视教师水平和教学资源对学生学习的支持等。

3. 持续改进（continuous quality improvement）的理念

以持续改进的理念构建高校内部质量保障的管理闭环，强化质量保障体系，形成持续的质量改进。

目前，我国新建本科院校仍以教师为中心进行授课，学生的多样化、个性化发展并未得到充分重视，重"投入"、轻"产出"的观点仍未从根本上扭转，教学质量监控的信息反馈及改进环节还有待进一步加强，因此，我们更需要在所有的新建本科院校中全面推行这些国际先进理念，并在深刻理解的基础上加以落实，用于指导高校内部质量理念、质量体系、质量标准的建设（见图5-1）。

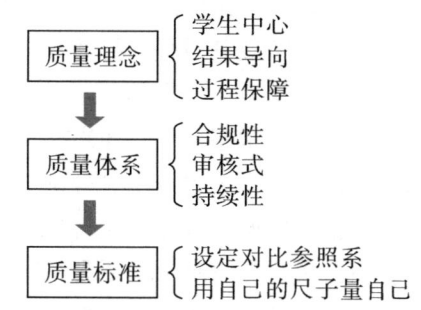

图5-1 本科教育质量理念、质量体系及质量标准

二、内部质量保障体系构建的原则

1. 以人为本，使学生、社会更满意

学生和用人单位的满意度是衡量人才培养质量的根本尺度。学生是学校教育教学质量的体现者和评价者，学生素质是否有所提高，学习需要是否得到满足，是学校教育质量的重要体现。在社会层面，用人单位对毕业生的满意度是高校人才培养质量的直接体现。为此，国外一些大学通过建立"学生成长档案"，开展毕业生跟踪调查和满意度调查，以学生视角开展课程教学评价，为学生成长服务。新建本科院校的办学定位就决定了其人才培养的特点——以应用型人才培养为导向，同时也决定了人才培养过程要与劳动力市

场保持紧密的联系。应用型人才培养应以学生能力培养为核心，在教育理念、人才培养方案、课程改革和实践教学等方面实现四大转变，要由"我要求学生学"转变为"学生主动求学"，切实培养学生解决生产过程中实际问题的能力。因此，新建本科院校的内部质量保障体系建设，要以学生的成就与发展为主旨目标，要以提高学生、社会的满意度为重要原则；人才培养过程应与市场、行业紧密互动，通过市场反馈信息来对专业设置、培养目标、培养规格、培养方案、培养方法进行调整改进。

2. 关注过程，使管理过程更流畅

高等教育质量保障是一个过程，该过程确保高等教育的投入、人才培养过程及产出能满足利益相关者所期望或估计的最低要求。内部质量保障体系涵盖学生从入学到毕业的整个输入输出过程，它是在一定的组织结构下，把与教育质量有关的学校各部门和质量管理活动各环节严密结合，把影响教育质量的一切因素控制起来，从而形成一个有明确任务、职责、权限、相互协调、相互促进的有机整体。因此，质量保障体系建设应在全面质量管理理念的指导下，关注质量生成各个环节及其过程，打通管理上的壁垒，实现部门与部门、教师与学生、行政人员与教学人员的良好沟通。首先，要落实经费保障，将质量监测与保障作为一项常态化的工作来抓，保证质量监测与保障工作的有序常态和有效。其次，建立完善教学管理制度，对各部门、各单位及其工作人员的工作职责有清晰明确的限定，完善各项教学常规检查、监控项目的相关制度，落实执行各关键教育环节的质量标准。再次，教学信息的交流与反馈要保证畅通，使教师的教学改革意见能成为学校教学改革的重要方面，学生的意见反馈要成为教师教学改进的重要参考。最后，教学改进要到位，对于各个质量监测环节提出的主要问题和所反馈的教育质量信息，在"如何改进""改进到什么程度""改进后的情况（是否让校内师生和校外利益相关方满意）"要有进一步的计划，从而在组织上使教育质量管理形成一个闭环的"流水线"。

3. 全员参与，全校上下形成合力

目前，国内高校普遍缺乏一种利益相关者广泛参与质量保障的机制。提高教学质量是学校的根本任务，质量保障需要各方利益相关者的共同关心和全面参与，需要全体师生员工及各利益相关者的自觉自律和共同努力。每个利益相关者都是人才培养质量保障体系建设的一分子：学生是主体，教师是主导，各教学单位是基础，社会是背景。学校领导和职能部门要发挥好领导、指导和服务作用，利用好社会对学校人才培养的外部指导作用；教师要发挥好人才培养及专业教学与建设的作用；学生要成为校园事务管理的参与者，发挥反馈教学信息、促进教学改进的作用；社会（用人单位）要积极关心并主动参与高校的质量建设，为高校的质量建设提供信息、资源等方面的支持。总而言之，学校要建立利益相关者广泛参与高校内部质量保障与评价的机制，使组织上下、高校内外形成合力，共同致力于学校教育质量的提升。

4. 环节可测量，关键节点可检测

随着高等教育系统日益复杂化，如何对繁杂的教学环节、关键的质量节点进行控制是内部质量保障实际操作的难点，而依靠传统的经验管理已难胜任日益复杂和专业化的管理要求。因此，质量管理必须从经验走向科学，依靠现代信息技术，推动质量保障与监测的技术和方法走向科学化、规范化。在质量管理过程中，各职能部门要依据分工对影响教学质量的关键因素和关键环节进行把控，学校要对各单位的管理工作进行统筹协调，还要依靠先进的通信及信息技术，使各质量环节可测量，各关键节点可检测，着力提高质量监控与保障工作的科学性与有效性。

5. 持续改进，使教学质量不断提高

质量的评价或保障并不是一项静止的、平面化的工作，而是在"反思—评价—整改—再应用"的过程中不断推进教学改革立体化的活动，这就要求将PDCA（计划、执行、检查、改进）的全面质量管理思想融入教学质量保障的全过程、全部成员和全部环节，使影响教学质量的关键点和教学过程的关键环节始终处于受控状态，做到事前有准备，事中有监控，事后有整改，使学校保持"监控—反馈—改进—完善"和"新监控—新反馈—新改进—新完善"的良性循环。

三、内部质量保障体系的构成要素

1. 质量标准

在高校内部质量保障体系建设中，质量标准主要包括人才培养目标质量标准、主要教学环节质量标准、教学管理质量标准、教学条件质量标准等方面（如表5-3所示）。

表 5 – 3　质量保障标准

标准	内涵及要求
人才培养目标质量标准	是考察学校办学定位与人才培养定位的重要指标。重点考察学校是否根据党的教育方针和人才培养总目标，结合学校的特点，制定合适的人才培养目标；人才培养目标与学校自身的办学层次和办学目标是否相适应；师生对人才培养目标的精神实质及其基本要求是否理解并认可
主要教学环节质量标准	覆盖教学过程各主要和关键环节，是培养目标所要求的德、智、体、美和知识、能力、素质方面的基本质量要求在教学过程中的具体化、行为化、定量化，是对教师教学过程和学生学习过程中各环节和流程的规范化要求
教学管理质量标准	是各种教学基本资料撰写规范、教师教学规范、学生行为规范、管理人员行为规范，也包括学校领导层、各职能部门和院系岗位责任质量的规格标准等
教学条件质量标准	教学基本条件和资源设备等能够满足保障教学活动顺利开展，包括教学基本建设标准、教学设施质量标准、图书资料和信息资源质量标准、第二课堂建设标准等

　　从表 5 – 3 可知，教学环节质量标准是规范教学过程、保证和提高教学质量的重要指标，覆盖了教学过程各主要和关键环节，是对人才培养目标所要求的知识、能力、素质等质量要求在教学过程中的具体化、行为化和定量化。其内容一般涉及对教师任课资格及条件、课前环节质量（如教学计划、课程教学大纲、教材及参考资料）、课程教学环节质量（如备课质量、教学质量、课程作业质量、辅导答疑质量）和实践教学环节的质量标准设计。教学环节质量标准的制定对于新建本科院校质量保障体系建设而言具有重要的意义。随着学院办学层次的提高，新建本科院校应健全本科教学质量准则与质量标准建设，使质量监控工作制度化、规范化；探索与应用型创新人才培养相适应的人才培养规格要求与质量标准；要加强实践教学质量标准建设，按照应用型人才培养规格和要求，对学生的实践教学拟定质量标准，使实践教学质量管理更加规范和科学。图 5 – 2 是 D 校内部质量保障体系图，其中，主要教学环节质量标准处于该体系的中心，是规范、指导教学活动，保证和提升教学质量的重要文件。

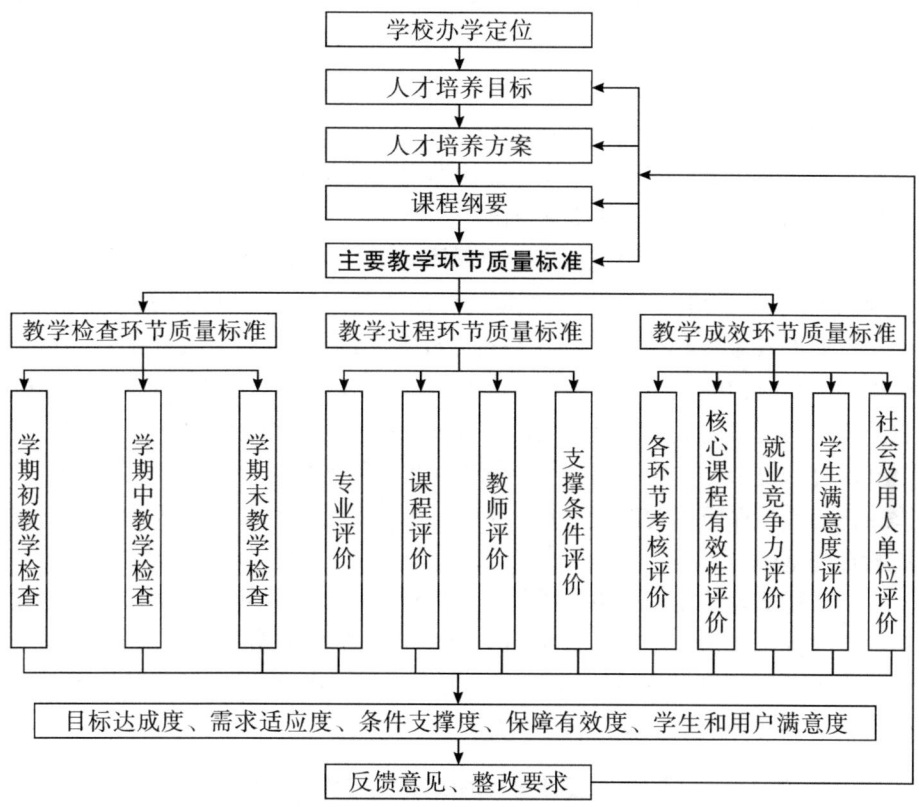

图 5-2　D 校内部质量保障体系图

2. 质量保障组织机构

质量保障机构建立的目的是通过组织和分工使各成员更好地履行各自的职责，使组织管理运行流程顺畅，从而达到既定的组织管理目标。质量保障机构不仅是高校开展质量保障活动的基础单位，是评估审核项目建立与执行、外部联系与沟通、校内意见反馈渠道、质量保障行动计划制订与推动等活动开展的载体，更是承载全校质量的"灵魂"平台，为校内的教职员工、学生与校外的专家建立起联系的桥梁，使校内外的意见得以充分交换，让质量保障体系"活动"起来。质量保障的组织结构关系到责任的分配、工作的划分及任务的分组，并对其进行协调和控制，它是一个有关人员及其相互关系的结构。质量保障组织结构的设计首先是要满足质量的目标，其次是在对学校所处的内外部环境的合理把握的基础上，利用现有资源，规避困难和矛盾，实现既定目标。因此，质量保障组织结构的设计因校而异，组织结构关系可以不固定，但并不意味着结构可以随时、随意修改，因为它既需要随组织环境和功能的变化以做出必要的调整,但又要保持一定的稳定性,从而维持组织秩序和功能的稳定。

美国学者奥顿（Orton）[①]、科恩（Cohen）[②] 等人将高等教育机构的特征描述为"松散的耦合系统"（loosely coupled system）或是"有组织的无政府状态"（organized anarchy）。著名管理学家明茨伯格（Mintzberg）认为,高等教育机构是典型的"专业官僚机构"（professional bureaucracy）,拥有此特征的高等教育机构处于稳定但复杂的环境之中,拥有高水平专业技能和知识专业人士（教师和研究人员）,组织工作的协调和划分不以工作过程为依据,而是以他们（教师和研究人员）在高等教育及其研究中专业化技能和知识为依据,组织机构的权力在很大程度上是分权式的,学术工作者拥有对学术的自主权,与同事的关系都是自由的。因此,高层管理者的权力并不集中。教学和研究的复杂性决定了正规化、标准化的监管都应是最低限度的。[③] 因此,高校内部质量保障机构的建立及其组织运行机制首先应以高等教育机构的组织特征为基础。

从质量管理的角度来讲,质量保障机构的组织结构主要分为集权与分权两种。德国学者考夫曼（Kaufmann）提出了影响质量保障实施的两个主要变量：组织结构和管理方法。如表 5 – 4 所示,两种组织结构和两种管理方法组合构成的四种不同的质量保障实施结果。[④]

表 5 – 4　质量保障的组织结构与管理方法

高等教育机构组织结构	高层管理者的管理方法	
集权式	高层管理者的内容规范与集权管理	教师的内容自主与集中执行
分权式	高层管理者的内容规范与独立执行	教师的内容自主与独立执行

下文将以明茨伯格和考夫曼对高等教育机构特征及其组织结构的分类为基本框架,对三种在高校中广泛存在的质量保障组织结构进行分析,以探讨

---

① ORTON J D, WEICK K E. Loosely coupled systems: a reconceptualization [J]. The academy of management review, 1990, 15 (2): 203 – 223.
② COHEN M D, MARCH J G, OLSEN J P. A garbage can model of organizational choice [J]. Administrative science quarterly, 1972, 17 (1): 1 – 25.
③ MINTZBERG H. Structure in 5's: a synthesis of the research on organization design [J]. Management science, 1980, 26 (3): 322 – 341.
④ KAUFMANN B. Qualitätssicherungssysteme an Hochschulen-Maßnahmen und Effekte: Eine empirische Studie [M]. Bonn: Hochschulrektorenkonferenz, 2009: 12.

在不同的组织结构下，质量保障的实施程序和内容存在怎样的差别。

（1）高层管理者直接负责的行政单位。

高层管理者直接负责质量保障，通常由主管教学的副校长作为质量保障工作的主要负责人。质量保障部门直接对高层管理者负责，并不从属于其他行政管理部门（不同级）。根据 TQM 的管理原则，由质量管理部门负责设计和开发质量管理体系。在这种结构下，质量保障部门并不直接参与质量控制，而只是作为一个协调部门，支持教师、教学单位的发展与提高。这些程序通常由中央单位执行，其组织管理形式以分权式管理为代表。这种由高层管理者直接负责的质量保障机构有其优点和缺陷，如表 5-5 所示。

表 5-5 高层管理者直接负责的质量保障机构的优缺点

优点	缺点
与高层管理者直接联系和沟通，因此在管理策略上更容易从质量保障体系中取得成效； 容易实施，不需要机构重组或进行大的组织变革； 独立于其他行政管理部门，因而不会受到行政评估领域的限制或其他改革带来的影响	与其他行政管理部门之间存在矛盾或摩擦； 作为一个正式的部门，要面对满足外部需求的风险； 作为高层管理职能的延伸，害怕被控制而不支持大的改革； 难以雇佣长期员工，难以持续

（2）行政管理部门的下属单位。

质量保障机构位于其他行政管理机构之下，这种类型的结构有的是作为其他行政单位的联合或附属机构，有的则位于其他行政机构之下。后者通常将质量管理同规划、发展和教务管理部门绑定在一起。质量保障的责任通常在不同的行政职能部门去执行，并对任务进行相应划分。这种由行政管理部门的下属单位负责质量保障有其优点和缺陷，如表 5-6 所示。

表 5-6 质量保障部门作为行政管理的下属单位的优缺点

优点	缺点
与其他行政部门更容易协调（因为与其他职能部门有相似之处）； 更好地融入整个高等教育机构，也可以与高级管理层取得联系； 永久性的职位，更强的持久性	不能与高层管理者直接联系； 专注于控制，缺乏战略规划（沉浸于事务管理）； 可能与教师、学术群体难以沟通； 由于缺乏独立性，缺少为学校发展提供咨询和服务的功能，难以开展研究

（3）作为一个独立的部门（中心）。

一个独立设置的负责质量保障与评估的部门，从高层管理中可获得更大的自主权，它是位于高级管理层和院系之间的一个实体，高层管理者通常是质量保障政策与程序的直接或间接的指挥者，如对专业教学、教师教学的评估等有较强的自主性和独立性，可以根据研究进行科学的改进，它并不是作为高级管理层的延伸部门。这个部门（中心）通常与特定的学术部门有联系，可以进行教学信息的研究。在组织层面上，这个部门（中心）可以被调整到不同的位置，例如位于大学委员会的领导下。由一个独立的部门（中心）负责质量保障也有其优点和缺陷，如表5-7所示。

表5-7　质量保障部门作为一个独立部门的优缺点

优点	缺点
独立于高级管理层，有更独立的视野； 更强有力以科学为导向的工作，更合适科研工作者对于教学和研究环境的要求； 受到充分信任的部门，不遵循高级管理议程； 研究的新发现和技术可以支持质量改进； 在校内外享有更高的声誉	较昂贵的运营成本，通常只适用于规模较大的高校； 通常不是所有的高校都可以建立这样的机构（资源限制）； 质量控制功能可能被覆盖，其他一部分由行政管理部门来完成； 难以聘用长期员工，难以持续

在质量保障组织体系中，作为知识和技术的拥有者，专业教师与学术工作者对于"质量的事务"本应有更大的权力和自由，但是，从学校组织管理的层面来讲，仍然需要建立一套标准和程序，使质量得以保证，所以更重要的是考虑哪种组织结构可以支持学校达到最佳的状态，让利益相关者参与质量提升的议程，同时也需注意，"过度的结构化"可能给行政人员造成工作和精力上的负担。因此，质量保障组织机构的建立并没有严格的指南或规则，相反地，在高等教育机构中如何实施全面质量管理的方式有多种，具体应该如何选择和实施，还取决于高校的具体情况及其所处的内外部环境。

目前，许多新建本科院校中内部质量保障体系的质量管理执行机构是教务处（或其下属科室，如质量建设科），教务处全面执行教学质量管理。如此，校内的"管办评"分离无法实现。但也有部分高校将质量保障机构从别的行政机构中独立出来，组建一个单独的部门。图5-3展示了某高校质量保障机构组织结构及人员职责，学校的教学质量监督与评估办是与教务处、学校教学督导团平行的一个单设机构，由主管教学副校长直接负责，学校教学委员会是指导机构。质量保障机构分为"学校—学院—教学系—教师"四个层级，管理的重心靠下，基本实现了校内教学的"管办评"分离，是一个多层级的，以系和教研室为质量重心的质量保障组织结构。

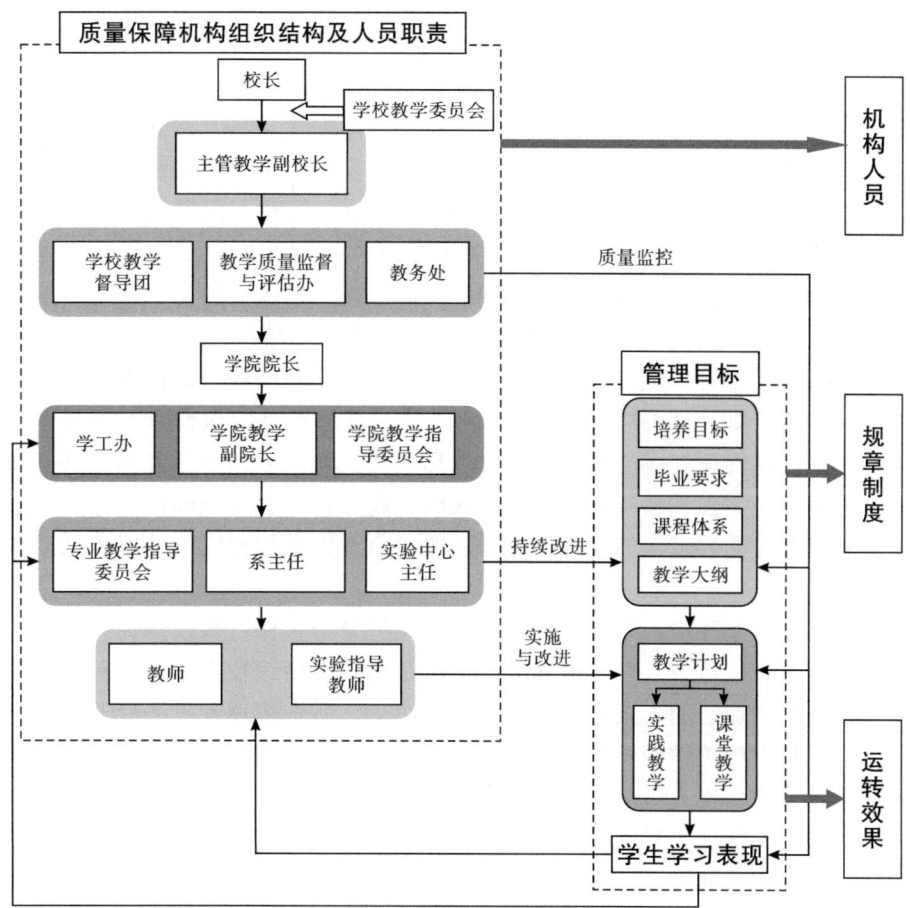

图 5-3　S 校质量保障机构组织结构及人员职责

3. 质量保障人员及其职责

在质量保障体系中，质量管理人员须清楚自己的角色和职责。谁来启动这个质量程序？谁来定义、实现和运行质量保障体系？需要哪些知识、技术和人力的支持？这些都是质量保障体系建设中重要而具体的问题。

（1）高层管理者的角色及职责。

在质量保障实施的最初阶段，高层管理者的承诺和支持是至关重要的。他们通常具有以下职能。

①发起质量管理的工作。高层管理者往往决定了高等教育质量保障机构的结构设计，有执行质量保障计划的手段、方法与权力，他们是质量保障工

作的主要负责人。

②制定清晰而真实的愿景与使命。高层管理者首先必须投入工作，对质量管理体系给予大力的支持，为质量管理工作创设一个可追求的目标和真实而清晰的愿景，另一个重要的职责就是为质量管理制定一个清晰的实施策略。同时，高层管理者还需确保人、财、物的投资，质量管理组织结构的设计要符合并支持教师及教学单位的质量管理工作。

③议程安排。高层管理者的另一个职责是发起质量管理的议程。他们应该随时了解高校所处环境的外部需求和变化。这一策略不仅仅是"满足或符合外部需求和标准"，而是提前预知高校未来所要面临的挑战，即质量保障应在高校发展中处于先行的位置。当然，高层教育者也需要得到协助，他们应该动员人力及其他资源来支持战略目标的规划与实施。

④明确质量管理负责人的角色及职责。质量管理负责人是指教学质量保障部门主管（如评建办主任），他们对于质量管理策略的执行具有举足轻重的作用。高层管理者应清晰定义质量管理负责人的角色和责任并将其落实在工作职责当中。在选聘质量管理负责人时，高层管理者应该确保质量管理负责人满足相应的要求，如果有需要，还要对负责人进行相应的技能培训或教育深造。

⑤考虑工作环境，与质量管理负责人保持紧密合作。高校作为一个学术机构，质量管理负责人在某种程度上应该是由具有高级技术职称，具有一定的学术背景和资历的人来担任。在学术组织中，质量管理人员的专业化更容易保证质量保障工作的开展，并且能够更大限度地了解和满足学术人员的需求。质量管理负责人也应进一步依靠高层管理者的支持，两者要相互紧密合作，才能达到保证质量和提升质量的目的。

（2）质量管理负责人的角色及职责。

并不是每个高等教育机构都有足够的规模和可用资源来维持一个独立的质量保障机构的运行，而处于各种质量保障组织机构中的质量管理负责人，才是高校质量工作的主要推动者。

①质量管理负责人的角色。一所高校的质量管理负责人是质量保障工作的责任者，他们既要与高层管理者在质量观、质量策略上保持一致，又要支持质量管理的战略方向，还要给出专业的建议，例如基于校情和外部质量保障框架或政策的要求，提供质量保障的方法与途径。

②服务、支持与协调。质量管理负责人的角色和职责其实是随着对"质量"的不同定义、所采取的质量管理的模式以及环境（如学校的规模与资源）而变化的。此外，质量管理负责人要在校级层面上为质量保障工作提供支持，对下级的管理层级（如教师和系部）进行协调。可以说，质量管理负

责人是所有质量管理流水线和程序上的"接口"。质量管理负责人还是外部质量保障（如支持和服务外部认证和审核）与内部质量保障（比如自我评估和之后的整改工作）的专家、服务和支持者，他们是变革的推动者，激励利益相关者共同参与并支持质量保障体系的运行。

③基于科学方法的工作与措施。质量管理负责人要确保质量保障体系合适，运用科学的手段、机制和工具确保质量保障体系运行顺畅。他们需要和教师、系部保持紧密的交流沟通，以达到控制、保证和提高质量的目的，平衡内部与外部质量保障之间的关系。

④开展教学研究。质量管理负责人要从事教学研究，从质量管理体系中搜集相关信息并运用到教学改进当中，提高教学质量。

⑤促进认同，统筹工作。质量管理负责人还通过讨论、交流和决策促进全体教职员工认识质量以及质量管理工作的重要性，并将其转化为质量管理系统和框架，形成全校上下认同的质量目标及愿景，还要根据质量管理指导方针和政策，制定相关部门的质量管理职责和要求（如编写质量管理手册），使学校中每个人都参与到质量保障体系中，各司其职、各尽其职，还能相互协作。

⑥应对高校中质量管理的挑战，取得支持。质量管理人员要应对学校内外的由质量保障工作而引发的相关挑战的准备，应对来自各个层面的管理阻碍。典型的阻碍如评估方法和工具不够充分或科学，或干扰学术自由，学校被动参与等方面的批评与指责。此外，外部的挑战可能是某些数据或结果被错误地解读，对高校的发展形成误导等。总而言之，质量管理人员及其所在质量管理部门所面临的挑战需要以科学有效的评估工具与机制来应对。

（3）教师团体、系部、专业及教师个体的角色和职责。

质量保障体系需要明确教师团体、系部、专业以及教师个体的职责。

首先，教师个体、系部以及教师团体是质量保障体系中最重要的主体，他们的动机、态度和行动是影响质量的关键。因此，在进行质量保障时，应了解他们各自的要求、需要、目标以及通过质量管理将得到的利益或好处，让其发挥各自的作用。

其次，教师团体、系部和专业是核心的利益相关者，特别是对于教学质量而言。他们知道问题和挑战在哪里，哪里有发展和提高的潜力。质量保障体系应该充分利用并支持教师对于教学改革的建议，通过一定的政策措施激励他们参与质量保障活动，使这项工作成为他们日常工作的一部分，形成对质量的"承诺"，这也是建立并形成"质量文化"的支柱。

4. 质量的监控

本科教学质量监控是高校内部质量保障体系的核心内容。实施教学质量监控的内容丰富，方法多样。概括起来，教学质量的监控可以分为教学目标监控、教学过程监控和教学结果监控三方面。监控方法也有自我检查、定期监督和外部监控等形式。例如，高校开展自查（一学年或一学期进行一次），在院系层面，各专业可在专业层面进行自查，包括对教师的教学情况、教学计划的落实、课程的考试考核、毕业论文（设计）进展等进行检查；定期监督如全校性的检查和评估，包括专业评估、教学基本状态数据采集、教师教学业绩考核、在校生满意度调查等。此外，还可以开展外部监控，如校友、用人单位、产业行业专家等对教学质量的监督和评估。

新建本科院校的培养目标是为区域（行业）经济发展培养应用型人才，因而进行质量监控的重点应该是培养应用型人才所必需的实践动手环节，即除了理论教学之外，应对教学过程中的各种实验实习包括仪器设备条件等进行重点监控。同时，在高校与劳动力市场关系日趋紧密的情况下，代表着市场信息和作为合作资源、就业机会提供方的雇主也应格外受到关注。因此，新建本科院校应从人才培养定位出发，重视学生的诉求以及用人单位（雇主）对于劳动力的需求，并赋予其应有的权重。图 5-4 呈现了 F 校教育教学质量保障与监控体系构架。在此案例中，教学质量监控是内部质量体系的重要支撑，质量监控体系主要由校内评管、评教、评学组成评价与监控系统以及校外（如社会）评价系统组成，体现了质量监控体系"监控"与"评价"相结合、"校内"与"校外"相联系，通过信息反馈促进教学不断"改进"的特点。

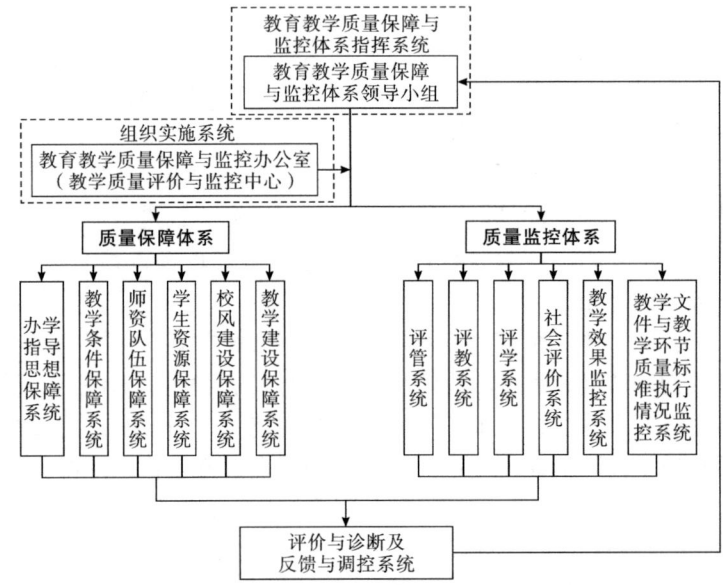

图 5-4　F 校教育教学质量保障与监控体系

5. 质量信息的反馈

目前，高校内部质量保障体系中质量信息的反馈仍是薄弱环节。信息反馈是教学改进的重要基础，而信息反馈的有效性又依赖于方法的科学、信息的全面和反馈的即时。而质量信息的收集要做到真实、全面、及时，就需要通过多种途径，借助互联网信息技术及各种媒介的辅助来实现。

随着现代信息网络技术的发展，信息的搜集方法也越来越多元和科学。在校内，可以通过学生评教、评课，线上线下的访谈、座谈会和讨论会，以及学生信息员代表等方式，从学生角度了解教师教学、课程体系结构与设置情况、专业建设情况的信息反馈。此外，也可以通过传统的质量信息反馈方式如领导干部、同行专业听课、看课，查阅教学文档，召开专任教师及管理人员座谈会等，及时了解教职人员的教学、工作动态，发现教学中存在的问题。在校外，可以通过召开校友会、学生家长会、企业（行业）代表（专家）参与的教学研讨会，了解校外利益相关方对学校本科教学的建议。此外，高校还可以建立校级基本教学状态数据监控平台，常态监控教学的运行，综合分析信息，为学院教学改革与建设提供依据。如图 5-5 所示，H 校建立了校内的信息采集系统（教学基本状态数据管理平台），利用现代信息网络技术，全面、准确、即时地搜集教学过程中的质量信息，反馈给校内的分析评估系统，经由反馈与调控系统和决策指挥系统的综合分析与评价，进而指导教学过程的改进。

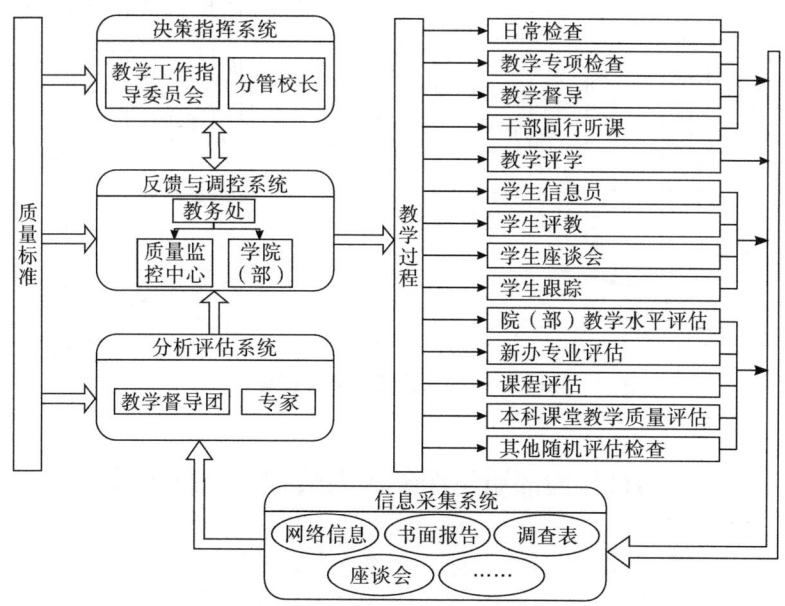

图 5-5 H 校教育教学质量保障与监控体系

6. 质量的改进与提升

在获得教学质量信息后，质量管理者要将教学质量信息及时反馈给相关部门，提出客观而有建设性的改进意见，并督促整改。一般来说，教学质量信息可以以口头（谈话交流）或书面（督导、领导的听课意见）、正式（教学简讯）或非正式（反馈卡）、个别（邮件）或集体（教学例会）、线上（网上公开）或线下（通知）等形式，反馈到质量责任人，并促使其改进。与此同时，质量信息还要作为教学主管部门负责人和学生工作相关领导了解学校整体教学运行状况的"仪表盘"，为管理决策提供依据。此外，学校应将处理或改进意见反馈给学生，做好师生间的沟通，搭建教学互动的平台。

如图5-6所示，在G校内部质量保障体系中，由"质量生成—质量保障—质量管理—质量监督—质量信息搜集—质量评估—质量反馈—质量改进"构成了一个全面质量管理的闭环，质量保障的各子系统之间相互衔接，在循环往复中实现教学的改进和质量的提升。

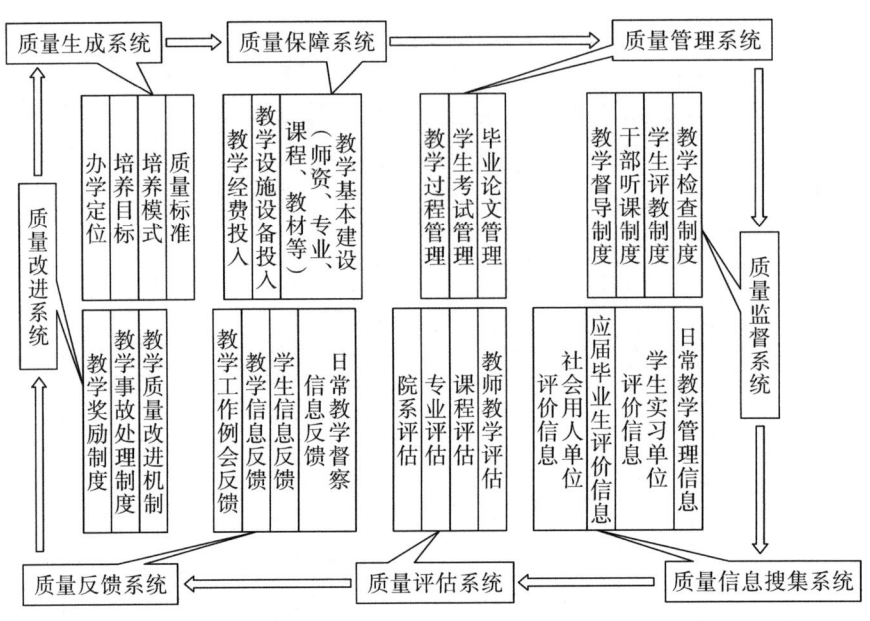

图5-6 G校内部质量保障体系

四、"3W1H1I"内部质量保障体系模型——以T校为例

高校内部质量保障体系本身是一个复杂的动态系统，同时还要与外部质量保障体系保持联动和协调的关系。上文已对高校内部质量保障体系的构成要素分别进行了论述，为了更好地呈现内部质量保障体系的构建方法及其与

外部质量保障的关系，以下以 T 校为例，重点围绕为何做（Why）、依据什么做（What is based）、谁来做（Who）、怎么做（How）、如何完善（Improve）等方面构建"3W1H1I"模型来阐述内部质量保障一般模型的构建过程及方法（见图 5-7）。

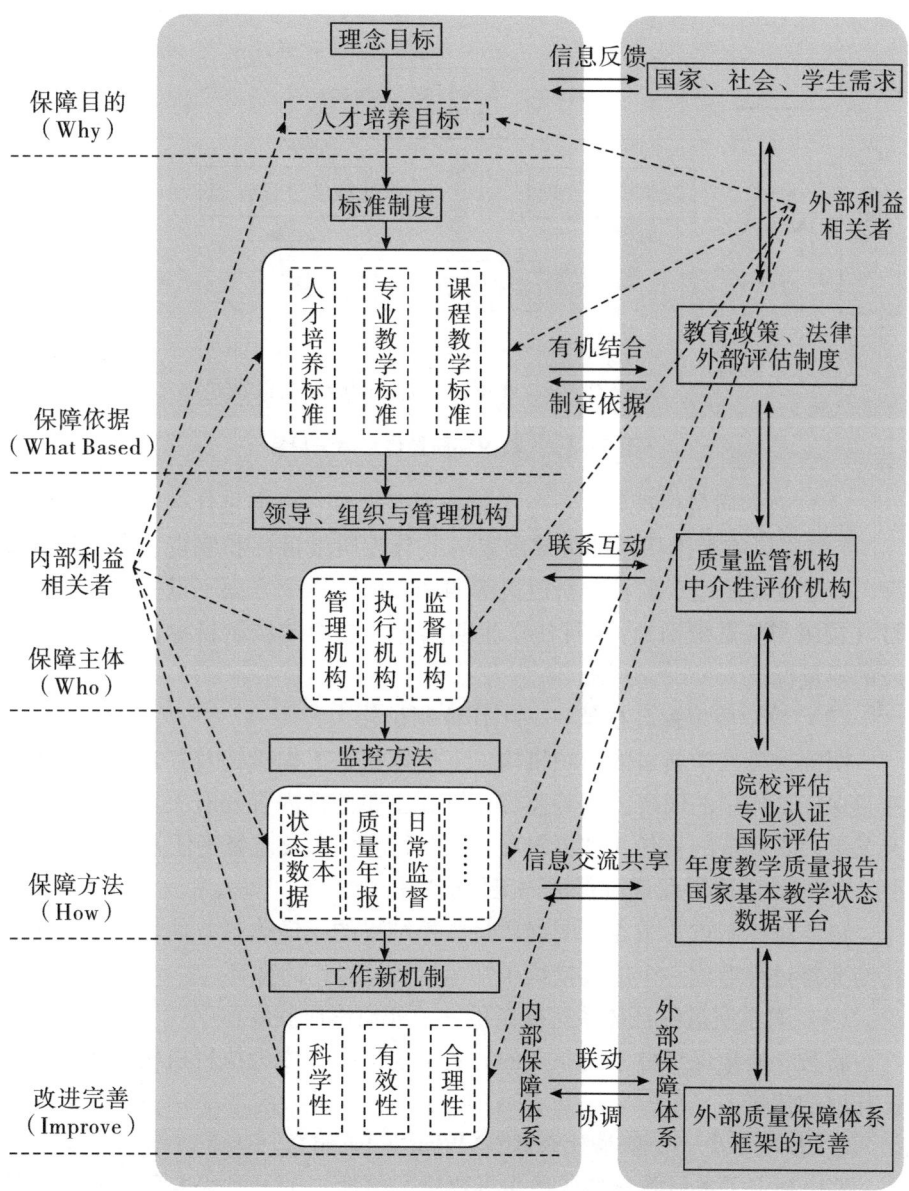

图 5-7 高校内部保障体系"3W1H1I"模型

1. 理念目标——为何做？（Why）

学校是质量保障的主体，保证人才培养目标适应时代发展的需求，保证人才培养质量与人才培养目标相符合。建设高校质量文化是T校所制定的质量保障的理念和目标（见图5-8）。

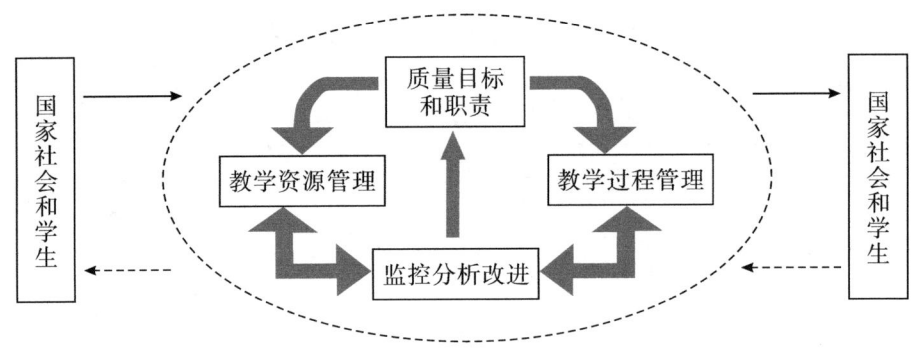

全方位监控、全覆盖、循环闭合、持续改进

图5-8　T校内部质量体系建设目标

（1）教学质量标准纲要——关键要素是哪些？标准是什么？

T校将影响教学质量的关键因素环节分为质量目标和职责、教学过程管理、教学资源管理、监控分析改进等四个方面。每个方面下设一级与二级项目（校级与院系级别），并且使学生明确每个层面的质量目标，按此制定相应的质量标准。

（2）教学质量保证框架——工作体制是什么？

明确保障教学质量的组织机构、工作体制、工作机构及各自在教育教学质量保证工作中的职责。明确监督系统、主要监督内容和有关监督单位，以及关键因素环节的责任人和下级项目的执行责任人及监督责任人。

（3）教学质量保证流程——工作机制是什么？

以质量控制点为重点，明确质量监控结果的反馈途径，使保障质量的执行与监督过程形成一个能够持续正常运行和可操作的循环。

（4）教学质量保证体系实施条例——如何形成制度？

将教学质量保证体系用条文的方式确定下来，成为执行机构和监督系统工作时的依据。

2. 标准制度——依据什么做？（What is based）

T校制定了本科教学的各项质量要求，包括：①人才培养质量标准（培养方案、知识、能力、人格等方面的培养规格及要求）；②课程教学质量标准（如课程教学、名课优师评价标准）；③专业建设标准（如专业标准、国家特色专业、卓越计划专业建设标准）。

3. 组织架构——谁来做？（Who）

（1）领导机构。

学校教务委员会作为学校教学工作决策机构，其工作职责是：审议人才培养与教学质量重大政策与措施；审定人才培养方案、课程目标与标准；领导质量保障体系的建设与实施；监督工作机构执行质量标准纲要、监督系统完成质量监督任务的情况；决策提升教学质量的政策和措施。

（2）管理机构。

教学质量管理办公室是学校教学质量保证工作的管理机构和教务委员会的办事机构，其工作职责有：负责教学质量保证体系的正常运行；统计教学基本状态数据、编制年度质量报告任务。

（3）工作机构。

T校质量保障工作机构包括校长办公室、党委办公室、教务处、招生办公室、人事处、财务处、学生处、团委、信息化管理中心、基建处、资产管理处、学生宿舍管理中心、审计监察处、图书馆、体育教学部、各教学院系。其工作职责有：制订质量子目标，制订实现质量子目标和达到质量要求的计划，组织上述计划的具体实施，根据监督系统的反馈意见做分析和改进。

（4）执行系统。

T校质量保障执行系统包括：书记、校长、主管教学工作副校长，教务处、相关职能部处，教学单位，教师、学生等。

（5）监督系统。

T校质量保障监督系统包括教务委员会、质量管理办公室（以下简称"质管办"）、督导专家、质量管理组，通过教学工作联席会、现场办公会、质管办例会、教学例会、督导工作会开展工作。为支持监督系统的运行，T校成立了学校督导专家库，其人员由理论教学督导、实验教学督导、行业专业（顾问）以及由学院推荐、学校审批的校青年教师讲课比赛一等奖获得者组成。此外，由各个机构的质量管理员对本部门的质量保障项目的执行情况进行日常监督，并及时将执行情况和相关信息反馈给质管办。

4. 运行机制——怎么做？（How）

（1）工作流程。

按照监督—反馈—改进—跟踪的闭合循环，构建持续改进的工作程序，如图5-9所示。

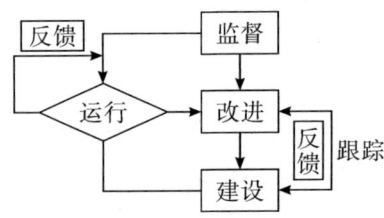

图 5-9 持续改进的工作流程图

（2）工作方法。

基于数据与绩效，T校从经验管理走向科学管理。第一，进行教学基本状态数据库建设，包括定期监督数据、定点监督数据、跟踪调查数据、专项调查数据、分析对比数据。第二，形成质量保障工作年度报告，如招生调查与分析报告、毕业生就业质量报告、毕业生需求市场分析报告、本科教学质量年度报告、办学质量白皮书、社会影响蓝皮书。第三，从单向信息管控（线）到闭环形成（环）。（见图5-10）

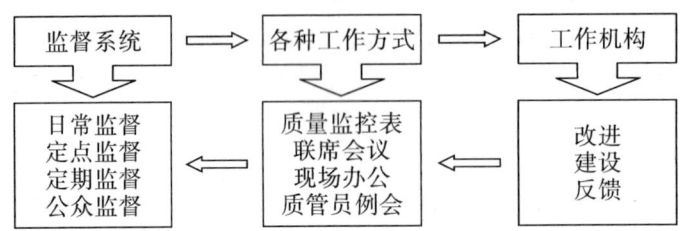

图 5-10　T校教学质量监控信息闭环图

（3）日常监督。

T校建立了包括课堂教学评价制度、督导制、课程评价制和"名课优师"评选在内的日常质量监督制度。例如，督导制的工作流程是：检查教学大纲→听课→学生调查→与老师交流→发现问题→反馈整改→跟踪→持续改进（存在问题）；课程评价制由"督导评价+老师自评+学生评价"构成；"名课优师"的评选方法是：提名（教师自荐、学生或其他教师推荐）→审核（学校督导听课3次评价均为优且至少被不少于两位督导推荐为有特色课程，参考学生评教及其他人员评价意见）→复核（学生评教+督导评价+学生选课情况）→公示。

（4）公众监督。

T校建立多视角评价、多节点监控、多阶段跟踪的人才培养质量调查与评价制度（每年一次）（见图5-11）。

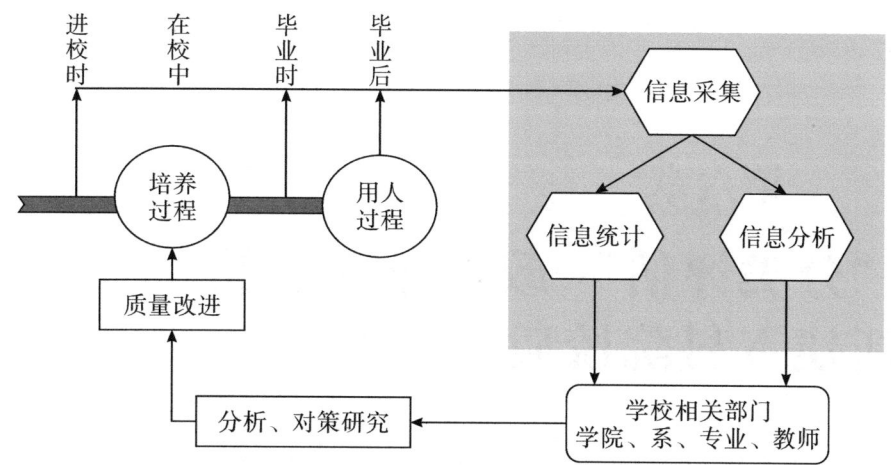

图 5-11 T 校人才培养质量调查与评价制度

5. 改进完善——今后的方向（Improve）

T 校质量保障体系建设今后的方向是：建立以学生为中心的质量保障工作新体制，建立基于学生学习成效的质量标准；提高闭环运行、持续改进的有效性；提高数据设计的合理性、数据采集的准确性、数据分析的科学性；提升内部质量保障体系运作和外部监督评估的有机结合。

第六章
"分类评估"政策导向下的新建本科院校质量评价

美国学者斯塔弗尔比姆认为，教育活动中所需的评价不限于确定目标是否达成，从广义上讲，评价的目的是基于教学反馈信息的改进。他提出，教育评价起码有三个重要的功能：第一，决策功能，即根据评价记录，指导管理者选出决策；第二，判断功能，即以事实为基础做出评判；第三，改进功能，评价是一个持续的过程，其根本作用在于帮助评价对象改进。[1] 对于新建本科院校而言，质量保障体系的有效运行，其立足点和关键点还在于质量评价这一环节。有效的质量评价对于新建本科院校的办学具有重要的导向作用，不仅能够鉴定其办学质量的好坏，还可以帮助学校诊断问题，从而针对问题采取改进措施、提高质量。评价是鉴定和提升质量的基础环节和有效手段，但评价又是一件非常困难的事情。评价不仅是一种基于事实的判断，也是一种基于主观认识的价值判断，带有一定的主观性，绝对客观、公正的评价是不存在的。对于新建本科院校而言，质量评价应在外部要求和自身特色之间保持一定的张力，即既要让评价成为保证质量的基本约束，又不能遮盖住学校办学的本质和特色。因此，本章从"分类评估"的政策导向和"增值"的评价方法入手，从课程教学评价、教师工作评价和学生学习情况评价三个方面论述以应用型人才培养为导向的多元质量评价的方法及其体系构建。

---

[1] STUFFLEBEAM D L, MADAUS G F, KELLAGHAN T, et al. Evaluation models: viewpoints on educational and human services evaluation [M]. Boston: Kluwer Academic Publishers, 2000: 280, 287, 313.

第一节 "分类评估" 的政策及其实施

随着高等教育的分层、分类发展，高等教育质量评估与保障的理念与方法也随之发生变化。"分类评估"这一概念在我国最早由潘懋元教授提出，并在国内研究者对高等学校实施的高等教育教学质量评估中逐渐达成业界共识。1985年，《中共中央关于教育体制改革的决定》要求，定期对高校办学水平开展评估；同年6月，"高等教育工程教育评估问题专题研讨会"召开后，"分类评估"一直是高等教育领域热议的话题。"分类评估"之所以受到人们的欢迎，是因为它体现了"质的一致是可比的前提"这一科学原则。我国高等学校数量多、类型广，根据不同高校特点，制定不同的评估方案，实施分类评估，可以提高评估的有效性、针对性。2006年，教育部发文对2004年出台的《普通高等学校本科教学工作水平评估方案（试行）》进行了补充，对《普通高等学校本科教学工作水平评估方案（试行）》中高校体育类、艺术类高等学校评估指标做了部分调整。2009年，教育部启动的新一轮普通高校本科教学评估新方案，正式将"引导高校分类发展、办出特色、提高人才培养质量"的思想运用于评估实践。2020年10月13日，中共中央、国务院印发了《深化新时代教育评价改革总体方案》，再次强调要"改进高等学校评价，推进高校分类评价，引导不同类型高校科学定位，办出特色和水平"。

学界一般认为，对不同类型、不同层次的高校采用同一评估标准是不科学的，有可能造成高校的发展"千校一面"的结果，因此纷纷建议实施分类评估。但是，"高校如何分类""分类的标准是什么""如何在分类的情况下开展评估"就成为一个难题。根据2011年教育部发布的《关于普通高等学校本科教学评估工作的意见》，普通高校本科教学评估分为新建本科院校和非新建本科院校两类分别开展，前者适用合格评估，后者适用审核评估。两类高校从办学定位到人才培养都存在差异性，因而在评估政策、评估指标乃至具体评估方案的制定，都是由高校自身发展的实际情况决定的。评估不能决定高校的发展模式，但高校发展的状况与需求特点却影响了评估的政策与方式。从这个意义上说，新建本科院校内部质量保障体系的建设，需要科学化、精细化的评价机制设计，需要先进的技术、正确的方法来支撑。无论是对高校的整体办学质量的评价，还是对学科、专业的评估与认证，或是微观层面的对学生、课程及教师的评价，都应视评价客体的差异性分类实施，这是高等教育分类发展的现实要求，也是教育评价活动持续发展所需。

《普通高等学校本科教育教学审核评估实施方案（2021—2025年）》提出要推进评估分类，引导学校科学定位、各安其位，分类发展、特色发展。分类评估方案的颁布与实施是以有效评估促进高等教育高质量发展的有效举措，也成为地方应用型高校解放思想、科学定位、优化管理、高质量发展的政策遵循。在新一轮审核评估方案中，"分类评估"的内涵主要体现在培养目标分类、指标体系分类和评估程序分类等方面。

一、培养目标分类

新一轮审核评估方案针对不同发展阶段的高校，提出不同的发展要求：一些经过水平评估和审核评估的研究型大学需要完善质量保障文化机制；已参加过上一轮审核评估、以培养应用型人才为主的高校仍然需要强调质量保障体系，加强质量保障的过程和产出要素；合格评估获得"通过"且5年以上、首次参加审核评估且本科办学历史较短的本科高校（新建本科院校）还要关注质量保障的输入性要素，要增强质量意识、建立教育教学质量保障长效机制、推动教育教学质量的提升。培养目标分类具体体现在"两类四种"方案中。第一类主要评估学校本科教育教学质量保障体系和能力，以及本科教育教学改革的举措与成效，第二类主要评估本科教育教学工作要素。第二类第一种方案适用于已参加过上一轮审核评估，以培养学术型人才为重点的高校；第二类第二种方案适用于已参加过上一轮审核评估，重点以培养应用型人才为主的普通本科高校；第二类第三种方案适用于已通过合格评估5年以上，但没有参加过上一轮审核评估的高校。

二、指标体系分类

新一轮审核评估分类指标体系从适应高等教育多样化发展的需求出发，为所有类型的高校设置了一套柔性方案，该方案呈现出开放性和动态性的特点。第一类评估指标体系包括一级指标4个、二级指标12个以及审核重点38个；第二类评估指标体系包括一级指标7个、二级指标27个以及审核重点74个。

高校可以在二级指标的各类选项上自主配套，然后连同其他高校的常模值，形成个性化指标体系方案。其中，"统一必选项"和"首评限选项"体现了统一性，展现了国家对高校办学和人才培养的刚性要求；"类型必选项"和"特色可选项"体现了多样性，展现了对学校精准定位和差异化发展的引导。四种选项的指标组合，将高等学校本科教育教学的统一性和多样性相融合，量身定制适合自己的尺子。

三、评估程序分类

新一轮审核评估基本流程相对于上一轮审核评估方案，增加了四道程序。其中，"评估申请"是"分类评估"的前期准备阶段，也是与国际高等教育评估接轨的重要步骤。英、美、法等国家的高等教育评估体系主要以第三方评估机构为主导，也是以高校自主申请为开端，强调被评单位的自评工作。在我国新一轮审核评估中，评估申请阶段高校需向教育行政部门提出申请。高校自我定位的类型不同，负责审核的部门也不同。申请第一类审核评估的高校，部属高校向教育部提出评估申请；地方高校由所在地省级教育行政部门同意后，再由省级教育行政部门向教育部推荐。申请第二类审核评估的高校，由中央部门领导的高校向教育部提出申请，由地方所属教育管理部门领导的高校向所在地区省级教育行政部门提出申请。高校按照要求撰写《审核评估申请报告》，同时提交上一轮评估整改情况说明。高校提交评估申请的过程即高校自我定位的过程，也是各高校接受"分类评估"的过程。

四、分类评估导向下新建本科院校转型发展的要义

从理论逻辑上讲，《普通高等学校本科教育教学审核评估实施方案（2021—2025年）》与《关于引导部分地方普通本科高校向应用型转变的指导意见》之间存在理论上的耦合性。在分类评估理念指导下，地方高校要明确身份认知、践行国家战略、凸显时代教育特色，积极探索实现新建本科院校向应用型高校转型的新制度、新模式、新路径，实现"内涵发展、创新发展、特色发展"。

首先，要实现新建本科院校的内涵式转型发展，需认识到地方高校在中国高等教育体系中的重要位置与突出特征，激发其内在发展潜力。分类审核评估被分为两大类进行，综合性院校与地方高校适合不同的评估审核标准体系。分类评估中的高校类别使地方高校明确了自身身份与办学定位：地方应用型本科高校，其人才培养目标为应用型人才。这为地方高校转型发展提供了逻辑起点。地方高校的转型发展不是单项改革措施的简单相加，也不是简

单的更名,而是整体性、系统性的改革,必须从顶层设计上入手在分类评估导向下,实施体制机制优化工程,充分发挥各个结构的功能,形成转型发展的合力,尤其是要加强质量文化建设,实施文化传承与创新提升工程,促使广大师生团结向上、进取奋进、形成浓厚的质量文化氛围。

其次,要实现新建本科院校的创新发展,就要创新办学模式,实施产教融合深化工程。熊彼特在《经济发展概论》一书中指出:创新是指把一种新的生产要素和生产条件的"新结合"引入生产体系。"创新"之于高校的转型发展而言,即指高校基于现有办学基础,利用现有资源,实施办学新模式、培养创新人才、引导学生创新发展。对照分类评估指标体系,新建本科院校要进一步对接行业、产业需求,变革人才培养模式。从具体而言,就是要进一步完善产教融合、校企合作管理制度,强化产教融合服务管理机构功能,加强过程监督,确保校企合作共建效益最大化;创新人才培养,从目标、过程等关键环节变革原有人才培养模式,紧扣产业需求,强化实践教学,完善以应用型人才为主的培养体系,培养学生成为复合型、应用型、创新型的人才;以学生为中心,实施学生发展推进工程,强化创新创业教育,五育并举,实现学生的全面发展。

最后,要实现新建本科院校的特色化发展,就要突出差别化、个性化的定位发展。特色化发展就是要以区域(行业)需求为导向,避免与传统的以学术为主的高校发展道路趋同化,形成了"千校一面"的格局。以分类评估机制为指导,实现新建本科院校的转型发展需要该类高校客观认识"双一流"建设精神,凸显时代教育特色的必然走向。要实现特色化发展,新建本科院校就要充分利用地方资源,发挥地方优势,凸显地方特色,让城市的产业资源优势成为地方高校品牌特色的重要来源,避免趋同、雷同、相似的发展,发挥各自优势、扬长避短,为地方经济社会发展提供基础性力量支撑。

第二节 以应用型人才培养为导向的质量评价

高校教学质量评价体系的建立涉及教学目标、教学过程、教学方法、教师授课、学生学习情况等多个方面的内容,评价过程贯穿了各个教学环节和阶段。从已有研究来看,许多学者对教学质量评价体系的性质、内容和方法等做了深入的探讨,本文不再一一赘述。出于本研究的目的,本节将从新建本科院校应用型人才培养的特点出发,从课程教学评价、教师工作评价、学生学习情况评价三个方面做具体的阐述。

一、课程教学评价

　　课程是人才培养的核心，也是落实人才培养目标、推进教学改革的重点和难点。从已有的研究来看，对传统课程及教学的评价研究较多，而对新型课程（如慕课）及教学的评价研究较少；对理论性课程教学的评价研究较多，而对实践性课程教学的评价研究较少。新建本科院校以应用型人才培养为目标，应用型人才的特点决定了新建本科院校的教学要着重培养学生的实践动手能力和解决生产、生活中实际问题的能力。张大良研究员曾指出，新建本科院校要"以高质量就业能力、产业服务能力、技术贡献能力为评价标准的校内教育评估体系，强化学校专业和行业产业结合程度、实验实习实训水平等方面的建设"①。目前，实践教学管理与评价制度建设是众多应用型本科院校质量监控与评价的"软肋"，尤其是在实验课程教学评价、实习实训评价、毕业论文评价等方面，从评价制度到评价指标体系的建设都亟待加强和完善。② 因此，在课程教学中，新建本科院校应自觉按照应用型人才培养目标，明确教学改革的核心和重点、坚持教学评价方式的改革和创新，全面提高院校人才培养质量和办学水平。

　　新建本科院校课程评价体系由以下几个方面组成。

　　（1）评价目标：基于应用型人才培养的目标，以适应地方（行业）经济发展需求为目的，确定高校人才培养的规格和质量标准，进而确定专业教学（包括理论教学和实践教学）的内容、体系和目标。在课程教学评价中找出问题，反馈信息，进而提出整改方案，修正课程体系设置和人才培养方案，进而促进学校不断改进和完善课程及其教学模式，形成有效的"学校—社会（产业、行业）"互动机制，促进高校专业教学持续、健康发展。

　　（2）评价主体：学生、教师、企业雇主、相应领域（行业）专家都应是评价的主体。对于新建本科院校而言，实践能力和综合技能的评价要加强，来自企业和行业的评价比重要加大，对学生综合知识和能力的评价，尤其是动手实践能力和创新性解决问题能力的评价比重要大于对理论知识学习

---

① 张大良. 对焦需求　聚焦服务　变焦应用　把新建本科院校办成新型本科院校 [J]. 中国大学教学，2016（11）：4-9, 16.
② 蔡敬民，余国江. 失范与重构：应用型本科院校质量监控问题探析 [J]. 高校教育管理，2008, 2（6）：28-32.

的评价比重。

（3）评价指标与方式：新建本科院校评价指标体系的设计要从实际出发，契合学校所处的发展阶段，在既满足国家、社会外部一般要求的基础上，体现应用型人才培养的特点。具体来说，就是在现有国家制定的质量评估指标体系的基础上，将能反映本校人才培养特点和发展性的评价指标纳入其中，要依据地方（行业）经济发展的要求，对反映高校内涵发展和特色发展的核心要素进行组合、重新分配权重，建立可操作的评价指标体系。

（4）评价形式与内容：评价形式包括面上评价、重点评价、目标评价和随机评价。"面上评价"，包括学生评教、自我评价、教学信息员反馈、辅导员和班主任对教师教学和学生学习状态的评价和反馈；"重点评价"是指对重点监控课程、重要教学环节（如毕业设计、集中实践环节等）以及教学主管部门下达的其他重点评教任务进行评价；"目标评价"是通过向学生发放问卷调查、座谈和访谈等方式，对课程设置、教学内容、教学方法和手段、考试改革、教学效果等方面的内容进行有目标、有针对性的监控评价，可采取教师调查和部门调查两种方式；"随机评价"是指由学校质量评价与管理部门牵头，组织教学单位进行常规教学巡视，及时发现和解决教学过程中存在的问题，对检查中发现的问题，提出有针对性的整改意见，督促相关部门和教师进行整改。

（5）评价结果与使用：在某一教学阶段（一般是学期末或某一教学阶段结束时），由学校教学评价管理部门按课程收集整理各方面评价信息，向任课教师和教学单位进行反馈。教师和教学单位基于反馈信息和通过学生网络评教、听课、问卷调查、座谈会、集中评议等方式获得的教学质量评价信息，按学生评教、同行评价、督导评价、领导评价、自我评价等项目分配权重，对教师教学质量进行量化评价。

评价结果一方面用于任课教师对所教课程进行总结反思和自评，另一方面，教学单位和学校要以问题为导向撰写课堂教学质量整改报告，形成课程教学质量提升整改方案，推进教学质量持续发展的良性循环。

二、教师工作评价

2018年1月31日，中共中央国务院发布了《关于全面深化新时代教师队伍建设改革的意见》，其中强调要有利于"建立一支技艺精湛、专兼结合的双师型教师队伍"，"建立高等学校、行业企业联合培养双师型教师的机制。切实推进职业院校教师定期到企业实践，不断提升实践教学能力。建立企业经营管理者、技术能手与职业院校管理者、骨干教师相互兼职制度"。新建本科院校欲转型成功，并能依据学校定位实现其教育目标，适切的师资是核心关键，与此同时，还要在教师的授课方法与教学内容上做十足的改革。例如，成立于 2000 年的台湾首府大学，是一所非常年轻的"新建院校"。为了保证教学质量，该校的教师聘用采用外审的方式，对教师授课专长进行审查，针对教师的学历、研究成果、研究计划、实践经验等来确认教师的授课专长，不具有该专长的教师，不可开设相关课程，须待教师将相关资格补足之后（如学历、实践经验）方能开课。台首大将学校特色发展与课程设计、学生学习质量保障系统、教师授课专长审查机制结合，使大学发展、大学特色与评估（质量保障）有机相连、相辅相成。①

　　高素质的应用型人才培养需要有学术与技术兼备的"双师型"教师作为保证：一方面，这些教师的学术专业性能为基本教学和科研活动的开展提供保证；另一方面，这些教师具有生产实践领域的专业技能和管理经验，不仅可以将新的生产技术理论和知识引入教学，还可以增强了高校与社会和产业界的联络，避免教学中理论与实际相脱节。但目前的实际问题是，具有一线工作经历和实践经验丰富的教师往往在科研论文发表方面不如搞学术理论研究的教师，因而在职称评聘中不占优势。同时，校内的学术型教师也亟须机会、时间与条件到企业实践中学习"充电"，但在学习时间上又无法得到保证，以论文发表、科研项目作为重要指标的教师考评也不利于教师长期从事实践工作。为解决上述问题，合肥大学（原合肥学院）学习德国应用科学大学的教师聘用经验，规定聘用专业课任课教师必须在每个任期内有一年或半年的实践工作经历，学校选派青年教师到企业挂职，提高工程实践能力和经验。对于实验课教师数量和质量普遍不足的情况，合肥大学还专门成立了实验技术教研室，规定实验教师的进修培训、资格认定、职称评审、教学竞赛等享有和理论课教师同等权利，吸引优秀人才加入实验教师队伍。通过创新教师引进和评聘制度，该校建立了较为科学和合理的教师考评制度和激励机制，为吸引人才和促进青年教师成长提供了良好的平台。以上做法和措施都值得我国其他应用型本科院校实习和借鉴。

　　总体来说，高校教师的工作包括教学、科研和服务社会，因此，对高校教师的工作评估也应包含着对教学、科研和为社会服务这三个方面的内容。下文将从上述三个方面分别论述以应用型人才培养为导向的新建本科院校教师工作评价的内容及方法。

---

① 蔡晓婷. 品质保证对台湾高等教育的影响 [J]. 评鉴，2016（59）：15 – 18.

1. 教师教学工作的评价

新建本科院校绝大部分为教学型的本科院校，教学工作是学校的核心工作。因此，对于教学型本科院校教师的评价，应发挥评价的引导性作用。新建本科院校合格评估引导回归教育的常识，将教学放到首要和核心的位置，对教授、副教授等高级职称的教师给本科生上课提出了要求。因此，在教师教学评价中，我们也有必要对评价标准进行改革，使评价能够起到引导教师把主要精力放在教学工作上的作用。

（1）要全面评价教师的工作环节。

首先，要对教师所选用的教材进行评价。目前，不少院校的教材是根据研究型大学的教学需要来编写的，这些教材在内容选取和知识组建上根据学术型人才培养的需要，以学科逻辑为主，却难以满足应用型人才培养的需要。因此，评价教师所选用的教材不能简单地看教材是否为国家所评选的优秀教材，而是要看教材是否适用于学校专业教学的需要。例如，某些院校的自编教材更适合应用型教学的需要，则可以在教学中使用。

其次，要对教师教学内容进行评价。考虑到应用型人才培养的实际，评价教学内容要注意结合生产实际，关注产业发展动态等内容，要注意教学内容与地方产业（行业）发展的密切程度，要促进学生掌握好这些知识，从而促进学生在激烈的劳动力市场竞争中保持应有的优势。

最后，要对教师的实践教学环节进行评价。实践教学对于应用型人才培养的必要性和重要性不言而喻，但目前在国内高校的教学评价中，对教师实践教学环节的评价却是比较薄弱的一环，这与实践教学评价的操作难度有关。例如，教师对学生毕业设计（论文）的指导过程及其质量很难以量化的方式来评价；校内外进行的实习、实训又常因操作复杂、参与人员不确定（校内校外均有）、时间不固定等原因也难以进行统一的评价。因此，对于教师的实践教学，学校要制定相应的制度对实践教学活动的开展进一步加以规范，还要注意用定性和定量相结合的方式，例如开展学生满意度调查、用人单位反馈等形式，开展质性的评价，综合评定。

（2）要注意对教师工作评价的综合性。

一直以来，我国高校教师工作评价都比较单一，主要从教学工作量、科研工作开展两个方面进行衡量。其实，除了上述两个方面外，教师到企事业单位挂职、给企事业单位培训的工作量等也应作为工作量进行考核。此外，为了提高教师的专业实践技能和教学水平，学校按计划选派一定的教师到工厂等生产一线去工作一段时间，这段时间的经历也应作为评价的重点。在国外一些应用型大学，受聘教师在受聘前就要具有一定的工作和管理经验，而在我国，新建本科院校想要招聘到这种学术和工作实践经历都比较丰富的教师概率并不高，因此，新建本科院校就更应注重对教师的工作经验或培训经历的全面评价，制定相应的政策保障教师的受培训、再深造的权利和在职称评聘上的相关利益，从而促进"双师型"教师的培养。

2. 教师科研工作的评价

对教师科研工作的评价，要科学、公正、全面地反映教师的科研工作，调动教师科研工作的积极性。对于新建本科院校教师科研工作的评价，要考虑学校的实际情况，尤其要引导教师将科研与教学工作相统一，提高科研活动为地方（行业）经济发展服务的能力。

（1）要发挥科研工作评价的正确导向作用。

目前，许多高校的教师把科研工作的重心放在核心期刊的发表上。这样的科研活动对于新建本科院校的教学和社会服务工作而言并没有多大的促进作用，还容易导致教学与科研两张皮，或教学与科研资源分配不协调的问题。因此，对于新建本科院校的教师科研工作的评价，要注重引导教师将科研与教学工作相统一，提高科研成果的生产转化。

（2）要改变科研工作评价的单一性。

第一，要对不同的学科设立不同的评价标准。社会科学与自然科学属性不同，在科研学术论文发表及科研项目申报方面都存在较大的差异。因此，我们在评价不同学科的科研工作及其成果时，要注意学科的差异性。第二，要注重评价科研成果对地方（行业）经济发展的促进作用，包括科研成果解决地方政府的问题、解决企业生产技术的难题、在社会生产生活及其他相关领域的推广度等。第三，要改变科研工作量评价的单一性。科研工作量包括科研项目工作量、科研成果工作量、专利科研工作等方面。在考察科研项目工作量时，不仅要评价纵向项目，还要评价教师的横向项目，注重调动院校教师参与横向科研项目的积极性等。

3. 教师社会服务工作的评价

服务地方（行业）经济社会发展是新建本科院校一项重要的职能。目前，我国高校对教师社会服务工作的评价才刚刚起步，还没有形成一套比较成熟和完整的评价体系。许多院校并未将教师的社会服务工作纳入考评的范围，因而，新建本科院校的教师普遍不太重视社会服务工作，即使有的教师自愿从事一些社会服务工作，也因长期以来工作得不到相应的肯定而热情消退。为了调动教师对社会服务工作的积极性，突出应用型人才培养的目标和定位以及为地方（行业）服务的特点，我们有必要对教师的社会服务进行评价，保障教师社会服务的质量。

（1）服务政府的评价。

高校教师参与政府服务，包括为地方政府提供咨询、为地方政府的决策提供参考等。例如，为地方规定发展出谋划策，为政府决策提供咨询报告等。在评价中，应视教师提供政府服务的反馈和实施效果等对教师进行评价。

（2）服务企事业单位的评价。

高校教师到企事业单位提供技术服务，解决技术攻关难题，或者到企事业单位当顾问，提供培训服务等，既可以增加学校与企事业单位交流的机会，提高学校的社会知名度，也可以使学校和教师更加明确劳动力市场的变化趋势，进而在教学中拉近理论与生产实践的关系。在评价中，应根据企事业单位的反馈以及由技术支持而带来的经济效益等情况对教师进行评价。

（3）服务社会公共（益）事业的评价。

教师参与社会公共（益）事业，如在社区开展某领域知识宣讲，组织有利于社会公众的公益福利事业等，是体现师风师德以及学校教育风采的良好机会，同时也为培养学生的公益心、慈善心、优秀善良的美德等提供了机会。此外，有的学校教师还参与服务乡村、到边远地区支教等活动。对教师参与社会公共（益）事业的评价，应根据社会影响力、群众反馈、媒体报道等方面进行综合评价。

三、学生学习情况评价

国内外多年的研究表明，科学合理地开展学生学习情况评价，不仅能促进学生的成长成才，还能有效促进教师的教学质量提升。随着高等教育评价理论的发展以及评价工具、技术的进步，学生学习情况评价的内容、技术及方法等也朝着多元化的方向发展。对于新建本科院校而言，为促进应用型人才培养，学校应针对自身实际情况，在学生评价上体现学校的发展特色。理想的学生评价，应是一种致力于协商、改进、发展和塑形的评价，其主要目的应在于：根据学生、学校、地方（行业）经济发展的需求为本科教学提供人才培养效果判断的依据，促进教学部门根据人才培养的结果进行改进，提高教学的灵活有效性。因此，可以从以下四个方面对新建本科院校的学生评价实践提出初步的构想。

（1）评价主体。校内如教师、行政管理者、教学督导以及学生自己都是评价的主体，校外如用人单位、行业指导和第三方评价机构等也是评价主体（见图6-1）。学校、教师、学生、同行、企业雇主等利益相关者从不同角度对学生进行评价,有利于对学生的学习和成长情况做综合性的评判。学校可以以访谈、问卷调查以及跟踪调研等形式对上述利益相关方开展调查,调查结果用于支持下一轮的教学改进。

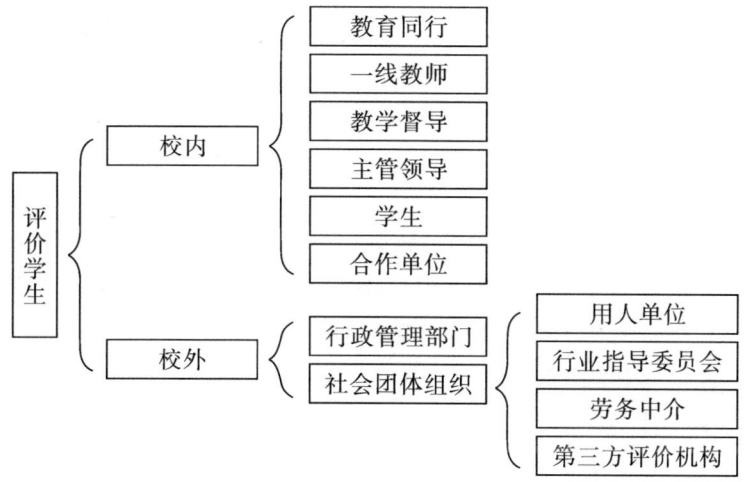

图6-1 学生评价的多元主体

(2)评价内容及方式。为促进评价的综合化、全面化,评价方式可以根据评价内容的需要灵活运用。例如,对学生学习成果的动态评价,可以对学生发展过程进行跟踪和监控,开展学生学习成果调查、学生学习经历调查、学生综合素质测评等;对学生学习过程的评价,可以着重在课堂学习、书面作业、实践活动尤其是毕业论文(设计)等关键环节开展评价;对学生成长过程的评价,我们可以通过建立学习成长档案袋、绘制学生成长树等方式进行评价。在评价内容上,要对学生的智力因素(如记忆、认知能力)和非智力因素(态度、意志、沟通协作能力等)同等重视,以定量与定性相结合的方式进行评价。

(3)评价指标及方法。学生评价工作,主要利用问卷调查和综合测评相结合的方式来进行,采用定性与定量相结合的评价方法。评价量表的制定和表达尤为重要,一整套适宜的评价指标体系设计是评价过程的核心。对于学生评价要视评价目的和评价主体而定,不同的评价主体(利益相关者)对于学生的学习效果及培养质量有不同的期望。例如,地方政府期望高校所培养的学生能为地方经济建设服务;企业(雇主)希望能聘请到掌握专门技能且能为其创造利润的员工;学生则期望学到适应社会生产的专业技能,并且节省时间和成本,取得预期回报;等等。以学生能力评价指标为例,表6-1对学生能力评价的部分评价指标与评价方式提出了初步的构想。

表 6-1 学生能力评价部分评价指标与评价方式

一级指标	二级指标	评价方式
专业能力	专业知识的掌握与应用	定性、定量
	专业技能、技术与方法的运用	定性、定量
通用能力	自学能力	定性、定量
	基本职业技能	定性、定量
	分析和解决问题能力	定性、定量
	表达能力	定性、定量
社会能力	掌握法律法规等规章制度	定性、定量
	对时事政策、制度的学习能力	定性、定量
	对社会信息的接收和理解能力	定性、定量
	团队协作能力	定性、定量
	沟通协调能力	定性、定量
	环境适应能力	定性、定量
	吃苦耐劳、敬业精神	定性、定量
	职业道德、诚实守信、思想品德	定性、定量
	公共关系理解和适应能力	定性、定量

（4）评价结果及利用。学生评价并不单单是对学生学习过程及结果进行检验的一般性工作，它更是学校教学工作改进的风向标和晴雨表。在学校教学日益开放化、复杂化和富于变化的发展特点下，我们应更注重评价的及时性、具体性和结果利用的及时性、针对性。对于评价结果的呈现形式，提倡不仅要有量化的结果，还要突出以质性的方式来对学生进行综合性的评价。在教学评价结果的反馈方面，建议搭建学生与教师的信息沟通平台，建立及时高效的反馈系统，既要把握反馈信息的充分度和广泛度，又要突出结果的针对性和时间的及时性。对于评价结果的使用，一方面，教师可根据学生评价及时调整教学策略或改进教学方案；另一方面，学生与教师之间要建立互信的机制，要让学生认识到，评价结果不只是对自己的评价，更是教师改进教学的依据，而教师也要认识到，学生评价结果的好坏并不是决定学生"等级"或"优劣"的尺度，而是因材施教的依据。对于学校管理部门而言，学生的评价结果的使用，应由教师自行把握，不参与人事管理，以消除参与评价的教师的思想负担，但记入教学档案。在教学质量管理中，可以考虑把它用为一种教师人事管理的参考依据与其他评价工具结合使用。为了对学生

评价结果有更充分的认识，教学基层管理部门（如教研室）应组织教师对评价结果进行研讨，并制定出改进的策略。对于学生实践教学情况的评价，无论是在校内的实验、实训课程中由校内指导教师做出的评价，还在校内实习基地或企事业单位中校外指导教师或实习单位做出的评价，都应作为学习综合评价的重要组成部分，而且应作为应用型人才培养过程中重点考虑的环节。

第三节 "增值"的质量观及评价方法

在众多的对"质量"的定义中，"质量作为增值（value added）"是近年来在教育评价中运用非常广泛的一个概念。"增值（或增殖）"本来是经济学术语，是指投入如原材料、能源等和最终成品销售价之间的区别，在教育评价中，一般指一定时期内的学校教育对学生进步所带来的积极影响。增值评价的教育理念可以追溯到以教育目标实现程度为核心的"泰勒原理"[①]，正式投入教育实践是1984年美国田纳西大学威廉·桑德斯（William L. Sanders）开发的田纳西增值评价系统（Tennessee value added assessment system，TVAAS）。之后，增值评价逐渐在众多国家各有侧重地为教育评价服务：美国将其作为教师绩效问责的重要参照，英国将其用作学校效能评估的主要指标，新加坡则研究学生增值对其发展的作用。

在高等教育领域，1985年，美国著名课程论学者泰勒（Terry Taylor）和迈克柯兰（Charles McClain）提出运用增值评价的方法对高校学生在整个大学就读期间或某个阶段的学习过程、学习结果进行评价，从而描述学生在学习上进步或发展的"增量"。美国学者奥斯汀（Astin）对如何计算大学教育学生成长的方法进行了深入的研究，提出了增值评价的定量研究方法。奥斯汀批判了对于高校评价的四种传统观点，即基于声望的质量观（reputational views）、基于资源的质量观（resources views）、基于结果的质量观（outcome

---

① 泰勒原理是由美国著名课程论学者泰勒于1949年提出的一个课程理论体系。这一原理将课程理论归结为四个基本问题：a. 学校应该达到哪些教育目标；b. 提供哪些教育经验方能实现这些目标；c. 如何有效地组织这些教育经验；d. 如何确定这些教育目标能否实现。后来人们把这四个问题看作是课程设计过程中的四个步骤：确定教育目标、选择教育体验（学习体验）、组织教育体验、评价教育体验。

views)、基于内容的质量观（content views），并在此基础上提出了评价高校的新的质量观——基于才能发展的质量观（talent development）。他认为，判断一所高校的质量标准应该是"它能使学生在智力和个性上得到最大的发展"。对于教育增值，奥斯汀还做了进一步的思考，"本科生的每一种才能是从最低成就到最高成就的连续体……只是容易忽略两个问题：一是专业教育不仅是让学生达到一定的标准，更重要的是超越自己；二是成就底端和中端的学生可以获得显著的沟通技能，尽管他们在学术上达不到要求的水平，但不能简单地认为这种教育投资是浪费"[1]。这两点提醒我们，对学生成长和进步的评价不能仅仅停留在对个体认知及专业能力的评价上，学生的主观态度、意志以及社会交往能力等非认知能力的增值也是评价的重要方面。

奥斯汀的早期研究为后来关于增值评价方法的研究奠定了良好的基础，在此理论基础上，众多研究者运用定量的方法来探索质量"增值"的测算，其中运用比较普遍的，是直接增值估算和间接增值估算两种。前者采用直接对比的方法，即在学生入学时进行标准化或其他相关测试，以确定学生增值的起点，在就读的某一阶段（通常是毕业时）再进行类似测试，以确定增值的结果，如美国的自愿问责系统（voluntary system of accountability，VSA）就采用了这套计算方法；后者通过比较预期增值和实际增值之间的差异来判断高校的教学质量，获取学生增值的方法是通过学生自我汇报的方法来确定增值和程度，如美国大学生学习经历调查（the national survey for student engagement，NSSE）就属于这种类型，我国清华大学、北京大学等高校也引入了这种测算方法，将研究理论和方法本土化后分别开展了"中国大学生学习与发展追踪研究（CCSS）"[2] 和"首都高校学生发展调查"[3] 等研究。相比较而言，后一种计算方法更能兼顾到学生不同的初始水平，因为不同初始能力水平的学生会有不同性质的增值。

高校根据需要和条件选择直接或间接增值评估的方法，但还需要面临技术上的问题，即如何对所获得的数据进行分析。目前国内外学校主要通过多元线性回归模型（multiple linear regression model，MLRM）和分层线性模型（hierarchical linear model，HLM）的方法进行数据分析和计算。前者用于分

---

[1] ASTIN A W. Achieveving educational excellence [M]. San Francisco: Jossey-Bass publishers, 1985: 7, 68 - 69.
[2] 史静寰. 走向质量治理：中国大学生学情调查的现状与发展 [J]. 中国高教研究, 2016 (2): 37 - 41.
[3] 鲍威. 未完成的转型：普及化阶段首都高等教育的人才培养与学生发展 [J]. 北京大学教育评论, 2010 (1): 27 - 44.

析大学生在一段时间内学习进步的增值,后者用于将影响学生学业成果的外部因素(如学生的学习基础、家庭背景等)与学校或老师的影响分离开,得到学校或教师影响的净效应,从而判断学校教育对学生的影响力。[①]

那么,"增值评价"的教育评价理念如何渗透到新建本科院校质量评价中呢?

第一,我们须重新理解"高等教育质量"的内涵,进一步回归教学育人的核心职能。在日新月异、快速发展的时代,学校应抛弃一切功利主义的诱惑,进一步明确自身的四大职能:人才培养、科学研究、社会服务和文化传承。新建本科院校应以人才培养为首要任务,即关注学生这一群体的主体地位,关注学生的学习和发展,关注学生的习得与成长,建立以学生为中心的学习评价体系,建立学生生活和服务体系,建立内部质量保障体系,从而不断提高高等教育质量。

第二,要建立全程追踪、全面监控的学生学习增值评价体系。学生学习和发展的增量是一个动态的变化过程,不是某一时间节点的状态,因此任何静态的评价指标都不足以反映学生的真实发展。要想实现对"增值、增量"的把握,就必须建立立体式的评价体系,对学生的学习和发展进行全面、全程的监控。这种增值的评价,不是一种评价方法就可以实现的,而是要建立整套的、行之有效的学生学习质量评价体系,包括输入阶段、学习过程、学习结果、效果追踪等阶段,并在各阶段以调查工具为支撑,对学生学习和发展进行测量,全程、全面地掌握学生成长、发展的真实状况。在分析方法上,除了定量的研究,质量证据的采集也是重要的方面,例如针对毕业生校友的访谈、大学生就读经验的测评工具等已在国内部分高校有所运用。

第三,关注教学评价与信息技术的深度融合。2010年《教育规划纲要》明确指出:"信息技术对教育发展具有革命性影响,必须予以高度重视。"教育部《教育信息化十年发展规划(2011—2020年)》强调要"重点推进信息技术与高等教育的尝试融合,促进教育内容、教学手段和方法现代化"。增值评价体系的建立,应与信息技术进行深入融合,利用现代信息化手段有效开展教学评价。此外,还应建立评价信息与数据的共享机制,促进学校在宏观层面与微观层面、纵向上和横向上的各类比较,为研究者进行实证研究提供翔实的数据,为学校进行改革提供科学依据。

第四,要加强对增值评价结果的运用。通过对学校增值评价的内涵分析

[①] 辛涛,张文静,李雪燕. 增值性评价的回顾与前瞻 [J]. 中国教育学刊,2009(4):40-43.

可以看出，增值评价能够提供多角度的信息。随着其研究和统计方法的不断完善，增值评价的结果越来越能展示影响学生成长和发展的多种变化及因素。从社会的角度来看，增值评价的结果能够清晰展示学校和学生的成长和发展状况，提供学校质量改进的相关信息，有利于进行有效的质量监督；从教育行政部门的角度来看，增值评价的结果也可以为其科学决策的理性投资提供更有效的依据；从高校内部管理来讲，有助于学校更改设立教育质量目标，全面开展质量监控，发现自身问题，促进教学改进，从而为建立科学、有效的内部质量保障体系奠定扎实的基础。

第七章

新建本科院校内部质量保障体系的运行机制

目前，西方国家关于高等教育质量保障体系的研究，其中一个重要的关注点就是体系运行的有效性问题。为了使质量保障体系真正在实践中发挥作用，必须依靠行之有效的机制来加以保障。高等教育质量保障体系的运行，包括保障体系运行的制度、流程及其内在的运行机理等问题。此外，由于新建本科院校在办学定位和人才培养目标上的特点，其质量的评价机制也应是高校内部质量保障体系运行的重要组成部分。本章依据第五章内容新建本科院校内部质量保障体系的一般模型框架，从内部质量保障的制度框架、运行机制以及评价方法等方面来论述新建本科院校内部质量保障体系的运行。在此基础上，本书构建了新建本科院校内部质量管理能力的成熟度模型。

第一节 内部质量保障体系的运行机制

一、内部质量保障体系的制度框架

在质量保障活动开展的初始阶段，设置质量管理相关制度及标准、质量管理技术方法及手段很重要，质量保障制度体系建设是新建本科院校质量保障体系建设的首要问题。因此，基于"PDCA 循环"（即计划、执行、检查、行动的行动要素）的理念，新建本科院校可以构建"以学生为中心"的内部质量保障制度体系。该制度体系的功能可以概括为：结合学生需求（包括毕业生的反馈）和用人单位信息反馈制定人才培养目标；以产出为导向设计课程体系、优化课程内容、改进教学方法，提高学生的理论基础知识和实践动手能力；以青年教师培养、教学评价等方法，提高师资队伍的整体素质；继续加强人、财、物的投入，同时提高资源的利用率，保证师资队伍、办学资源能够支撑实现既定的培养目标、满足社会的需求；针对通过各种途径的信息反馈，找出存在的问题并进行相应的改进，最终达到提高学生学习成效的目的（见图7-1）。

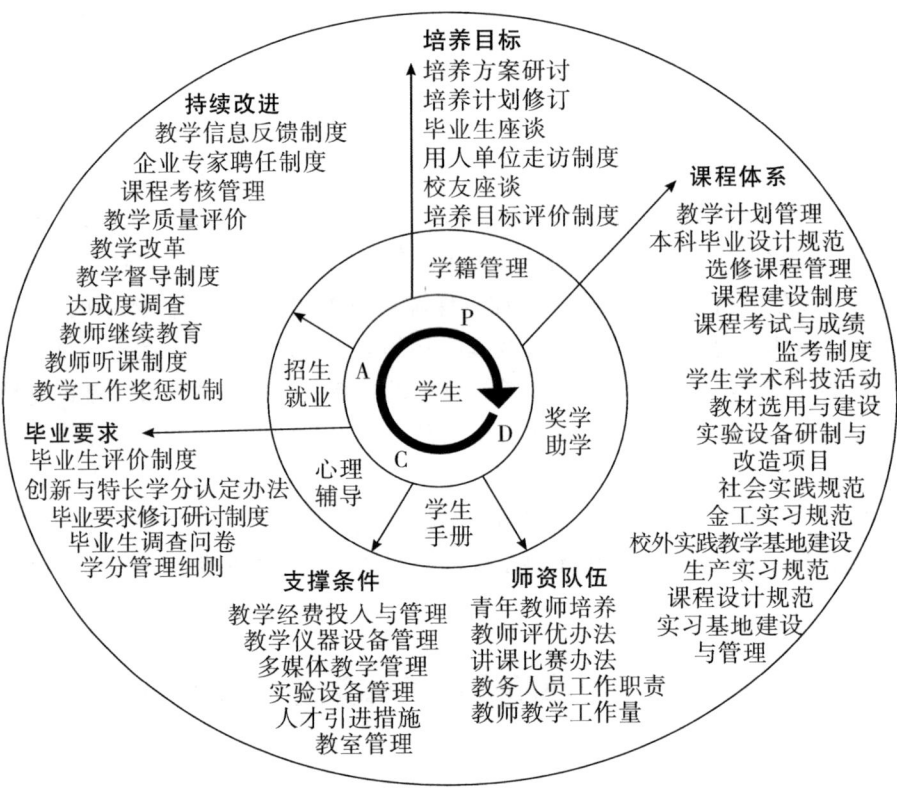

图7-1 内部质量保障体系的制度框架

二、内部质量保障体系的运行机制

基于"PDCA循环"理念，高校内部质量保障体系是一个多元促进教育质量持续提升的闭环体系，它由三个系统组成：质量目标系统、质量实施系统、质量监控与改进系统。每个系统都是一个 PDCA 小循环，围绕学生这一中心，各个小循环从质量目标和质量标准建立、资源与过程支持保障、质量评价与监控以及信息收集、反馈与利用，全方位形成校内闭环；校内评估与校外评估相结合，形成校外循环，持续改进体系，将校内外循环有机联系起来，从而实现大环套小环，小环保大环，互相促进，推动大循环的运行机制。

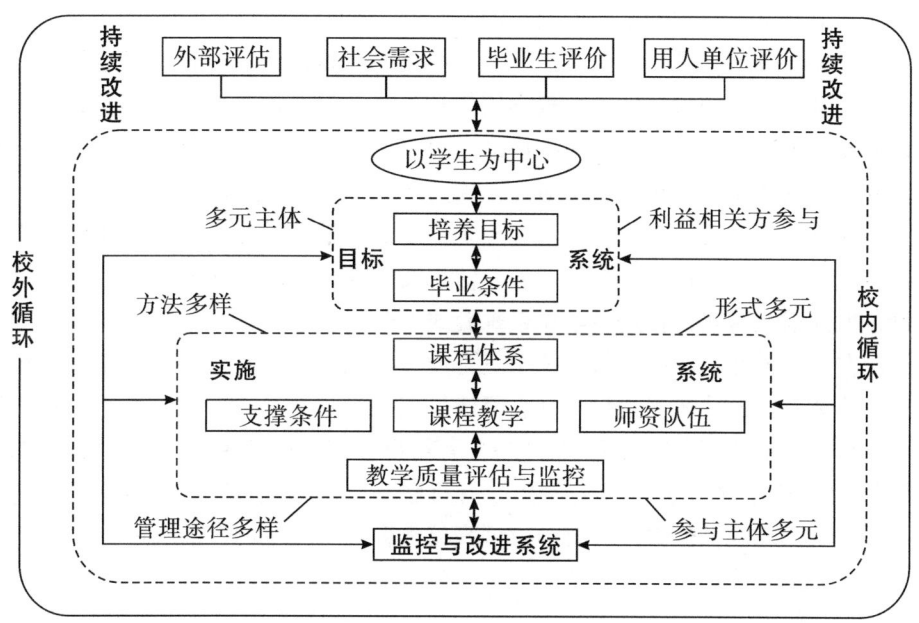

图 7-2 基于"PDCA 循环"理念的多元开放式高校内部质量保障体系运行机制图

如图 7-2 所示，质量保障的目标系统（决策系统）是一个由多元主体参与的开放式的问责系统。在学校层面，该系统以国家、社会、市场等利益相关方的需求为导向，围绕学生这一中心，根据学校办学定位制定办学目标、人才培养目标；在院系层面，根据学校整体性规划和人才培养目标，确定各专业人才培养质量标准、各个教学环节的质量标准等。在此系统内，学校及各教学院系要主动根据社会经济发展及行业、市场变化等对办学定位、人才培养、专业及课程设置等做出及时反映和适时调整，不断完善目标的制定，确保质量目标及标准的社会需求适应度。

质量实施系统是一个以课程教学为核心，由人、财、物的投入为保障构成的目标实现体系。在此系统中，课程、师资是核心要素，决定了对培养目标达成的支撑度，从根本上影响学校办学目标和人才培养目标的实现。在实施过程中，管理途径要多样化、参与主体应具有多元性。具体而言，课程方案的讨论、教授和评价要有来自企业（或行业）专家参与；教师队伍在数量、结构和质量等方面能满足教学所需，并具有一定的稳定性，应用型教育要聘请具有生产一线实践经验的"双师型"教师为学生授课；教师的专业知识、专业技能、身体素质以及职业道德符合国家和学校基本要求，保证充足时间和精力投入到本科教学和学生实践指导中；教学基础设施能够支撑达成教学所需，实践场所尤其是校内外的实习基础建设要满足实践教学所需，切实起到提高学习实践动手能力的作用。

监控与改进系统有两个层面：一是质量的监控系统，学校需要运用多元化的质量手段，例如开发本科教学质量信息平台，监测教学状态信息，即时地采集、统计、分析和运用这些信息，建立信息公开机制；二是质量的改进系统，学校各相关职能部门及院系，要基于反馈的质量问题、信息、建议，制订整改方案，落实改进工作。无论是信息的反馈还是之后的整改工作，学校都应有专门的机构或人员，对教学信息反馈与质量改进工作进行监督与评价，做到组织落实，促进教学质量螺旋式上升。

在学校外部，由校外官方或第三方质量评估机构、用人单位、学术团体等，评估学校人才培养目标对社会经济发展需求的符合度，根据评估建议不断修订人才培养目标。修订后的人才培养目标将会带动新一轮的"校内循环"。"校外循环"和"校内循环"有机联系、协同互动，共同构成了本科教学质量保障的循环系统，合力保证高校教育教学质量的持续改进。

第二节 高校内部质量管理能力成熟度评价

为了更加清晰地描述高校内部质量保障体系运行的状态及效果，本节构建了高校教育质量管理能力成熟度模型（higher education quality management capability maturity model，HEQCMM），该模型以能力成熟度模型（capability maturity model，CMM）为基础，以高校教育质量管理能力与水平为研究对象，围绕与之相关的关键因素，概括了高校教育质量管理能力从低到高不同阶段的成熟程度，在每个阶段以高校的教育质量管理能力提高和改进为测量基准，把一个不可控的、无序的过程变为可控的、可衡量和有序的过程。HEQCMM可以为高校和外部评估机构评价高校内部质量保障体系运行的有效度和质量管理水平提供一个工具，用以识别高校质量管理现状，找出改进的方向。

一、高校教育质量管理能力成熟度模型的框架

参照 CMM 的框架结构，根据高校教育质量管理过程的特点以及质量管理相关部门的运行模式，可以初步构建高校教育质量管理能力成熟度模型（见图 7-3）。该模型在纵向上以阶梯的形式描述了高校教育质量管理由低到高的五个成熟度等级，低一级的阶梯是实现高一级阶梯的基础。从横向上，该模型定义了与高校教育质量管理处于某一成熟度阶段时相对应的能力、标准和关键过程域（key process area，KPA）。每一个关键过程域都包含了一系列的管理能力目标，只有达到这些能力目标才会向更高的等级发展。关键过程域的目标通过一些具体的关键活动（key practices，KP）来实现。建立该模型的目的是帮助相关管理部门把当前教育质量管理与预定目标之间进行对比，从而找出差距，发现问题，并及时进行改革、调整和完善，为教育质量管理水平从混乱、无序直至优化的提升提供方向上的指导。

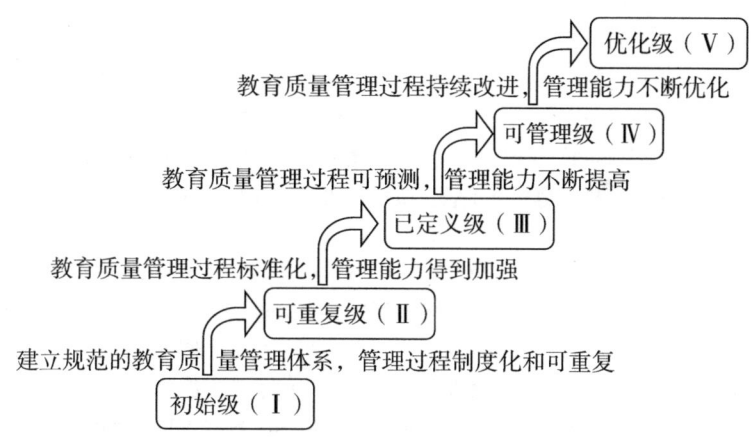

图 7-3　高校教育质量管理能力成熟度模型框架

为了更加清晰地描述高校教育质量管理能力在不同成熟度等级上的表现及特征，我们需要提取和规定高校教育质量管理活动的基本构成要素、过程环节和实践路径，以构建成熟度评价框架。尽管不同学校所开展的质量管理活动各不相同，但从过程上来说，学校层面的教育质量管理都涉及输入、过程、输出三个环节，输入环节主要指人、财、物的投入，过程环节主要指导保障教育教学实施的基本条件和制度，输出环节主要指教育质量的水平和状态，其中，过程环节又可分为条件管理和制度管理两部分。从管理要素来说，高校教育质量管理主要涉及组织机构、专业队伍、质量标准、评估监

测、结果反馈、持续改进这 6 个关键要素。① 基于此，本文通过对高校质量管理活动纵向发展过程进行等级性的描述，构建了高校教育质量管理能力成熟度评价框架，从而对关键质量管理活动的完善程度做出区分判断，进而为定位高校当前所处成熟度阶段及其改进方向提供依据（如表 7-1 所示）。

表 7-1　高校教育质量管理能力成熟度等级及其特征描述

成熟度等级	评价描述
优化级（Ⅴ）	教育质量管理活动是持续改进的。有独立的质量管理部门，管理人员专业化程度高，存在一定比例的专家，相关工作人员配合密切、工作协调，质量管理工作运行顺畅。教育质量监控的运行并非是一次性的，对于各个关键环节，可能存在反馈—改进—提高—再反馈的闭环式持续改进过程。拥有明确的质量管理标准文件，相关标准是经过调查研究以及实践积累的，而并非单纯经验性的，质量管理标准涵盖质量管理运行所有方面，且对于合格的描述十分详细。通过教育质量管理过程，教育质量达到了最优化
可管理级（Ⅳ）	教育质量管理成为一项常规性工作，所有相关工作人员均需明晰质量管理过程。有独立的质量管理部门，教育质量管理参与人员数量增加，管理人员专业化程度高。管理质量标准编制成为标准化文件，文件中描述了应审核的全部方面，且描述了对于相应项的审核要求。教育质量管理过程极大地提升了教育质量，实现了教育质量管理全过程有科学的量化目标，并可测度、分析
已定义级（Ⅲ）	存在正规的教育质量管理活动，相关过程制度化、规范化。负责教育质量管理的人员数量进一步增加，相关规章、制度系统化、规范化。存在文字性质的管理质量标准，但整个标准较为简单，虽然基本涵盖所有教育质量管理各个方面，但仅大致描述了教育质量管理的相关事项，并不成体系。教育质量管理过程有效地控制了教育质量，较好地帮助了教育质量的改进

---

① 吴岩. 高等教育公共治理与"五位一体"评估制度创新 [J]. 中国高教研究，2014，33（2）：14-18.

续上表

成熟度等级	评价描述
可重复级（Ⅱ）	存在较为正式的教育质量管理过程，成立了初级质量管理机构，且拥有一个专门的会议或一套专用的流程用于质量管理活动。负责质量管理工作的人员数量有所增加，但专业化程度不够。存在一定依据实践的质量标准，但不存在正式的、文字性的标准描述文字，质量标准包含了部分的质量控制目标。规章制度缺乏系统性、科学性，教育质量过程简单控制了教学的质量，帮助了教学质量的改进，但程度有限
初始级（Ⅰ）	学校、院系及专业注意到了教育质量管理的重要性及作用，但管理实践缺少秩序及规则，工作程序随意、混乱、不一致，负责人在管理的领域里依据经验进行管理，管理技术、方法落后，工作效率低下

二、高校教育质量管理能力成熟度模型内部结构

在高校教育质量管理能力从低成熟等级向高成熟等级提升的过程中，除了对等级特征做描述外，还应达到相应等级的要求，即对应的关键过程（除第一等级外），每个等级包含了关键实践（KP）、共同特征和实现这一级目标的若干关键过程域（KPA），见图7-4。

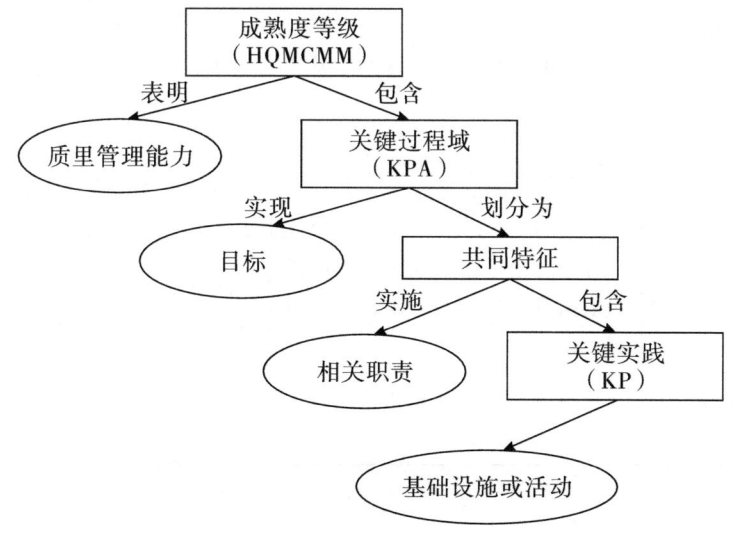

图7-4 管理成熟度模型内部结构

高校教育质量管理能力成熟度模型（HQMCMM）的每一级有相同的结构。KPA 将等级特征目标化，规定了实现某一教育质量管理能力成熟度等级所必须解决的问题，它是实现教育质量管理达到某一成熟度等级的重要保证。KP 是实现关键过程域 KPA 规定目标的基础设施和关键活动。当达到某一级别 KPA 所规定的目标后，高校教育质量管理能力成熟度就提升到一个较高的级别，这里就需要确定更高级别的 KPA 目标，并通过实施新的 KP 活动来实现。这近似于"戴明环"中的"PDCA"循环，在滚雪球似的循序提升中，高校教育质量管理能力成熟度由低向高发展，管理水平和效率得到逐步提高（如表 7-2 所示）。

表 7-2 高校教育质量管理能力成熟度模型 KPA 及共同特征

等级	KPA	共同特征
优化级（Ⅴ）	学校能够根据定量的数据对教学管理问题和解决方案有前瞻性的预测，并做好相关准备，确定一些不确定因素对质量管理关键过程的执行所带来的影响，从而对质量管理过程进行持续地改进和完善	建立以创新思想和方法为基础、具有持续提高和自我完善功能的质量管理体系
可管理级（Ⅳ）	能够收集与分析关键活动执行过程中具体的量化数据。关键活动的标准及执行过程被定量地理解与控制	建立量化的可测量的质量管理过程的指标和标准
已定义级（Ⅲ）	能够按照一组完善的操作标准来执行质量管理活动	质量管理过程标准化
可重复级（Ⅱ）	计划与跟踪级，着重对质量管理的执行进行计划与跟踪，达到可重复	质量管理计划制订、建立教育质量管理学习体系
初始级（Ⅰ）	只保证关键活动的执行，而不管执行效果如何	无

三、高校教育质量管理能力成熟度测度方法

1. 高校教育质量管理能力成熟度测度指标建立

影响高校教育质量的因素非常之多，不可能把所有复杂因素都包括进去，而且这也是不现实的。因此，好的指标体系并不是一个大而全的体系，而应该是一个能在最大程度上反映评价目标和质量内涵的标准。以教育部发布的普通高等学校本科教学工作合格评估与审核评估评价指标（范围）为基本依据，结合前文（第三章第二节之"五、"）所列的教育质量关键环节，本文确定了定位与目标、学生发展管理、课程管理、毕业管理、师资管理、科研管理、资源管理、持续改进 8 项一级指标，并将这 8 项一级指标再细化为 31 项二级指标作为高校教育质量管理的关键活动，建立高校教育质量管理能力测度指标体系（如表 7-3 所示）。

表 7-3 高校教育质量管理能力测度指标体系

一级指标	二级指标
定位与目标（U_1）	目标定位（U_{11}）
	人才培养方案（U_{12}）
学生发展管理（U_2）	生源建设（U_{21}）
	招生（U_{22}）
	学业指导（U_{23}）
	职业规划指导（U_{24}）
	就业指导（U_{25}）
	党团活动（U_{26}）
	学生资助（U_{27}）
课程管理（U_3）	课程教学（U_{31}）
	教材建设（U_{32}）
	课程考核（U_{33}）
	实践教学（U_{34}）
毕业管理（U_4）	毕业生评价（U_{41}）
	毕业论文（设计）（U_{42}）

续上表

一级指标	二级指标
师资管理（U_5）	引进教师（U_{51}）
	职称评聘（U_{52}）
	教学工作投入（U_{53}）
	教师培养（U_{54}）
科研管理（U_6）	科研规划（U_{61}）
	科研政策（U_{62}）
	成果转化（U_{63}）
	学术交流（U_{64}）
资源管理（U_7）	人力资源（U_{71}）
	场地设备（U_{72}）
	信息资源（U_{73}）
	经费保障（U_{74}）
	外部关系（U_{75}）
持续改进（U_8）	培养目标达成度评价（U_{81}）
	教学质量评价（U_{82}）
	教学改革（U_{83}）

2. 高校教育质量管理能力成熟度测度方法

根据能力成熟度等级测试指标，并结合高校教育质量管理能力成熟度模型框架，应用模糊综合评判方法，对高校教育质量管理能力成熟度等级进行量化测度。具体步骤如下。

（1）评语集合的确定。

根据高校教育质量管理能力成熟度模型框架结构，按照能力水平由低到高，分为五个等级。$V = \{v_1, v_2, v_3, v_4, v_5\} = \{$优化级，可管理级，已定义级，可重复级，初始级$\} = \{V, Ⅳ, Ⅲ, Ⅱ, Ⅰ\}$。

（2）评价要素权重的确定。

在上述高校教育质量管理测度指标体系中，由于下层各指标对上层某一指标的相对重要程度并不一样，因此，为了衡量下层各指标对上层指标的相对重要性，需要确定评价指标的权重系数。常见的确定权重系数的方法有专家调查法、专家征询法、征询专家小组集体意见投票表决法、经验判断法、层次分析法（即AHP方法）。为保证确定的权重系数的客观、公正和科学，也可将上述几种方法结合使用。

美国著名运筹学专家萨蒂（T. L. Saaty）于20世纪70年代提出了一种用定性与定量相结合的方法来计算各层次指标权重的方法，基本原理是通过指标两两比较计算权重矩阵，进而通过求解判断矩阵的最大特征值 λ_{max} 和它所对应的特征向量来计量某一指标的相对权重。这种方法克服主观分析判断造成的误差，提高了权重分配的科学性和准确性。

在计算方法和步骤方面，第一，对高校教育质量管理能力成熟度测度指标进行分组，按照最高层（目标层）、中间层（准则层）以及最低层（措施层）的形式排列起来，并明确上下层指标之间的关系。

第二，根据各层次中有关元素的相对重要性情况构建判断矩阵，其形式如表7-4所示。其中，b_{ij} 表示对于 A_k 而言，指标 b_i 对 b_j 相对重要性的判断值，可根据数据资料、专家意见和分析者的认识，加以平衡后给出。

表7-4 判断矩阵

A_k	B_1	B_2	…	B_n
B_1	b_{11}	b_{12}	…	b_{2n}
B_2	b_{21}	b_{22}	…	b_{2n}
…	…	…	…	…
B_n	b_{n1}	b_{n2}	…	b_{nn}

第三，根据判断矩阵确定各级指标重要性次序的权重，运用方根法计算矩阵的特征向量。可以通过层次单排序，确定本层次所有元素对于上一层次某元素而言的重要性进行排序。对于矩阵 B，计算满足下式（1）的特征根和特征向量。

$$BW = \lambda_{max} W_i \quad (1)$$

式中，λ_{max} 为 B 的最大特征根，W 为对应于 λ_{max} 的正规化特征向量，W 的分量 W_i 就是对应元素单排序的权重值。

第四，通过一致性指标衡量判断矩阵的质量。一般地，当一致性指标 $CR \leq 0.1$ 时，认为判断矩阵具有令人满意的一致性。

（3）评判矩阵的建立。

建立评判矩阵 R，其中 r_{ij} 为 U 中被评价指标 u_i 对应等级 v_j 的隶属程度，即从被评价指标 u_i 着眼，被评价对象能被评为 v_j 等级的隶属程度，因而 r_{ij} 是第 i 个指标 u_i 对 j 个等级 v_j 的单因素评价，它构成单因素评价矩阵。其中 n 为因素（指标）个数，m 为成熟度等级数。

$$R = \begin{Bmatrix} r_{11} & r_{12} & \cdots & r_{1m} \\ r_{21} & r_{22} & \cdots & r_{2m} \\ \cdots & \cdots & \cdots & \cdots \\ r_{n1} & r_{n2} & \cdots & r_{nm} \end{Bmatrix} \quad (2)$$

（4）模糊综合评价。

由式（1）和式（2）得到的各单要素的权重系数 W 和评价决策矩阵 R，经过合成运算，得到对某高校教育质量管理的模糊综合评价结果如下。

$$W \cdot R = W \cdot \begin{Bmatrix} r_{11} & r_{12} & \cdots & r_{1m} \\ r_{21} & r_{22} & \cdots & r_{2m} \\ \cdots & \cdots & \cdots & \cdots \\ r_{n1} & r_{n2} & \cdots & r_{nm} \end{Bmatrix} = (f_1, f_2, \cdots f_m) = F \quad (3)$$

式（3）中，f_i 是评判因素对于第 i 等级的隶属程度，代表高校教育质量管理综合成熟度等级对 i 个评价等级的隶属度，按照最大隶属度原则，确定被评价高校的教育管理成熟度等级。

四、应用实例分析

以国内东部某新建本科院校为例，通过调研和专家走访，获取相应数据，并应用上述方法对该校教育质量管理能力成熟度进行测度，具体过程如下。

1. 建立评估的因素集

设评估的因素集为 $U = \{$定位与目标，学生发展管理，课程管理，毕业管理，师资管理，科研管理，资源管理，持续改进$\}$。

2. 建立因素论域和评语论域之间的模糊关系矩阵

经过专家小组 20 名成员的评判，其中有 7 名对定位与目标的评价指标之一"人才培养方案（U_{12}）"评价意见同意"可管理级（v_2）"的评价等级，即持同意意见的专家占专家小组总人数的 7/20，因此该指标的评价值就是 0.35。以此类推，可分别得到各子集 U_i（$i = 1, 2, 3, 4, 5, 6, 7, 8$）中单要素的评价决策矩阵 R_i（$i = 1, 2, 3, 4, 5, 6, 7, 8$）为：

$$R_1 = \begin{Bmatrix} 0.10 & 0.10 & 0.45 & 0.30 & 0.05 \\ 0.25 & 0.35 & 0.25 & 0.15 & 0.00 \end{Bmatrix}$$

$$R_2 = \begin{Bmatrix} 0.10 & 0.40 & 0.35 & 0.10 & 0.05 \\ 0.15 & 0.25 & 0.45 & 0.15 & 0.00 \\ 0.10 & 0.25 & 0.35 & 0.20 & 0.10 \\ 0.15 & 0.30 & 0.35 & 0.10 & 0.10 \\ 0.12 & 0.32 & 0.36 & 0.14 & 0.06 \\ 0.10 & 0.30 & 0.40 & 0.10 & 0.10 \\ 0.15 & 0.25 & 0.45 & 0.10 & 0.05 \end{Bmatrix}$$

$$R_3 = \begin{Bmatrix} 0.10 & 0.20 & 0.35 & 0.30 & 0.05 \\ 0.05 & 0.25 & 0.45 & 0.25 & 0.00 \\ 0.10 & 0.25 & 0.45 & 0.10 & 0.10 \\ 0.15 & 0.25 & 0.30 & 0.20 & 0.10 \end{Bmatrix}$$

$$R_4 = \begin{Bmatrix} 0.10 & 0.20 & 0.45 & 0.20 & 0.05 \\ 0.15 & 0.35 & 0.35 & 0.15 & 0.00 \end{Bmatrix}$$

$$R_5 = \begin{Bmatrix} 0.10 & 0.40 & 0.35 & 0.10 & 0.05 \\ 0.20 & 0.25 & 0.35 & 0.10 & 0.10 \\ 0.00 & 0.25 & 0.45 & 0.25 & 0.05 \\ 0.15 & 0.35 & 0.30 & 0.10 & 0.10 \end{Bmatrix}$$

$$R_6 = \begin{Bmatrix} 0.00 & 0.25 & 0.45 & 0.25 & 0.05 \\ 0.15 & 0.25 & 0.35 & 0.25 & 0.00 \\ 0.20 & 0.25 & 0.35 & 0.10 & 0.10 \\ 0.05 & 0.25 & 0.40 & 0.20 & 0.10 \end{Bmatrix}$$

$$R_7 = \begin{Bmatrix} 0.10 & 0.30 & 0.40 & 0.15 & 0.05 \\ 0.25 & 0.35 & 0.25 & 0.15 & 0.00 \\ 0.08 & 0.20 & 0.50 & 0.12 & 0.10 \\ 0.14 & 0.26 & 0.38 & 0.14 & 0.08 \\ 0.10 & 0.30 & 0.50 & 0.10 & 0.00 \end{Bmatrix}$$

$$R_8 = \begin{Bmatrix} 0.00 & 0.15 & 0.35 & 0.45 & 0.05 \\ 0.00 & 0.15 & 0.45 & 0.35 & 0.05 \\ 0.10 & 0.45 & 0.35 & 0.10 & 0.00 \end{Bmatrix}$$

3. 评价要素权重的确定

研究过程中邀请了15位教育管理专家根据重要性对表7-3中各教育质量管理能力测度指标进行排序,并运用层次分析法计算出各指标的权重。

$W = [0.0791, 0.1893, 0.0952, 0.0342, 0.2589, 0.0811, 0.2020, 0.0331]$

$W_1 = [0.5000, 0.5000]$

$W_2 = [0.0890, 0.0890, 0.3507, 0.1467, 0.0890, 0.0349, 0.0551]$

$W_3 = [0.4673, 0.1601, 0.1954, 0.2772]$

$W_4 = [0.2000, 0.8000]$

$W_5 = [0.1985, 0.0848, 0.3889, 0.3279]$

$W_6 = [0.1601, 0.2772, 0.4373, 0.0954]$

$W_7 = [0.2625, 0.1600, 0.0972, 0.4185, 0.0618]$

$W_8 = [0.2969, 0.5396, 0.1635]$

经检测，一致性指标 $CR < 0.1$，通过内部一致性检测。

4. 教育质量管理能力成熟度等级综合测度

采用普通矩阵乘法，经过合成运算，得各子集 U_i（$i = 1, 2, 3, 4, 5, 6, 7, 8$）的综合评判结果分别为：

$f_1 = W_1 \cdot R_1 = [0.175, 0.225, 0.350, 0.225, 0.025]$

$f_2 = W_2 \cdot R_2 = [0.177, 0.163, 0.316, 0.178, 0.166]$

$f_3 = W_3 \cdot R_3 = [0.116, 0.252, 0.407, 0.225, 0.070]$

$f_4 = W_4 \cdot R_4 = [0.140, 0.320, 0.370, 0.160, 0.100]$

$f_5 = W_5 \cdot R_5 = [0.086, 0.313, 0.372, 0.158, 0.071]$

$f_6 = W_6 \cdot R_6 = [0.134, 0.243, 0.360, 0.172, 0.061]$

$f_7 = W_7 \cdot R_7 = [0.139, 0.282, 0.384, 0.142, 0.056]$

$f_8 = W_8 \cdot R_8 = [0.016, 0.199, 0.404, 0.339, 0.042]$

因此，U 中各子集的综合评价决策矩阵为：

$$R = \begin{Bmatrix} f_1 \\ f_2 \\ f_3 \\ f_4 \\ f_5 \\ f_6 \\ f_7 \\ f_8 \end{Bmatrix} = \begin{Bmatrix} 0.175, 0.225, 0.350, 0.225, 0.025 \\ 0.177, 0.163, 0.316, 0.178, 0.166 \\ 0.116, 0.252, 0.407, 0.225, 0.070 \\ 0.140, 0.320, 0.370, 0.160, 0.100 \\ 0.086, 0.313, 0.372, 0.158, 0.071 \\ 0.134, 0.243, 0.360, 0.172, 0.061 \\ 0.139, 0.282, 0.384, 0.142, 0.056 \\ 0.016, 0.199, 0.404, 0.339, 0.042 \end{Bmatrix}$$

所以，该校教育质量管理模糊综合评价结果为：

$F = W \cdot R = [0.126, 0.251, 0.362, 0.180, 0.099]$

将其归一化得：

$F = [0.124, 0.247, 0.356, 0.175, 0.097]$

按照最大隶属度原则，该学校教育质量管理能力成熟度等级属于已定义级。评价结果表明,该校的教育质量管理水平一般,尚有较大的改善和提升空间。

五、结论

质量是高等教育工作的生命线,本研究援借软件工程管理领域用于测量、评估和提高软件开发管理能力成熟度模型的原理,并运用到高校教育质量的管理中,初步构建了高校教育质量成熟度模型,对模型的构成要素进行了解析。运用模糊综合评价的方法对高校教育质量管理能力成熟度等级进行量化测度后发现,该模型较好地测度并描述了该校目前教育质量管理所处的阶段和真实的状况,可以为高校管理部门分析、评价学校当前教育质量管理水平提供一定的参考。然而,正如美国学者斯塔弗尔比姆所说,评估的目的不在于证明(prove),而在改进(improve)。因此,本研究目的并非只是提供一个判断的工具,得到一个评价的结果,而是探索如何在评价框架的指导下,帮助高校找到教育质量管理的问题与差距,确定下一步教育质量改进的目标、步骤和方法,从而实现质量的持续改进,如图7-5所示。未来研究可以在本文研究基础之上,进一步思考建立规范的高校教育质量管理能力成熟度评测体系和机制,建立相应的评测软件系统,以此来提供更加科学的决策依据。

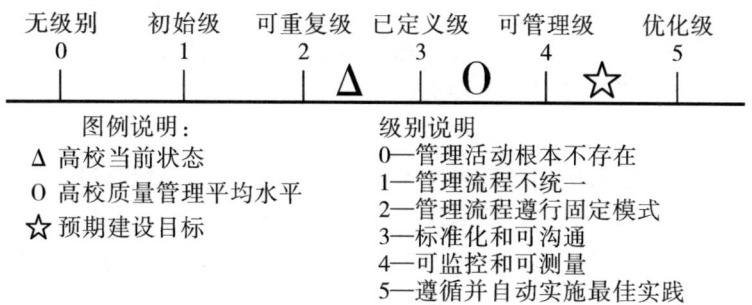

图7-5 高校教育质量管理能力成熟度监测及改进

第八章
新建本科院校质量文化建设

　　"质量文化"是一个具有丰富内涵的概念。高等质量保障活动与高校质量文化建设存在内在的紧密关系，但质量保障活动的开展一定会促进质量文化的形成与发展吗？高等教育质量保障的开展与质量文化建设之间是什么关系？如何建设高校质量文化？对于我国新建本科院校而言，质量文化的生成与发展遵循怎样的规律？目前，对于质量文化的研究以理论阐释居多，尤其在国内，对质量文化建设重要性与必要性的论述较多，但缺乏对质量文化孕育、形成及其发展的内生逻辑及内在规律的研究，即对质量文化的生成环境、发展影响因素、运行机制等问题的透彻分析和确切证明不够，因此难以发现质量文化生成与发展的内在机理，更难以提出通过质量文化引导高校提高教育质量的有效办法。与此相反，国外一批关注"质量文化"的研究者与组织对质量文化培育的问题开展了大量的实证研究，并就高校内部质量保障与质量文化建设的关系问题展开了专项调研。这些研究不仅对高等教育质量文化的内涵做了新的诠释，更是对质量文化与高校内部质量管理的关系等进行了深入探讨，从而让我们可以更清晰地认识存在于"暗箱"之中的高等教育质量文化的生成、运行及其对质量管理产生影响的整个过程，这些研究成果对于我国新时期高校质量文化的建设具有重要的启示和借鉴。

第一节　高等教育质量文化的内涵与分析框架

对"质量文化"内涵的解读是分析并理解质量文化建设与质量保障活动开展之间内在关系的起点与基础。长久以来，不少人把"质量文化"与支持、发展和改进高等教育质量理所当然地联系在一起，质量文化被理解为质量保障及其功效的"终极产品"，甚至作为加强对高等教育机构质量问责或促进质量改进的一种最终追求。而事实上，这种对质量文化的理解已经走向了对质量保障文化的诠释，将质量文化置于服从并服务于内部质量保障过程与发展的位置。美国学者哈维与威廉姆斯（Williams）指出，尽管高校采取日益系统化和综合化的质量管理措施以形成有效的和以客户为导向（client oriented）的质量管理体系，但这种规范化、标准化的质量管理只能被证明是促进了质量管理与监测方法的改进，并不能证明是这些办法本身促进了教学质量的改进。① 况且，对于不同规模、使命、目标及生源的高校而言，运用标准化的质量管理措施能否促进教学质量的提升尚缺乏确切的证明。与此同时，一些教师也对来自外部的质量管理所造成的压力心存不满，特别是当质量管理制度"自上而下"执行时，教师被视为质量政策的被动接收者而非积极的贡献者，自主性受到忽视，从而影响了质量管理政策与制度的实施，甚至带来负面影响。② 因此，哈维等人强调，"真正的质量文化是基于管理者、老师和所有学生的主动要求改进的意愿，而不是对高校质量管理制度、要求和程序的服从和配合，更不是一种妥协，质量文化独立于任何官僚化的程序或规范"③。

认识到质量文化与高校组织环境、使命以及管理方法和程序等因素的密切关系，关于质量文化的建设问题不仅引起了研究者的关注，一些国际组织也参与了此议题的讨论。欧洲大学协会（EUA）于 2002—2006 年实施了

---

① HARVEY L, WILLIAMS J. Fifteen years of quality in higher education [J]. Quality in higher education, 2010, 16 (1): 3.
② LOMAS L. Embedding quality: The challenges for higher education [J]. Quality assurance in education: an international perspective, 2004, 12 (4): 157–165.
③ HARVEY L. Key features of internal quality assurance that support a quality culture [A]. Xiamen: policy forum on higher education quality and employability: How Internal Quality Assurance Can Contribute. Xiamen University, 2016: 17–19.

"质量文化项目",又于 2009 年发起了"质量文化检查项目";联合国教科文组织国际教育规划研究所(UNESCO – IIEP)于 2014—2016 年组织实施了"高等教育内部质量保障优秀原则和创新实践项目",这些研究项目不仅对高等教育质量文化的内涵做了新的诠释,也对质量文化与高校内部质量管理的关系等进行了深入探讨。EUA 还为质量文化赋予一个具有操作性的定义,即质量文化是一种致力于永久性提高质量的组织文化,包含两个维度:其一是文化/心理维度,如关于质量的价值观、信念、期望和承诺;其二是管理/结构维度,如致力于提高质量和协调个人行动的既定程序、目标等。这两个维度并不孤立,而是通过组织机构层面的良好沟通、信任和参与过程相联系。质量文化既有"刚性"的一面(如质量管理、策略和程序),又有"柔性"的一面(如价值观、信仰和承诺)。与此同时,质量文化是一种集体的责任,是从高校领导到草根阶层都要共同参与的一个过程,上下合力是质量文化生成的重要方法(见图 8 – 1)。这种对质量文化内涵的诠释成为近年来欧洲大学阐释高等教育质量的一个重要范畴。

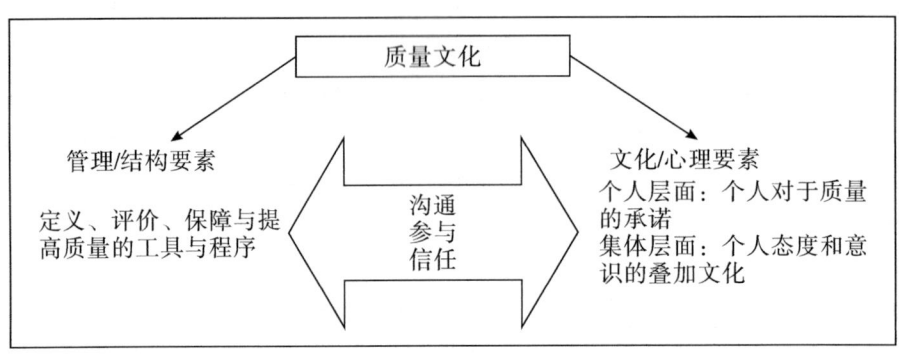

图 8 – 1　欧洲大学协会对于质量文化的定义

高校质量文化是如何形成、发展并影响高校质量管理的整个过程?为探明高校质量文化的建设及其对于高校内部质量管理的作用,本研究采用文献研究的方法,对高等教育研究领域内涉及质量管理、质量文化和质量改进等主题的实证性文献进行搜索和梳理,从已有研究中剖析高校质量文化的形成条件、运行机制及其影响结果。初步查阅文献可知,直接针对高校质量文化开展的实证性研究不多,大多数的研究主要通过研究高校内部质量管理的具体方法与措施,如保证、支持、发展和提升教学质量的制度安排和教学监控方法措施等间接地观察质量管理实践对于教育教学改革和质量改进所产生的影响及其结果。高校内部进行质量管理的程序、工具、手段等可视为质量改进的干预措施,这些方法措施植根于一定的质量文化之中并影响着质量管理的结果，是高校质量文化的直接体现。因此，本研究在 Web of Science 文献搜索平台上以"质量文化"（quality culture）、"质量管理"（quality management）、"高等教育"（higher education）和"改进"（improvement）为主题词，查找了近 30 年来（1990 年 1 月—2020 年 12 月）发表在学术期刊上的英文文献，获得近千条搜寻结果。然后，根据研究需要加入文献选择标准，如用于分析的文章主题应该是在高等教育领域内、有关高校内部质量管理的、涉及质量管理与教育质量提升关系（而不是仅仅对于质量评价的研究）的实证性研究文献，剔除了有关外部质量管理（评估认证等）、质量评估工具的运用、在线/远程教育、单纯的概念/理论分析、学位论文以及重复文献，可以获得 100 多条搜索结果。基于文献搜索的结果，我们对质量保障与质量文化建设的关系问题做以下探讨。

第二节 质量保障与质量文化建设的关系

一、组织环境是质量文化形成的背景因素

通过文献梳理，结合上文（第四章、第七章）关于高校内部质量保障体系及其运行情况的研究，可以发现，在一定的情境下，质量保障活动的开展对于质量文化建设既有促进作用，也有抑制作用。如表 8-1 所示，影响高校内部质量保障活动开展以及质量文化建设的因素来自于诸多方面，这些因素构成了高校质量文化建设的动力（促进性因素）或阻力（抑制性因素）。以欧洲大学协会对质量文化的定义为分析框架，我们可以从管理/结构、文化/心理、领导者与沟通（连接"文化/心理"与"管理/结构"因素的重要纽带）等维度对高等教育机构内部促进或抑制质量文化形成的因素进行分析。

表 8-1　质量文化建设促进因素与抑制因素摘要

项目	促进因素	抑制因素
管理/结构因素	持续改进的策略	等级化的组织结构
	质量管理体系化	缺少师生共同参与组织决策，忽视学生需求
	教师与学生共同参与组织决策	质量管理政策、程序、体系和人员职责不清
	考虑学生需求	资源缺乏
	明确的政策、程序和员工职责	自上而下的质量（管理）措施及实施
文化/心理因素	灵活的，以人为导向的文化	严格的，以管控为导向的文化
	多样文化并存	规则性文化为主导
	共享的教育质量观	重科研而轻教学的文化
领导者因素	领导者的率先示范与良好的管理技巧	缺少领导者的示范，缺乏管理技巧
	资源合理分配	只专注于质量监控与控制，缺少反馈与改进
	树造伙伴关系，影响人员与管理过程	扮演信息守门员的角色（根据个人好恶过滤信息）
	营造信任和相互理解的组织氛围	
	多角色扮演（愿景规划者、任务分析师等）	
	制定并交流政策	
沟通因素	质量信息的有效沟通	缺少质量信息的沟通
	提供策略和政策制定信息	缺少跨组织的优秀案例分享
	清晰的任务要求与职责分配	缺少合适的沟通渠道

　　归纳而言，在管理/结构层面，促进高校质量文化形成的因素有：①将学生视为质量管理的主体，让学生参与质量管理活动。质量文化的形成需要考虑学生的需求，学生参与教育决策是质量文化形成的重要条件。②鼓励教师参与高校决策。让教师参与教育政策和质量管理制度的制定、承担一定的质量管理职责，有助于克服质量保障政策自上而下实施中教师不愿配合的心

理，特别是领导层与草根阶层（基层管理者和一线教师）共同参与是质量文化形成的重要途径。③建立基于信息与数据管理的质量评估体系。高校开展质量文化建设的基本方法是建立内部质量评估机构，而高效的评估工作的开展依赖于信息和数据的搜集，及时掌握学生的学习需求、学校的发展机遇、质量建设绩效等，同时依据监测与评价的反馈情况做出相应的改进。

二、质量文化通过影响员工的工作态度与工作方式产生作用

通过对高校内部质量管理政策、措施的实施及其作用影响，特别是对质量管理过程中影响高校教师行为的因素进行分析后发现，质量文化从组织机构运行和人际关系两个层面对高校的质量管理产生影响，即：在组织机构运行层面，质量文化以组织承诺和共享权力加强组织凝聚；在人际层面，质量文化通过增进理解和赋权优化人际关系。

首先，教师的组织承诺是质量文化运行的重要机制。"组织承诺"是员工对组织目标与价值的高度认同，反映了个人对于工作的忠诚，也是员工为实现组织目标而发挥个人力量的一种自我激励（激励内力）。在高校中，高层管理者的组织承诺影响着整个学校，并且这种组织承诺在科层制的组织结构中垂直向下传递，下层的员工从上级管理者中获悉承诺并影响自身行为。简言之，高校的高层领导者在教育承诺中起着率先示范的作用。其次，通过合作让教职员工"共享权力"可以在更大程度上克服部门主义的局限，增强组织凝聚力。高校内部各个部门、院（系）因职能或学科不同而形成了各自所特有的组织制度及文化，通过合作和共同商讨可以让教职员工共享权力，从而在最大程度上克服部门主义的局限，增强组织凝聚力。最后，"增进理解"是质量文化产生影响的又一重要途径。这里的"增进理解"是指通过培训、学习、交流、信息传播等方式增进高校教职员工对于高校教育规划、策略和目标的理解。在质量管理活动中，每个教职员工对所扮演的角色、工作的职责和任务清晰而明确是提高管理效率的重要前提。在高校内部，教职员工以职能部门或学科为单位，开展各自的工作和学术活动，但正是由于部门和学科的划分，阻碍了教职员工的相互学习和交流。因此，促进跨学科和跨部门的教职员工之间理解与交流就显得尤为重要。"增进理解"不仅可以促进部门间信息的交换，使教育管理过程更加顺畅，更重要的是，增进教职员工对发展质量文化的哲学思考和方法讨论可以激发他们对于质量问题的兴趣和激情，从而推进教育质量管理工作的开展和促进教师的积极参与。

三、质量文化建设结果影响质量保障实践的结果

1. 提升师生满意度与支持度

高校质量文化的建设实际上是管理/结构、文化/心理以及在中间起连接和桥梁作用的领导者与沟通等因素共同作用、交互影响的结果。高校质量文化建设和高校绩效之间存在关联：如果大学的质量保障活动成为一种质量文化，那么教师则更可能对他们的专业学术生活感到满意，这种满意可以促使他们对工作投入更大的积极性并开展具有建设性的工作，从而促成高校事业走向成功。相关研究表明，质量文化建设不仅可以提高教师与教学管理人员对工作的满意度，还能促进教师工作绩效的提升和学生满意度的提升。

2. 促进教学的持续改进

高校以教学的持续改进为目的开展一系列质量保障活动促进了质量文化的发展，反过来，教学的持续改进也可以看作是质量文化建设作用于教学过程的一个"间接"结果（教学改进的"直接"或者真实结果还难以测量）。一些研究者试图探寻质量文化的构成元素与质量管理的结果之间的关系，研究结果表明：①领导力对于质量文化的发展至关重要。领导者通过质量管理制度与策略的制定、合作和协商文化氛围的营造、多角色的扮演以及资源分配直接影响质量管理的过程和功效。[①] ②系统化的质量管理方法，如全面质量管理（TQM）的模式对于提高学生学习绩效和教学服务质量、降低成本效果明显。[②] ③质量管理的政策措施（质量文化的管理/结构因素）如果与高校既有的亚文化不一致，那么政策和措施就难以推行甚至产生反作用。[③]

3. 支持学生和教职员工学习与发展质量文化影响着学生、教师和行政管理人员的学习和发展

合作学习、对教育质量的共同承诺促进高校成为一个由教师、行政管理人员和学生共同构建的学习型组织。阿里（Ali, 2012）等人的研究指出，

[①] BURLI S, BAGODI V, KOTTURSHETTAR B. TQM dimensions and their interrelationships in ISO certified engineering institutes of India [J]. Benchmarking: an international journal, 2012, 19 (2): 177–192.

[②] CALVO-MORA A, LEAL A, ROLDβN J L. Using enablers of the EFQM model to manage institutions of higher education [J]. Quality assurance in education, 2006, 14 (2): 99–122.

[③] SKELTON A. Colonised by quality? Teacher identities in a research-led institution [J]. British journal of sociology of education, 2012, 33 (6): 793–811.

"为了提高教职工的工作绩效,我们不得不开展更加高级而灵活的员工培育项目,以回应教育领域和员工需求的快速变化",而这种以学习和发展为中心的教育活动的开展,正是质量文化发展的(间接)结果。[①] 卡梅伦(Cameron,1991)通过对美国334所高等教育机构的调研发现,"活力型"(adhocracy)组织文化高校更加看重教师学识和学术人员的价值(如灵活、自由、自主判断、创造性等),其质量文化的建设对于学生的学习,以及教师的专业发展的积极影响更加明显。[②] 此外,教师和学生之间的密切互动对于师生双方的学习和发展都非常重要。金西(Kinzie,2004)认为,教师和学生能够在教学过程中密切合作的学校,其学生的毕业率也高于平均水平。[③]

为了更好地呈现质量文化的形成、运行及其产生影响的整个过程,本文对质量文化与管理、保障活动之间的内在关系做了图解。如图8-2所示,高校质量文化有其特定的生成土壤,它与高校所处的内外部环境紧密相连,质量管理的活动根植于一定的文化之中并成为质量文化的最终体现;领导力与沟通是连接质量文化内涵中管理/结构因素和文化/心理因素的重要桥梁,其中,领导者通过配置资源、了解人员角色和职责、构建伙伴关系、优化人员和流程管理,成为影响质量文化发展的核心力量,沟通则是传播和实施质量制度与策略、统一认识、形成全体员工共同价值观和信仰的重要条件。质量管理的政策和措施存在促进或抑制质量文化形成的双向作用,组织承诺、共享权力、增进理解和赋权是质量文化作用于高校内部质量管理,影响高校组织内部人员行为逻辑的内容和方式。质量文化的发展促进了教师和学生满意度的提升、教学过程的持续改进、学生和教职员工的成长和发展。

---

① ALI H M, MUSAH M B. Investigation of Malaysian higher education quality culture and workforce performance [J]. Quality assurance in education, 2012, 20 (3): 289 – 309.
② CAMERON K S, FREEMAN S J. Cultural congruence, strength, and type: relationships to effectiveness [J]. Research in organizational change and development, 1991, 5 (1): 23 – 58.
③ KINZIE J, KUH G D. Going DEEP learning from campuses that are responsibility for student success [J]. About campus: enriching the student learning experience, 2004, 9 (5): 2 – 8.

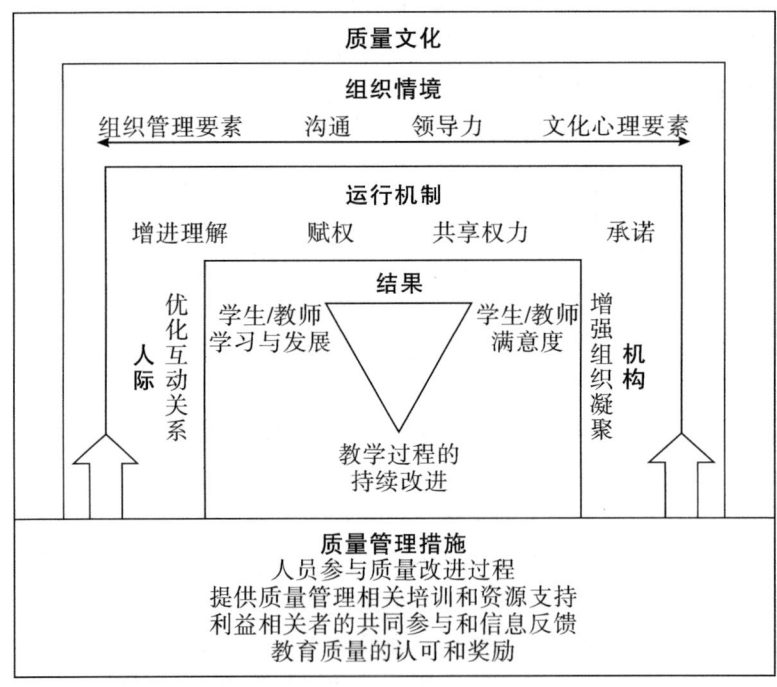

图 8-2　高校质量文化的生成、作用机制及其影响结果图

通过对质量文化建设相关实证研究的文献梳理，本文认为，第一，高等教育质量管理及保障的工具、程序及方法等与高校质量文化的建设之间存在紧密的内在关系，但并不是所有的质量管理与保障活动都会促进质量文化的建设与发展，相反地，不恰当的（或者说与高校自身文化不适应、不相符的）质量管理及保障行为还会对质量文化建设产生消极甚至负面的影响。我国新建本科院校是一个庞大的群体，它们来源不同、类型不一，各个高校在质量文化基础和质量保障体系方面也存在较大差异。因此，如何开展质量保障活动，尤其是如何发展并建设适合于本校的质量文化，是一个值得深入思考的问题。每所高校都有其独特的文化本性，这种文化先于质量文化或质量保障的文化而存在，是一所高校所固有的气质特征。因此，各个高校在开展质量保障活动中首先要注重与本校的文化本性相容。具体而言，各个高校所处的内外部环境不尽相同，如总体定位和发展方向、使命、愿景、价值观，高校的发展历史与现状，教育服务特点和高校的内部资源，高层领导的质量意识、领导力，学校的组织管理特征（如集权化管理）以及对质量文化培育的自觉程度等，每个高校的质量文化的形成都有其自身的烙印和特色，如何实施内部质量保障既不易模仿也不可复制，更不能照搬照抄，而是每个高校

依据各自不同的情况，开展适合自身特点的质量保障活动。

　　第二，在质量管理及保障活动中，如何消除阻力，发挥内驱力，促进质量文化的形成与发展，这是提高质量保障体系运行有效性的关键。就阻力而言，我们可以从高校内部管理/结构、文化/心理因素协同的方面入手。具体而言，在管理/结构方面，高校可以采取改进质量管理策略、完善质量管理程序、明确管理职责、改善质量评价、提高师生参与度等措施。在文化/心理方面，对于由高校组织结构的等级化、部门与学科的分割、科研与教学的不平衡关系等因素造成的影响，主要的方法是有效沟通、员工培训和授权。具体来说，有以下措施可供参考：一是促进跨部门跨学科间教职员工的相互学习，通过优秀实践案例分享和先进经验的学习，促进部门间的信息交流与沟通，激发广大教职员工对于质量管理工作的兴趣和热情。二是对教师和行政管理人员授权，鼓励他们在教学中发挥主动性，给予其自主掌握教学的权力，平衡教师职责、外部权威和质量管理活动的关系，自下而上地开展质量保障活动，发展质量文化。在利用促进性因素方面，高校领导者是影响质量文化发展的核心力量，因此，领导者首先要通过配置资源、了解人员角色和职责、建立伙伴关系以及优化人员和流程管理。领导者应亲自参与质量文化建设，充当质量文化建设热心的创导者、推动者和积极的宣传者和实践者。在确定组织使命、愿景和核心价值观的基础上，领导者应确定质量文化发展的方向和目标，布置质量文化建设的任务并分析其实施情况，为质量文化建设领航。此外，沟通是实施质量管理制度和策略、促进教职员工质量观形成的必要前提。在质量文化建设过程中，应充分发挥沟通的职能，例如：通过沟通促进教职员工对质量管理的策略、政策和工作职责的理解；帮助教职员工学习质量管理的专业知识和优秀实践案例，改善质量管理与评价的过程和水平；协调员工中不同的价值冲突，消除误解，促进质量文化的整体建设。

第九章
新建本科院校质量保障体系的完善策略

在过去的二三十年里,质量保障体系建设已成为全球高等教育改革的一个重要途径。在许多国家,高等教育质量保障体系建设已经发展多年并取得了在理论和实践领域的大幅度进展。在"第四代教育评价"理论[①]的影响下,"质量改进"作为评价目标和理念,许多国家在制度层面对质量管理的机制做进一步的完善和补充。相应地,许多高等教育机构也开展了质量管理政策、结构和程序上的变革,这些做法,不仅仅是为了符合国家质量保障机构或监管机构的要求,同时也是从高校自身的管理需要和发展建设出发,在内部质量监控和管理方面做出的改进。

基于以上对我国新建本科院校质量保障体系建设现状的分析,本章将从外部质量保障与内部质量保障两个方面提出完善新建本科院校质量保障体系的策略。

---

① 20世纪80年代,由美国印第安纳大学教育学院 E. 古巴(Egong Guba)教授和维德比尔特大学高等教育副教授 Y. S. 林肯(Yvonna Session Lincoln)创立的一种新的评价理论,该评价观认为评价就是对被评事物赋予价值,其本质是一种通过"协商"而形成的"心理建构"。

第一节 新建本科院校外部质量保障体系设计

建立和完善外部质量保障体系是国家宏观调控和政府对高等教育行政管理的重要任务之一。外部质量保障体系设计是高校内部质量保障体系设计及活动开展的重要依据。从新建本科院校的办学定位和人才培养目标出发，结合国外高等教育外部质量保障体系建设的经验，本节主要从国家资格框架建设、相关政策制度的完善、加强资源保障和第三方评价的发展等角度提出完善新建本科院校外部质量保障体系设计的建议。

一、建立国家资格框架，适应和满足人们终身学习的需要

目前，世界各国建立了各种外部质量保障的框架，以保证高等教育的质量。其中，以欧盟成员国、经合组织成员国为代表的国家学历资格框架的建立，不仅实现了对高校学历学位授予资格的严格把控，还促进了教育资源和毕业后的跨国流动。这些国家（地区）通过在国家资格框架中搭建了应用型教育和学术型教育"双轨"教育的连接桥梁，实现了不同类型教育（学习）及层次的资格间的沟通渠道，拓宽了有效学习的路径。对于我国新建本科院校而言，为促进应用型人才的培养和发展，与其构建一个单向度的职业教育资格框架体系，不如构建一套涵盖整个教育体系的国家资格框架更能适应和满足人们终身学习的需要。这样一方面可以增进人们对应用型教育的认可度，另一方面，也为高校学生自由选择学习的道路搭建了桥梁，更有利于学生的成长和成才。

二、进一步完善教育政策及制度建设，扩大高校的办学自主权

从对国内外应用型高校的外部质量保障的比较分析来看，国内外高校在招生、师资引进的相关政策和制度上有较大区别。从世界范围来看，在高校招生过程中，学生最低入学要求一般由政府相关部门制定。但一般来说，欧美国家对本科教育学生入学资格仅提出了一般性原则要求，招生的权力主要在于高校自身。例如，德国应用科学大学要求报考学生须毕业于职业中学或经过一定的职业训练。在我国，新建本科院校是一类富有人才培养特色的学

校，国家除了对学生入学资格提出了一般性原则要求外，具体的招生办学由学校来制定。也就是说，国家应将招生的权力最大限度地回归学校自身，让学校根据专业设置和人才培养目标，在不违背国家基本招生原则和要求的基础上，自主制定招生的办法。在师资引进方面，欧美发达国家普遍对从事应用型与学术型教育的教师任职资格有不同要求，例如，德国要求应聘应用科学大学的教师需要在任职前就具有从事一线生产和管理方面的经历，从而保证其在传授学生职业与专业技能、指导学生开展实习实践方面具有相应能力，此外，从事应用型教育的教师在相应的职称评聘上也有区别于学术型教育的要求。从这个方面来说，我国可以适当放宽新建本科院校的人事权以及对称职评定方面的限定，为这类院校师资在学校和企业的自动流转以及称职的评定提供更宽松的环境。

三、加强资源保障，地方政府要在新建本科院校建设中发挥更大的作用

新建本科院校绝大部分是地方院校，50%以上位于非省会城市，其专业设置和特色更是体现地方和行业岗位对于相关人才的需求，培养的学生也是"下得去、留得住"，大部分毕业生在本地就业。同时，新建本科院校的科研也是强调为地方服务，学科建设紧紧围绕地方经济社会发展的需要，通过技术研发和科研攻关破解本地产业以及社会经济生活中的难题。因此，地方政府要在新建本科院校质量保障中发挥更大的作用。随着新建本科院校向新型大学发展，学科（专业）对区域（行业）经济发展贡献力会不断增强，区域经济社会发展对此类大学的依靠也会逐步增大。另外，地方本科院校往往是该地区的最高学府，在校园文化建设中也最容易体现地方文化元素。目前，地方政府在新建本科院校外部质量保障中的作用还未充分发挥出来。

基于地方大学对地方经济社会发展的贡献，地方政府更应积极主动地支持地方大学的发展，要在保障教学经费投入、提高高校声誉方面做更多的工作。具体措施如下：一是为学科的发展提供充足的资金，包括人才培养经费和科研支持费用；二是支持企业技术领军人才向高校流动，支持应用型本科院校的教师进入企业行业进修、访问和交流，使学校具有企业行业工作经历的教师达到更高的比例；三是支持和指导学校根据地方经济社会发展需要自主设置专业和确定专业方向和特色；四是积极为校企"合作共建"搭建平台，提供政策和资金上的支持，为校企合作育人建立社会支持系统，共同构建科学的高层次应用型人才培养新模式；等等。

四、发展第三方评价，切实推进教育管办评分离

目前，探索建立专业、中立、独立的第三方评价组织体系已成为完善我国高等教育质量保障体系的重要方面。近年来，社会中介机构在高等教育的调整与改革中不断有机会参与高等教育外部质量保障事务，并且扮演着越来越重要的角色。这类具专业性和自主性的咨询机构，在组织机构管理上独立于政府，但可由政府或院校委托开展评估或论证活动。社会中介机构在政府、公众和高校之间架起了一座桥梁，既可以帮助政府行使质量评估的职责，也可以在评估过程中给予高校改善与提高质量的建议，还可以在政府行政管理和高校自主权之间保持必要的张力与平衡，在政府与高校之间充当"缓冲带"或扮演"协调人"的角色。对我国新建本科院校开展的质量评价，无论是办学水平还是人才培养质量的评价都具有多元性、复合性的特点，因此，由具有专业性的第三方评估机构开展具有针对性的质量评价，是有利于促进高校的多样化和特色化发展的。但是，鉴于第三方专业机构的市场行为和商业化色彩，政府还要对第三方评估机构的资质和评估行为进行必要的管理，要制定或完善相应的政策、制度对第三方评价进行规范，并建立相应的"元评估"机制。

第二节 新建本科院校内部质量保障体系建设

要实现高等教育质量的可持续发展，根本上取决于高校的质量意识和责任担当，进一步讲，只有加强并提高高校内部质量保障的能力，才能真正地提高高校进行自我管理的能力和实效，从而取得更大的自主权。

一、加强领导支持，增进质量保障与学校其他管理工作的联动协调

学校领导支持是高校内部质量保障体系走向成功的重要因素。领导的重视和支持包括：高度重视高校内部质量保障工作，树立以高校内部管理提高教育质量的信念和决心，提供足够的人、财、物支持，对质量保障工作保持持续关注与重视；整合内外部资源，将学校质量保障体系设计纳入高校战略发展规划之中，通盘考虑内部质量保障体系建设与学校其他管理工作，增进

质量保障工作与学校其他工作（如专业建设、教师队伍建设）的联动协调；支持建立专门（独立）的质量保障机构，聘用专业的质量管理人员，明确其职责和任务，形成不同层级、管理有序的内部质量保障程序与操作流程；亲自参与内部质量保障制定及其实施的过程，制定相关政策措施支持鼓励教师和管理人员使用内部质量保障工具，组织相关人员参与培训；等等。

二、以学生为中心，发挥学生在质量保障中的主体作用

"以学生为中心"开展教育质量保障，不仅是要求在教学过程中改变传统的"教材、教师、课堂"三中心，更要关注学生参与实践活动的实效和经验的实际增长，关心学生学习效果，致力于缩小学生间的学业成绩差距，使每一个学生都能成长成才，而不是个别学生的突出和优秀。在校园服务上，不仅要充分调研，切实了解学生需求，还要搭建学生支持服务系统，提供学生与学校管理层交流和反馈的通畅渠道，尤其是要在学生反馈问题和提出改进要求的时候做出相应的回应，为学生提供更优质的支持和服务。要广泛并持续地开展学生教学满意度与用人单位满意度调查，通过收集毕业生和用人单位的反馈意见，为下一轮的教学改进做好准备。与此同时，要通过一定的制度确保学生参与质量保障及评估实践，对学生如何参与、多大范围参与等要有明确的规定，同时要对学生进行必要的培训，使其明白参与质量保障的重要性、了解质量保障的主要流程。具体清晰的制度规定能发挥学生质量保障的主体作用，更重要的是，学生的反馈意见要作为教学改进的重要依据。改进的程度如何，对改进后的结果是否满意，学生也要做评估。

三、保持开放的心态，形成利益相关者广泛参与的质量保障机制

利益相关者的参与是高等教育质量保障体系建设的重要原则。质量保障需要各方利益相关者的共同关心和全面参与。具体而言，高校要以开放的心态接受外界的意见、评价和要求，要充分吸收和整合社会力量，特别是企事业、媒体、公众等社会力量参与质量保障，要多听取用户意见和建议，反映用户利益诉求。例如，邀请来自行业或企业的专家参与人才培养目标的制定、课程建设以及教学内容设计，加强人才培养与企业的联系，通过建立长期实习基地、校企共建"协同创新中心"等方式与企业建立长期正式的合作伙伴关系。另外，社会企业也要积极关心并主动参与高校的质量保障活动，参与高校的质量建设，为高校的质量建设提供信息、资源等方面的支持，将

参与高校的质量保障活动作为一份应尽的社会责任。为保证利益相关者参与质量保障的程度和范围，学校要对利益相关者如何参与、多大范围参与质量保障等制定相应的规则和制度，完善利益相关者参与高校质量保障的法律保障。

四、以数据和事实说话，提高质量保障工作的科学性和有效性

运用现代信息技术和大数据加强质量常态监测，提高管理的科学性与有效性是高等教育质量保障发展的大势所趋。要重视研究数据的科学性和严谨性，强调用事实和数据说话，培育一种合理运用技术的价值观、态度与方法，形成基于大数据的科学决策文化，质量管理要从经验走向科学，以数据和事实为基础，提高管理工作的效率，减轻工作人员负担。

五、资源共享，提升保障工具交叉使用和评价结果使用效果

在高校的内部质量保障工具中，学生评教、教师评学、专业自评、用人单位满意度调查以及毕业生跟踪调查等是教师和行政管理人员较常使用的方法，反馈率比较高。但目前这些工具的交叉使用程度不够，信息资源的共享度也不高，未将这些工具在反馈教学、提高质量方面的优势充分发挥出来。高校需要通过对各类质量监控与保障所获得的信息在宏观层面与微观层面、纵向上和横向上进行交叉对比，并在利益相关者之间实现充分共享，才能切实提高质量保障的工作实效。因此，质量保障体系建设的完善应以资源共享、评价技术与信息技术的深度融合为突破口，提高资源有效利用率，提高质量保障工作的成效。

六、加强学习和培训，提升学校教学和管理人员的专业水平

教学管理直接决定学校的教学质量和办学水平。目前，新建本科院校中教学管理队伍建设教育理论水平偏低、研究意识薄弱、主动创新能力不足、队伍不稳定的情况仍然十分突出，这些问题直接影响了高校开展内部质量保障的能力与水平。与此同时，专任教师对学生关注不够，对质量评价结果的认识和利用不足等问题也同样存在。因此，完善质量保障体系建设应加强对教学及管理人员的培训，如组织学习小组为教师提供课程教学评价的专业指导，提高教学及管理人员的专业化水平；学校还要制定一定的政策，为教学

管理人员的职称或职务晋升提供渠道和阶梯，巩固教学管理队伍的稳定性，从而打造一支稳定的、具有高水平质量保障能力的专业化教学质量管理队伍。

七、以文化为导向，建设人人重视"质量"的校园文化氛围

高等教育质量保障体系必须高度重视质量文化建设。合理的高等教育质量保障制度及其有效运行，离不开文化建设。如果说质量保障是质量提升的外在制度约束，那么，质量文化则是质量提升的内在动力。这种内在动力，反映在政府、高校和社会对质量的自觉认知与自觉行动上，无论是个体还是群体，追求工作高质量都被看作是一种信仰。对新建本科院校而言，要实现教育质量的可持续发展，根本上取决于学校的质量意识和责任担当，而要形成这种质量意识，就需要全校上下、全体师生员工将质量意识融入日常教学的方方面面，在质量保障体系建设的初期，注重以制度完善来推进文化建设，具体而言，高校可以从以下几个方面来进行质量文化建设：①宣传学校的办学思想和理念，增强职工对学校的认同感；②吸纳各方面利益相关者的共同参与，尤其培养学生的参与意识；③形成民主决策的机制，重视内部沟通并赋予教职工权力；④运用大数据和"互联网A+技术"，建立校内教学基本状态数据库，实施及时、有质量的数据跟踪与监控，提高管理的科学性，提升工作效率；⑤重视自评，评估后及时跟踪研究和改进工作，使各利益相关方切实体会到质量保障带来的益处；⑥质量政策和制度等相关文件的制定要广泛吸纳各方面的意见，在得到师生广泛认可和支持后再实施，争取更大的政策认同。

第十章
总结与展望

质量保障体系建设是全面提高教育质量的先决条件。目前，几乎所有国家都建立了适用于本国的高等教育质量保障体系，并且就高等教育质量保障广泛开展双边或多边合作，区域间以至国际间的高等教育质量保障组织不断建立。与此同时，各高等学校也建立了内部质量保障体系，形成了内外联系互动的完整质量保障制度。

当前，在综合改革的大背景下，新建本科院校的质量建设不仅是高校自己的事情，而且与国家发展战略息息相关。新建本科院校需要紧紧围绕国家区域经济发展、产业转型升级的整体格局，围绕培养地方性、应用型人才这一根本任务，创新人才培养机制，加强人才培养与"中国制造2025""中国教育现代化2035""互联网+""双一流"建设等国家战略的有效对接，找准转型发展的突破口和着力点，增强学校为学习者创造价值、为区域（行业）经济和社会发展服务的能力。本书在厘清高等教育质量保障的基本理论和国际发展潮流趋势的基础上，梳理并总结了新建本科院校内部质量保障体系建构的途径与方法。运用文献研究法、比较研究法、混合研究等方法，对新建本科院校的质量保障体系建设现状进行了研究，在发现问题的基础上，重点从新建本科院校的发展特点及其质量标准的设立、内部质量保障体系的架构及其运行机制、多元的质量评价体系建设三个方面，建构新建本科院校内部质量保障体系。在此基础上，提出了新建本科院校内部质量保障体系的运行机制和质量管理成熟度模型，进一步地，提出了完善和发展新建本科院校内部质量保障的策略和建议。

第一节　研究结论

综合前文的分析，现对本研究所做的主要工作和取得的主要结论做如下总结。

第一，介绍了本研究的背景和对象，分析了本研究的理论意义与实践价值，对国内外新建（兴）大学的发展和转型，高等教育质量保障体系建设的相关研究进行了综述，在此基础上，提出了本研究的主要思路、方法、重点、难点与创新点。

第二，厘清了"高等教育质量保障"及其"体系"化建设的相关概念，对"新建本科院校内部质量保障体系"的特点也做了深入的分析，建构了新建本科院校内部质量保障体系的理论基础。本研究认为，新建本科院校质量保障体系的建设需要在新公共管理理论、全面质量管理理论、系统论、教育质量评价理论以及利益相关者理论的指导下着手构建。

第三，探明了新建本科院校的发展特点，并在此基础上提出了质量标准研制的原则和方法。研究发现，我国"新建本科院校"的概念是一个具有中国特色的概念，新建本科院校的设置及其概念的提出是在国家"经济发展"和"教育公平"两大主题下产生，从诞生之初，就肩负着促进区域经济发展，满足广大民众的高等教育的心愿，促进教育公平的历史重任。在办学方面，新建本科院校要以地方（行业）经济和社会发展为导向，通过产教融合、校企合作等办学策略，着力提高其应用型人才的培养质量。因此，新建本科院校质量标准的制定要以国家相关政策为依据，以国外先进经验作为参考，同时还要在国情校情下，制定适应现实需要的质量标准。在明确制定依据和设计原则的基础上，本书提出了新建本科院校主要质量环节的标准，并对关涉新建本科院校人才培养质量标准的研制方法及途径进行了深入探讨。

第四，在探明新建本科院校质量保障现存问题的基础上，尝试提出了我国新建本科院校的质量保障体系的基本架构。本书运用混合研究方法对全国新建本科院校进行了研究。研究采用"三角互证"的方法，通过教育部发布的《全国新建本科院校合格评估报告》（2012—2014年）和新建本科院校合格评估绩效报告相关数据，对2013—2015年参与合格评估的169所新建本科院校的自评报告进行仔细研讨，对部分新建本科院校进行了实地走访调研，将文献资料的搜集与质性研究以及定量的数据相结合，得到本研究的结论。研究表明，我国新建本科院校质量保障的现实问题突出表现在：在教学质量保障体系方面，高校进行质量保障的积极性、主动性、创造性须进一步激发；高校办学规范和内部治理结构建设有待进一步完善；内部质量保障体系建设的系统性、科学性仍待提升。

在发现问题的基础上，本文尝试构建了新建本科院校内部质量保障体系的基本框架。构建了以"质量标准、质量保障机构、质量监测人员及队伍、质量监控、质量信息反馈、质量改进"为要素的高校内部质量保障体系，并通过案例分析的方法对一般质量保障体系的模式进行了构建，为新建本科院校内部质量保障体系建设的方法和路径提供了思路。

第五，探明了新建本科院校内部质量保障体系的运行机理。研究发现，高校内部质量保障体系的运行包括制度、流程、运行机理和评价机制等方面。质量保障体系的运行包括以决策为目的的目标保障，以人财物为支持的资源保障，以过程为目的的过程保障，以及以监测与改进为目标的持续改进。以应用型人才培养为导向的质量评价应坚持多元评价理念，强化分类评价并重视评价指标间的差异，将"增值"的质量观引入学生评价之中，定性与定量相结合。课程教学评价应加强实践教学管理与评价制度建设，教师工作情况评价应提高评价的全面性和综合性，评价内容涉及教学、科研和服务社会等各个方面，评价的指标及标准要引导教师改进工作，提高应用型人才培养的质量。学生评价的内容、技术及方法等也朝着多元化的方向发展，体现应用型人才培养的特色。

第六，提出了完善新建本科院校质量保障体系的对策。本书认为，质量保障活动与高校质量文化建设有密不可分的联系，但质量保障活动的开展并不一定促进高校质量文化的形成和发展。因此，从内外部管理体系的健全与质量文化建设两个方面，作者提出了相关的措施建议，例如：新建本科院校质量保障体系的完善需要在加强顶层设计的基础上，进一步完善新建本科院校内部质量保障体系建设：加强领导支持，增进质量保障与学校其他工作的联动协调；以学生为中心，发挥学生在质量保障中的主体作用；保持开放的心态，形成利益相关者广泛参与的质量保障机制；以数据和事实说话，提高质量保障工作的科学性和有效性；加强学习和培训，提升学校教学和管理人员进行质量保障的专业水平；"内化于心、外化为形"，要让质量保障成为全校师生发自内心、共同参与的一项文化性建设工程。

第二节　研究展望

新建本科院校内部质量保障体系的构建和完善是一个复杂、长期的系统工程，牵扯学校管理的方方面面。笔者在一所新建本科院校从事质量保障工作十余年，深知在高校内部推进质量政策及其措施的艰难性与复杂性。本书虽然在新建本科院校内部质量保障方面取得了一些初步结论，但由于各个学校所处的内外部环境等有很大的不同，高层管理者对质量以及质量保障的方法、策略等有较大的差异，质量保障体系的构建方法、运行机制以及工具方法等还需依据各校的现实情况，在实践中不断完善。

首先，本书从新建本科院校的概念入手，而新建本科院校是一个庞大的群体，且存在极其复杂的个性与多样性。受时间和研究条件所限，本研究对新建本科院校的研究基本将其定义在"地方性、应用型"人才培养的办学定位上，而实际上，新建本科院校内部也因其发展历史、地理位置、学科专业设置和特色等存在极大的差异，并不能一概而论。再者，不同来源、不同类型（如民办高校）的新建本科院校在质量文化基础和质量保障体系方面也存在较大差异，笔者将在后续的研究中进一步深化，细分研究对象，提出更有针对性的建议。

其次，本书对新建本科院校内部质量保障体系的研究主要是以应用型高等教育的特征为逻辑起点来探讨其质量标准、质量保障体系、评价体系和运行机制的，但由于目前我国新建本科院校构成相对复杂，且独立学院也未包含在此研究之中，尤其是地方新建本科院校带有鲜明的本土特色，因此对其特征的把握就有了诸多不确定的成分，据此所建构的质量标准和质量保障体系也就难以适应目前所有的新建本科院校，在借鉴和运用相关研究结论时还需要因校制宜。

最后，本书主要从理论上提出了新建本科院校内部质量保障体系的基本架构、评价体系、运行机制和完善对策，其实践效果尚未在实践中得到验证，理论与实践之间的"连接"还需进一步加强与验证。

尽管创建和发展的时间不长，还面临着发展的短板，但新建本科院校在国家的引领和支持下，并通过合格评估，已找到了适合自己的发展道路，通过励精图治、转型发展，取得了令世人瞩目的成就，这为进一步发展奠定了坚实的基础。当前，新建本科院校的质量保障体系建设正如火如荼地进行，但与之相关的一系列基本问题尚有待研究与澄清，尤其是在高度关注质量的今天，新建本科院校内部质量保障研究则刚刚开启，且征程漫长。例如，当前大数据和信息化的手段对新建本科院校质量保障体系的建设有很大的影响，在不久的未来，高校内部质量保障体系建设将依托更加先进的技术手段，实现管理水平和层次的再一次提升和飞跃，质量保障体系建设将进一步走向系统化、科学化、合理化。

一流大学不是传统学术型大学的"特长"，各类高校都可以在自己的层次上实现"一流"，质量保障体系建设无疑是促进新建本科院校在自身所属层次上实现"一流"的根本途径。目前，中国正在迈向世界的中心，中国的高等教育势必重回巅峰，在某些领域引领世界高等教育的发展。中国的新建本科院校在合格评估引导下，为新时期中国高等教育做出了重要贡献。在新的未来，新建本科院校如何真正实现向"新型大学"转变，使办学质量和水平更让社会及学生满意，使自身成为中国经济腾飞和社会转型发展的制胜"法宝"，甚至成为世界新建（兴）大学在转型发展过程中争相学习的成功"范本"，还有待于进一步的研究。

参考文献

一、著作类

[1] 教育部高等教育教学评估中心. 新型大学新成就：百所新建院校合格评估绩效报告[M]. 北京：教育科学出版社，2015.

[2] 吴岩. 构建中国特色高等教育质量保障体系[M]. 北京：教育科学出版社，2014.

[3] 顾永安，等. 新建本科院校转型发展论[M]. 北京：中国社会科学出版社，2012.

[4] 王玉丰. 中国新建本科院校转型发展研究：基于自组织理论的分析范式[M]. 北京：教育科学出版社，2011.

[5] 李克军，等. 在服务地方中凸显特色：新建本科院校发展战略研究[M]. 北京：清华大学出版社，2015.

[6] 马晓春，牛欣欣. 创业型大学：地方大学变革的新图景[M]. 济南：山东人民出版社，2013.

[7] 陈玉琨，代蕊华，杨晓江等. 高等教育质量保障体系概论[M]. 北京：北京师范大学出版社，2004.

[8] 余小波. 高等教育质量的社会调节机制研究[M]. 长沙：湖南大学出版社，2014.

[9] 教育部高等教育教学评估中心. 普通高等学校本科教学工作审核评估工作指南[M]. 北京：教育科学出版社，2014.

［10］史朝．研究型大学本科生教育质量保证研究［M］．北京：中央广播电视大学出版社，2008．
［11］史秋衡，吴雪，王爱萍，等．高等教育大众化阶段质量保障与评价体系研究［M］．广州：广东高等教育出版社，2015．
［12］沈玉顺．高校教学质量保障的思想与实践［M］上海：文汇出版社，2003．
［13］李福华．大学治理的理论基础与组织架构［M］．北京：教育科学出版社，2008．

二、期刊论文

［1］吴岩．新时代高等教育面临新形势［J］．中国校外教育（理论），2018（1）：4－5．
［2］马陆亭．论高等教育的均衡发展［J］．教育研究，2005（10）：71－75．
［3］陈裕先．德国应用科技大学实践教学模式及其对我国应用型本科教育的启示［J］．国家教育行政学院学报，2015（5）：84－89．
［4］董建红．联合国教科文组织教育质量框架探析［J］．教育发展研究，2007（11）：19－22．
［5］蔡敬民，许徐．开放合作 创新发展：探索中国特色应用型大学建设之路［J］．应用型高等教育研究，2017，2（1）：1－3．
［6］陈小虎．新型应用型本科院校发展定位、使命、路径和方法选择［J］．中国大学教学，2014（3）：33－40．
［7］侯长林，罗静，叶丹．应用型大学视域下新建本科院校办学定位选择［J］．教育研究，2015（4）：61－69．
［8］顾永安．新建本科院校办学定位的特性探析与启示：基于江苏省新建本科院校的调查研究［J］．中国高教研究，2009（8）：55－57．
［9］阎凤桥．我国高等教育"双一流"建设的制度逻辑分析［J］．中国高教研究，2016，（11）：46－50．
［10］聂伟．关于将新建本科院校纳入现代职业教育体系构建的探讨：兼论职业教育的边界［J］．中国高教研究，2012，（11）：93－98．
［11］柳友荣．中国"新大学"：概念、延承与发展［J］．教育研究，2012（1）：75－80．
［12］孟庆国，曹晔．地方高校转型发展：路径选择与内涵建设［J］．职业

技术教育，2013（18）：68-71.

[13] 蔡敬民，余国江. 从"新建本科"向"新型大学"转变[J]. 中国高等教育，2016（12）：29-31.

[14] 陈新民. 地方本科高校转型：分歧与共识[J]. 教育发展研究，2015（7）：18-22.

[15] 刘彦军. 应用技术类型高校的本质特征与内涵探讨[J]. 职教论坛，2015（4）：31-34.

[16] 魏红，钟秉林. 我国高校内部质量保障体系的现状分析与未来展望：基于96所高校内部质量保障体系文本的研究[J]. 高等工程教育研究，2009（6）：64-70.

[17] 熊志翔. 欧洲高等教育质量保障模式的形成及启示[J]. 高等教育研究，2001（5）：99-103.

[18] 周光礼，莫甲凤. 从政府问责到社会问责：中国高等教育质量评估体系的反思与重构[J]. 中国人民大学教育学刊，2014（2）：50-68.

[19] 李国强. "管办评分离"进程中的高校外部质量保障体系建设[J]. 中国高教研究，2016（1）：12-20.

[20] 戚业国. 高校内部本科教学质量保障体系建设的理论框架[J]. 江苏高教，2009（2）：31-33.

[21] 夏建国，赵朝会，史铭之. 构建"双重闭环"新建本科院校教学质量保障体系[J]. 中国高等教育，2012（8）：39-41.

[22] 刘振天. 系统·刚性·常态：高等教育内部质量保障体系建设三个关键词[J]. 中国高教研究，2016（9）：12-16.

[23] 王建华. 高等教育质量管理：文化的视角[J]. 教育研究，2010，31（2）：57-62.

[24] 张应强. 高等教育质量建设：创新体制机制与培育质量文化[J]. 江苏高教，2017（1）：1-6.

[25] 张应强，苏永建. 高等教育质量保障：反思、批判与变革[J]. 教育研究，2014（5）：19-27，49.

[26] 张慧洁. 监督、问责：评估与现代大学制度[J]. 清华大学教育研究，2005（5）：42-47.

[27] 杨德广. 论科学的教育发展观、定位观和质量观[J]. 教育发展研究，2007（3）：33-37.

[28] 孙泽平，何万国. 新建本科院校的人才培养质量标准探析[J]. 教育探索，2010（11）：79-80.

［29］王智勇. 以多元质量观构建新建本科院校的质量标准体系［J］. 中国管理信息化, 2015, 18（17）: 227-229.

［30］傅大友, 钱素平. 新建本科院校建立教学质量内部保证体系的探索与实践: 以常熟理工学院为例［J］. 中国高教研究, 2007（10）: 59-60.

［31］黄孙庆, 黄宇鸿, 梁伟杰. 基于过程方法的新建本科院校教学质量监控体系运行研究［J］. 煤炭高等教育, 2012（3）: 30-33.

［32］张增凤, 桑玉军. 高校扩招形势下教学质量监控体系的研究与实践［J］. 中国高教研究, 2002（7）: 54-55.

［33］彭旭. 试论新建地方本科院校教学质量监控体系［J］. 黑龙江高教研究, 2009（11）: 83-85.

［34］秦琴. 质量保障与评估如何影响高等教育多样化发展: 基于13个国家（地区）高等教育外部质量保障体系的文本分析［J］. 外国教育研究, 2017（4）: 3-17.

［35］倪可, 唐湘宁. 职业取向与双元机制: 德国应用技术大学质量保障体系研究［J］. 职业技术教育, 2015, 36（33）: 58-63.

［36］余小波. 高等教育质量保障活动中三个基本概念的辨析［J］. 长沙理工大学学报（社会科学版）, 2005, 20（3）: 121-124.

［37］姚加惠, 潘懋元. 新建本科院校的现状分析与准确定位［J］. 龙岩学院学报, 2006（4）: 113-117.

［38］和震, 李玉珠. 基于《国际教育标准分类法（2011）》构建中国现代职业教育体系［J］. 首都师范大学学报（社会科学版）, 2014（3）: 127-135.

［39］昌庆钟. 审核评估与高校内部质量保障体系建设的四个转变［J］. 中国大学教学, 2013（7）: 75-78.

［40］潘懋元, 吴玫. 高等学校分类与定位问题［J］. 复旦教育论坛, 2003（3）: 5-9.

［41］余国江, 孟雪楠. 分类评估: 普通高等学校本科教育教学审核评估（2021—2025年）的核心特征［J］. 延边大学学报（社会科学版）, 2023, 56（3）: 102-109, 143.

［42］秦琴. 高等教育内部质量保障的焦点问题及新趋势: 2016年"高等教育质量与就业: 内部质量保障的贡献"国际研讨会综述［J］. 中国高教研究, 2016（9）: 29-34.

［43］熊凤, 李世伟. 高校内部本科教学质量保障体系建设思考［J］. 高教

学刊, 2016 (11): 56-57.

[44] 汪文忠, 陶龙泽. 新建本科院校大学章程建设要注意的几个问题 [J]. 合肥学院学报 (社会科学版), 2014, 31 (3): 96-99, 108.

[45] 邬大光, 别敦荣, 赵婷婷, 等. 高等学校《本科教育教学质量报告》透视 (笔谈) [J]. 高等教育研究, 2012, 33 (2): 41-57.

[46] 辛涛, 张文静, 李雪燕. 增值性评价的回顾与前瞻 [J]. 中国教育学刊, 2009 (4): 40-43.

[47] 朱红. 高校人才培养质量评估新范式: 学生发展理论的视角 [J]. 国家教育行政学院学报, 2010 (9): 50-54.

三、报刊及其他

[1] 顾永安. 新型大学在"性质维度"如何精准落点 [N]. 中国教育报, 2017-02-20 (3).

[2] 刘振天. 为何要提"高等教育质量文化" [N]. 光明日报, 2016-06-07 (12).

四、外文著作类

[1] KERR C. The uses of the university [M]. Cambridge: harvard university press, 1995.

[2] SCOTT P. The globalization of higher education [M]. Maidenhead: the society for research into higher education & open university press, 1998.

[3] CLARK B R. Sustaining change in universities Continuities in case studies and concepts [M]. Maidenhead: the society for research into higher education & open university press, 2004.

[4] CLARK B R. Creating entrepreneurial universities: organizational pathways of transformation [M]. Oxford: pergamon, 1998.

[5] MORLEYT L. Quality and power in higher education [M]. Maidenhead: the society for research into higher education & open university press, 2003.

[6] BERNHARD A. Quality assurance in an international higher education area: a case study approach and comparative analysis [M]. VS verlag für sozialwissenschaften, 2012.

[7] SENIOR B, FLEMING J. Organizational change [M]. Third edition.

Harlow, England: prentice hall, 2006.

[8] BOSE D C. Principles of management and administration [M]. Delhi: PHI Learning Pvt. Ltd, 2012.

五、外文期刊论文

[1] BRADY N, BATES A. The standards paradox: how quality assurance regimes can subvert teaching and learning in higher education [J]. European educational research journal, 2016, 15 (2): 155-174.

[2] HAUG G. Quality assurance/accreditation in the emerging European higher education area: a possible scenario for the future [J]. European journal of education, 2003, 38 (3): 229-240.

[3] CHENG M. The perceived impact of quality audit on the work of academics [J]. Higher education research and development, 2011, 30 (2): 179-191.

[4] FISHER N I, NAIR V N. Quality management and quality practice: perspectives on their history and their future [J]. Applied stochastic models in business and industry, 2009, 25 (1): 1-28.

[5] SCHWARZ S, WESTERHEIJDEN D F. Accreditation in the framework of evaluation activities: a comparative study in the European higher education area [J]. Accreditation and evaluation in the European higher education area, 2004, 5 (3): 1-41.

[6] YESILKAGIT K, THIEL S V. Autonomous agencies and perceptions of stakeholder influence in parliamentary democracies [J]. Journal of public administration research and theory, 2012, 22 (1): 101-119.

[7] BOVENS M, SCHILLEMANS T, HART P T. Does public accountability work? An assessment tool [J]. Public administration, 2008, 86 (1): 225-242.

[8] KNIGHT P T, TROWLER P R. Department-level cultures and the improvement of learning and teaching [J]. Studies in higher education, 2000, 25 (1): 69-83.

[9] KOHOUTEK J. Deconstructing institutionalisation of the European standards for quality assurance: from instrument mixes to quality cultures and implications for international research [J]. Higher education quarterly,

2016, 70 (3): 301 -326.

[10] HOU A Y C. Mutual recognition of quality assurance decisions on higher education institutions in three regions: a lesson for Asia [J]. Higher education. 2012, 64 (6): 911 -926.

[11] WATSON P. Regional themes and global means in supra-national higher education policy [J]. Higher education, 2009, 58 (3): 419 -438.

[12] ZAPP M, MARQUES M, POWELL J J W. Blurring the boundaries. University actorhood and institutional change in global higher education [J]. Comparative education, 2021, 57 (4): 538 -559.

六、其他

[1] Standards and guidelines for quality assurance in the European higher education area [EB/OL]. (2015 -11 -28) [2017 -05 -15]. https://www.docin.com/p -1729627427.html.

[2] HOFMANN S. Mapping external quality assurance in central and Eastern Europe: a comparative survey by the central and Eastern European network of quality assurance in higher education [Z/OL]. (2011 -08 -25) [2017 -01 -03]. https://www.enqa.eu.

[3] QAA. Quality assurance in UK higher education: a brief guide [EB/OL]. (2007 -12 -21) [2017 -10 -14]. http://www.qaa.ac.uk/publications.

[4] European University Association. quality culture in European universities: a bottom-up approach [EB/OL]. (2016 -09 -01) [2019 -01 -03]. http://www.eua.be/eua/jsp/en/upload/quality_culture_2002_2003.1150459570109.pdf.

[5] UNESCO. International standard classification of educationl SCED 2011 [R/OL]. UNESCO. Education and Literacy. (2018 -03 -28) [2024 -05 -30]. http:/uis.unesco.org/sites/default/files/documents/international-stan dard-classification-of-education-isced-2011-en.pdf.

附　录

附录1　新建本科院校主要质量环节质量标准

主要质量环节	要素	监控点	质量标准
1. 人才培养方案	1.1 人才培养目标	1.1.1 专业定位	符合应用型人才培养定位，专业设置与调整符合地方（行业）经济发展需求
		1.1.2 培养目标	围绕社会需求、专业认证或相关行业认证等标准，明确学生毕业5年左右在社会和专业领域预期能够取得的成就
		1.1.3 社会需求	能够依据社会需求与学科专业特点对学生应具备的专业知识、主要服务的专业岗位做出准确描述
		1.1.4 毕业要求	围绕社会需求的人才培养标准及专业认证、行业认证的毕业要求，融入学校及所举办专业的特色，提出学生需具备的能力及要求
		1.1.5 能力实现	围绕毕业要求，对专业能力进行细分，并正确描述能力实现途径

续上表

主要质量环节	要素	监控点	质量标准
1. 人才培养方案	1.2 制定标准	1.2.1 学位课程	学位课程设置恰当，能够体现专业特色，体现学生的专业能力与综合素质培养
		1.2.2 学制、学分、学位授予	对基本学制、毕业授予学位的学科与层次表述准确；毕业学分设置遵守教育部教学指导委员会的要求，既能保证学生的专业学习，又能为学生的综合素质培养提供空间
		1.2.3 专业理论教学体系	理论教学体系框架清晰，总学时、学分及各类课程模块学时、学分分配比例适当，且符合学校的指导性意见要求；专业课程设置合理
		1.2.4 专业实践教学体系	实践教学体系框架清晰，各实践模块学分分配及其比例合适，且符合学校的指导性意见要求；与专业知识领域相适应的主要实践教学内容设置合理；素质拓展与创新创业教育安排合理，符合学校要求
		1.2.5 学时学分分配	工科专业符合专业认证的要求，文经管等专业符合国际认证或行业认证标准，实践课学分比例，理工科专业不低于35%，文经管专业不低于25%
		1.2.6 教学进程计划安排	教学进程安排表中的课程设置（代码、课程名称、学分数、属性等）与学校教学管理系统中的课程库信息一致并完整；学期学分学时明确，总计无误；理论课程与实践课程结构比例合理；必修与选修课程比例结构合理
		1.2.7 标准格式	按照学校拟定的格式要求制订（修订）
		1.2.8 行业论证	行业、企业或其他高校专业负责人参与审议方案，并经教学工作委员会审定通过

续上表

主要质量环节	要素	监控点	质量标准
1. 人才培养方案	1.3 特色与创新	1.3.1 专业特色内涵把握	人才培养方案定位清晰，教学安排科学可行，具有新思维、新理念、新方法，特色鲜明，明显区别于或优越于同类院校同类专业
		1.3.2 修订与调整情况	根据教学实践与社会调研信息反馈，对上一轮培养方案中存在的问题与不足进行正确修订或调整
		1.3.3 应用推广价值	对同类型定位院校的同类专业具有推广价值与示范效应
2. 专业建设	2.1 专业建设思路与方案	2.1.1 建设目标与思路	有明确的专业建设目标和科学合理的专业发展规划，符合学校发展定位，及时、准确反映社会、行业、企业对该专业人才在知识、能力和素质等方面的需求及趋势，特色明显
		2.1.2 建设方案	专业建设方案能体现先进的教育教学理念，方案具体，有较强的可操作性、创新性和示范性
		2.1.3 人才培养方案	培养方案科学合理，可操作性强，通识教育和专业教育相结合，注重知识、能力、素质的协调发展，注重创新精神、实践能力的培养
		2.1.4 保障措施	学校有特色专业建设与管理的政策，有专项建设经费予以支持。经费实行专项管理，由特色专业建设点负责人负责。建设进程安排合理，人员分工职责分明
	2.2 师资队伍	2.2.1 队伍结构	专业带头人具有较高的教学、学术水平。专业教学团队相对稳定，专兼结合，学历、年龄、学缘等结构合理，素质优良，有中青年教师培养规划
		2.2.2 教学科研情况	专业教师（含项目负责人）主持教学及学术研究课题、发表论文、出版著作及所获科研奖励等达到学校相关要求，优势专业在上述方面比较突出

续上表

主要质量环节	要素	监控点	质量标准
2. 专业建设	2.3 教学条件	2.3.1 经费使用情况	经费预算和投入切合建设实际需要，紧扣建设目标和任务，用于专业师资队伍建设、实习实训基地建设、实验室建设、课程建设、教材建设、教学方法改革及现代教育技术等专项的建设，经费持续增长，使用合理
		2.3.2 教学设施建设	专业实验室实验仪器设备齐全，实习基地和图书资料等能满足培养高素质人才的需求
	2.4 教学改革与管理	2.4.1 人才培养模式改革	主动适应经济建设和社会发展需求，产学研结合成效显著，校外实践基地建设取得明显成效，在培养高素质应用型人才方面发挥重要作用
		2.4.2 教学内容与课程体系改革	课程体系、教学内容与教学方法改革以培养高素质应用型人才为宗旨和特征；基础理论和实践能力培养相结合，教学内容贴近社会需求，实践教学贴近就业岗位需求；能深化已有教学改革成果，以精品课程为载体，建立科学的专业课程体系
		2.4.3 教学方法与手段改革	教学方法以应用为导向，强调跨学科综合应用知识能力；方法多样，切合不同的培养目标和教学内容，注重培养学生创新思维能力和解决实际问题能力
		2.4.4 实践教学	实践教学内容与体系合理，方法形式多样，突出学生能力培养，学用一体，效果明显；实践教学基地设施完善，教学内容符合人才培养的要求，效果良好
		2.4.5 教材建设	有科学的教材选用制度，教材体系合理、适用，教材突出新知识、新技术、新方法在生产实际中的应用
		2.4.6 教学管理	教学管理制度健全，注重教学过程管理；教学质量保障体系健全，运行良好；社会需求调研和毕业生质量跟踪调查制度化、经常化；注重专业课程体系的结构调整和人才培养方案的优化

续上表

主要质量环节	要素	监控点	质量标准
2. 专业建设	2.5 人才培养质量与服务经济社会能力	2.5.1 基础知识与综合素质	学生思想道德素养和文化素质水平高，具有扎实的专业基础知识、较强的综合能力和实践创新能力
		2.5.2 创新精神及实践能力	学生创新精神和实践能力较强；毕业论文（设计）紧密结合实际，真题真做，具有一定的学术水平和应用价值；学生积极参与创新创业实践，成效显著
		2.5.3 服务经济社会能力	社会联系广泛，与相关产业和领域合作密切，社会声誉较高；近三年招生、就业情况良好，毕业生受社会和市场欢迎，就业率高，用人单位的综合评价好
		2.5.4 示范辐射作用	在同类学校或同类专业中反响好，专业建设成果示范辐射作用成效显著，具有较大影响
	2.6 改革特色优势		在办学过程中积淀形成的本专业特有的、优于其他学校同类专业的优势，可体现在不同方面：（1）专业办学过程中的办学理念、办学思路；（2）专业教育上的改革——人才培养模式，人才培养特色；（3）专业教学上的改革——课程体系、教学方法以及解决教改中的重点问题等；（4）专业教学管理上的改革特色——科学先进的教学管理制度、运行机制等
3. 课程教学	3.1 教师队伍建设	3.1.1 课程负责人与主讲教师	课程负责人与主讲教师师德高尚，学术造诣高，教学能力强、经验丰富；课程负责人具有中级以上职称
		3.1.2 课程教学团队	教师具有中、高级职称；具有硕士、博士学位教师比例高；结构合理，已形成教师梯队
		3.1.3 教师培养	有培养计划和具体措施，青年教师导师制执行情况良好，效果明显

续上表

主要质量环节	要素	监控点	质量标准
3. 课程教学	3.2 教学改革与管理	3.2.1 教学改革和教学研究	在先进理念指导下，创新应用型人才培养模式，在教学方法、实践教学、评价和考试制度等方面进行改革。有反映教学改革和教学研究的相关材料，如教研项目、论文或专利成果等
		3.2.2 教研活动	能经常性开展教研活动，有教研活动的记录材料
		3.2.3 教学文件管理	有规范的课程教学大纲，教学大纲与人才培养方案、课程设置一致，教学大纲的内容体系遵循教学规律和认知规律，能突出体现教育观念的更新和教育思想的转变；教案、教学日历及其他教学文件和材料齐全，符合教学大纲要求；能按要求及时、规范书写并存档
		3.2.4 教学环节管理	各教学环节（备课、授课、实验、作业、过程考核、出卷、阅卷等）管理制度健全，执行认真；相关原始教学资料归档完整，保管良好
	3.3 教学条件	3.3.1 教材建设与选用	选用国家级、省部级规划教材、优秀教材或校级自编教材；形成了教材、教辅材料、配套的多媒体课件等有机结合的选用、编写体系；实验教材配套齐全，满足教学需要
		3.3.2 配套参考资料与文献	为学生自主学习和研究性学习提供了参考书目；配备了与课程教学有关的文献资料，并能及时更新和补充
		3.3.3 教学场所及设备	有满足课程教学需要的教室、实验室、实践教学基地等教学场所；课程相关的仪器、设备、教具充足、齐全

续上表

主要质量环节	要素	监控点	质量标准
3. 课程教学	3.4 教学内容	3.4.1 课程内容设计	教学内容符合人才培养方案及教学大纲，体现学院的办学定位；能理论联系实际，及时引入行业最新的前沿知识；实验课程中有一定的综合性、设计性、创新性实验项目与实施方案，内容充实；能有效开发学生潜能，培养学生的实践能力和创新能力
		3.4.2 教学内容组织与安排	以能力为核心，构建教学主题和内容，符合基础理论知识适用，基础课适用，专业基础课管用，专业课理论联系实际的原则。教学内容与进度和教学大纲及教学日历一致
	3.5 教学方法与手段	3.5.1 教学理念与教学设计	教育教学理念符合应用型人才培养目标，理论知识和专业契合度高。注重引导和培养学生的实践能力，能根据课程内容与学生特点，进行科学合理的教学设计
		3.5.2 教学方法与考核方式	重视教学方法改革，能根据课程特点，灵活、恰当地运用多种教学方法，有效调动学生学习积极性，促进学生学习能力提高。积极开展课程考核方式改革，注重对学生运用知识能力、综合能力的考察
		3.5.3 教学手段	恰当、合理使用现代教育技术手段开展教学活动，在激发学生学习兴趣方面取得实效；根据课程特点使用多媒体授课，自行开发高质量的多媒体课件；鼓励开展网络视频课程建设
	3.6 教学效果	3.6.1 同行评价	该课程主讲教师的同行和专家对课程教学评价中等及以上
		3.6.2 学生评价	该课程主讲教师的学生对课程教学评价中等及以上

续上表

主要质量环节	要素	监控点	质量标准
4. 教学大纲	4.1 组织管理	4.1.1 组织领导	加强组织领导，各系部由主要负责人专门负责教学大纲制定（修订）工作，要成立课程建设小组，具体落实大纲的编写制定（修订）工作，要有明确的责任人负责各环节的工作
		4.1.2 工作程序	严格按照教育主管部门及学校对课程建设提出的要求和专业人才培养方案的规定开展工作；程序严谨、规范；材料齐全、完整
	4.2 编写质量	4.2.1 制定原则	教学大纲兼具科学性和思想性，符合教育教学客观规律，符合应用型人才培养目标，体现学科特点和本课程在课程体系中的地位；遵循因材施教、循序渐进的原则，根据学生能力和水平确定教学基本要求、基本内容、选修内容及要求，课程内容体系符合教学规律和认知规律
		4.2.2 制定范围	及时制定（修订）各专业人才培养方案中所列全部课程和教学环节的教学大纲，包括公共必修和选修课，专业必修和选修课以及各实践教学环节等
		4.2.3 制定要求	大纲编写与人才培养方案及课程设置一致；课程设置和课程结构具有完整性、系统性，无遗漏、无重复。实践性教学环节符合相应要求。突出教育观念和教育思想的更新和转变，在课程内容、教学方法、教学环节安排上有创新，突出培养学生自主学习能力、实践能力、综合能力和创造能力
		4.2.4 格式规范	教学大纲格式及内容与学校规定的指导性意见格式统一，内容完备、条目简明扼要、名词术语规范、文字严谨顺畅

续上表

主要质量环节	要素	监控点	质量标准
4. 教学大纲	4.3 大纲内容	4.3.1 课程性质与目标	课程性质明确，教学目标具体，且符合学校的办学定位和该专业的培养目标
		4.3.2 教学内容	教学内容能反映本专业最新成果、本行业技术的最新发展；注重通过课程（实践教学环节）教学培养学生应用所学知识分析、解决问题的能力，培养学生的动手能力、创新意识及综合素质
		4.3.3 教学要求	教学要求符合专业培养规格，教学内容考核要求层次准确，符合学校规定
		4.3.4 教学重难点	根据教学内容和学生学习实际确定教学重难点，重难点确定准确、科学、合理
		4.3.5 教学方法与手段	教学大纲建议的教学手段和教学方法先进合理，符合本课程（实践教学环节）的教学特点以及学校的实际情况
		4.3.6 教材与教参	教材选用符合学校相关文件的要求，与该专业的培养目标、培养规格相匹配；所列教参符合学生、学校的实际情况。鼓励教师自编教材
	4.4 大纲执行	4.4.1 执行要求	严格执行教学大纲规定的教学任务，无遗漏，结合教学大纲的基本要求更新教学内容，创新教学方法和手段

续上表

主要质量环节	要素	监控点	质量标准
5. 教材建设	5.1 教材建设准备	5.1.1 管理制度	有科学规范的教材建设管理制度，有统一有效、分工合理的组织领导和保障体制，有科学合理的教材建设规划
		5.1.2 组织领导	学校教学委员会负责全校教材建设指导、审议、评审工作；教务处负责教材建设具体工作；各系部设立教材建设小组，负责本单位教材建设与管理
		5.1.3 物质条件	设立教材建设经费及奖励专项基金
	5.2 立项过程	5.2.1 师资要求	项目负责人原则上具备副高及以上职称；在相关专业领域具有丰富的教学经验、较强的研究能力和丰富的实践阅历，以及较强的教材编写能力；组织协调能力好，能够组织教学团队开展教学改革，研究教材建设；有结构合理、实力较强的教材建设团队
		5.2.2 立项申请	项目负责人资历达到学校要求，填写提交教材立项申请书
		5.2.3 立项审批	学院（系）教材建设小组对选题立项进行论证，择优上报教务处
		5.2.4 正式立项	教务处组织专家委员会审核，提交教学委员会审议，经主管校领导审批后正式立项
	5.3 项目管理	5.3.1 立项发文	审批通过的正式立项教材由教务处正式行文，并下发书面立项通知书到学院（系），转交项目负责人
		5.3.2 协议及经费	项目负责人在规定时间内与学校签订协议，公开出版的教材要与有关出版社签订出版协议；专项资助经费由学校拨付
		5.3.3 教材编写	项目负责人对立项项目内容体系及时展开研究和编写工作，项目完成质量高
		5.3.4 编写期限	立项项目严格按照学校规定的期限完成，形式内容与协议约定一致

续上表

主要质量环节	要素	监控点	质量标准
5. 教材建设	5.4 教材审定	5.4.1 审定原则	编、审分开，教材编写人员不参加教材审定工作；审定程序完备，审定标准公正、合理，审定工作客观公正、实事求是
		5.4.2 审定程序	项目负责人填报"立项教材书稿送审申报表"，同送审教材稿、同行专家推荐意见送交教务处；教务处组织专家对新编教材进行审定，审定意见报校教学委员会审批
	5.5 教材建设效果	5.5.1 编印效果	编写层次分明，条理清楚；文字规范，语言流畅；图表准确，图表文字配合恰当；计量单位符合标准；装帧设计大方美观，与教材内容相辅相成；印刷质量好，墨色均匀，文字差错率低
		5.5.2 使用效果	教材总体结构符合课程教学大纲要求；实际使用效果好，深受师生广泛好评；有效提高教学质量，有利于培养学生的学习能力、实践能力和创新能力
6. 教案编写	6.1 教学内容及要求	6.1.1 教学目标	教学目标能反映学校的办学定位、办学思路；突出能力本位教学观，注重对学生知识学习和能力培养；文字表述科学准确
		6.1.2 授课内容	授课内容符合人才培养目标和教学大纲要求，反映学科、专业发展动态和新成果，注重培养学生创新精神和实践能力，内容设计主次分明，层次清楚
		6.1.3 教学重点难点	重点明确、难点突出，表述清晰，解析到位
		6.1.4 教学方法与手段	注重教学改革，能根据教学内容灵活采用多种教学方法，教学方法手段先进、科学，多媒体教学课件等辅助教学手段在教案中有所体现

续上表

主要质量环节	要素	监控点	质量标准
6. 教案编写	6.1 教学内容及要求	6.1.5 教学过程	教学安排合理，教学过程设计符合学生的认知规律，能调动学生学习主动性，促进学生自主学习，矫正学生不良学习习惯
		6.1.6 教学要求	能根据教学内容的不同提出教学要求，对课外作业、阅读有明确、具体要求，对完成情况有检查
		6.1.7 教学反思	课后小结有条理，重点、难点突出，反思认真深刻，有改进的体现
	6.2 教案规范	6.2.1 格式规范	符合学校统一格式模板；教案封面、扉页上的课程基本信息填写完整、无误；教案撰写规范，字迹清楚，符号、图表等符合标准规范
		6.2.2 编写规范	根据课程特点按教学章节内容编写。教案编写完整，且有教学反思
7. 课堂教学	7.1 教学态度	7.1.1 教风	热爱教育事业，事业心强，具有积极进取精神；在品德、言行、举止、作风上能为人师表。能尊重学生，以生为本，对学生的学习体现人文关怀
		7.1.2 教学准备	熟悉授课内容及相关领域知识，合理安排教学进度，精心备课，教案规范
		7.1.3 教学活动	积极参加教改、教研和平时学校、学院（系）开展的各种教学活动
	7.2 教学基本技能	7.2.1 教学语言	普通话标准，教学语言清楚，语速适当，具有逻辑性
		7.2.2 板书	条理清楚、重点突出、简洁易记；字体规范、工整、美观、清晰；板面安排、利用合理；图表清晰、准确、美观
		7.2.3 课堂组织能力	教学目标明确，紧密围绕教学目标组织教学。有效利用上课时间，思路清晰，条理分明，重点突出。注重师生互动，课堂气氛活跃
		7.2.4 教师自身修养	衣冠整洁、朴素，仪表端正，亲切和蔼，举止文明；教态自然大方，为人师表、形象好

续上表

主要质量环节	要素	监控点	质量标准
7. 课堂教学	7.3 教学内容	7.3.1 教材选用	选用新版优秀教材，教材质量好，符合教学要求
		7.3.2 熟练程度	教学内容符合教学大纲、教材要求，与人才培养方案一致；教学内容正确、科学，理论阐述准确，概念清晰，条理分明，论证严密，逻辑性强，并能正确把握该学科新成果
		7.3.3 理论联系实际	根据课程特点，注重理论联系实际，培养学生分析、解决实际问题的能力
	7.4 教学方法和手段	7.4.1 教学方式	能根据课程特点选用合适的教学方式，方法灵活多样，善于提出问题，开拓学生思路，启迪思维，激发兴趣。注意学生创新意识和创新能力的培养
		7.4.2 教学手段	根据课程特点，熟练、灵活、恰当地运用现代教育技术等各种教学辅助手段，充分提高教学效率和教学效果
		7.4.3 课外辅导	对学生课外学习有明确要求，作业批改认真、准确，经常、主动、耐心地为学生答疑解惑
	7.5 教学效果	7.5.1 目标任务	实现课堂教学目标和预定教学任务，学生掌握达到教学大纲要求的基本知识与基本技能，并有助于学生自主发展，学生满意度高
		7.5.2 能力培养	学生牢固掌握并能灵活运用所学知识，对本课程的学习兴趣、思辨能力和自学能力均有显著提高

续上表

主要质量环节	要素	监控点	质量标准
8. 考试	8.1 考试组织	8.1.1 考务管理	校教务处和学院（系）有专人负责考务管理工作，岗位职责明确
		8.1.2 日程安排	考试日程安排具体且符合教学进程，有详细的考试要求、时间、地点、班级、课程、监考人员、考生等
		8.1.3 试卷送印、发放	学院（系）有专人负责试卷送印、发放；送卷、抽卷、送印、制卷、发卷、领卷各环节时间安排合理，严格遵守
		8.1.4 安全保密	试卷命题、审题、传送、印刷环节安全保密，接触试卷内容人员有明确规定；印制好的试卷加封后用试卷专用袋保管
	8.2 命题	8.2.1 命题原则	命题以教学大纲为依据，反映本课程基本要求；试题能考查学生对知识的掌握情况及实际运用能力；试题难度适中，题型多样，题量适当，有区分度；试题表述简练、准确、客观、无偏题、怪题
		8.2.2 命题方法	期末考试应拟制题量和难度相当的 A、B 两套试卷及其参考答案和评分标准；试题和评分标准应准确规范
		8.2.3 试卷审核	出卷人完成命题后须接受审核，报所在教研室负责人和学院（系）教学主任审核，并随机抽卷后统一印制
	8.3 监考	8.3.1 考场规则	有具体的考场规则，可操作性强。有监考教师考前培训，监考教师熟悉监考业务，有严格的考场规范或监考规则
		8.3.2 监考	监考教师严格履行试卷交接手续；根据考试时间按规定提前进入考场，佩戴规定监考标志，组织考生有序进入考场，严格执行考场指令；认真履行职责，集中精力注视考场，防范和杜绝学生作弊。不擅自离开考场或做与监考无关的事；当场清点试卷、答题纸（卡）；如实填写考场记录单，发现学生考试违纪或作弊行为立即处理
		8.3.3 巡考	巡考制度健全，学校、学院（系）两级有专人巡考，全程监控并及时发现和妥善处理考试过程中出现的问题

续上表

主要质量环节	要素	监控点	质量标准
8. 考试	8.4 试卷评阅分析及检查	8.4.1 阅卷及评分	严格按照评分标准及时进行阅卷评分，阅卷认真严谨，评分客观公正，统分准确无误，改动处有签名以示负责
		8.4.2 试卷分析	任课教师以班级为单位，针对学生考试成绩进行试卷分析，认真做试卷分析表；试卷分析内容包括学生成绩分布，试卷所考知识点难度分析，试卷难易度分析，学生掌握知识的情况分析，经验总结及对教学的改进意见
		8.4.3 试卷检查	试卷评阅分析工作结束后，依据学校制定的试卷管理办法以及试卷评阅规范，教师个人、教研室、督导应对每袋试卷开展自查互查；教学质量保障部门组织专家对试卷质量进行抽查核查
	8.5 试卷归档	8.5.1 装订	试卷材料齐全，按照规定顺序装订，装订整齐规范，包含试卷封面、空白试卷、学生参加考试签到表、学生成绩考核表、参考答案及评分标准、试卷分析表、学生试卷等材料
		8.5.2 收存	试卷装订成册，装袋密封，试卷封面、试卷袋上各处信息填写完整无误；有试卷交接手续，试卷材料由各学院（系）统一存放归档，并按要求年限保存

续上表

主要质量环节	要素	监控点	质量标准
9. 试卷管理	9.1 试卷内容与试题质量	9.1.1 试卷制作	使用学校统一试卷模板，符合标准试卷格式。印制规范、清晰、整洁、无错误
		9.1.2 命题覆盖度	试卷命题与课程大纲（模块描述）的内容符合度高，对课程知识点覆盖面广；注重考查学生基础理论知识掌握情况以及知识的实际运用能力
		9.1.3 试题质量	命题思路清晰，试题表述简明、准确、科学、严谨，无差错和歧义，图表无误
		9.1.4 题量与难易度	题量适当，难易程度适中
		9.1.5 题型与分值	题型合理，分值标示清楚，分配恰当
		9.1.6 参考答案与评分标准	参考答案准确无误；评分标准科学、合理、详细，大题有明确得分要点
	9.2 试卷评阅与分析	9.2.1 试卷评阅	教师评分认真严谨，客观公正，无偏差，同一试卷采用同一评分标准；涂改现象少，分数改动处有签名确认，符合学院试卷格式要求；批阅标记统一，无正、负分混用现象
		9.2.2 统分与登分	试卷总分统计准确无误，试卷成绩与教务系统录入成绩完全一致；及格标准统一
		9.2.3 试卷分析	试卷分析数据来源正确；能结合学生实际考试成绩进行科学分析，分析具体、准确、有针对性；学生考试成绩正常，基本呈正态分布
	9.3 试卷装订与归档	9.3.1 试卷装订	按规定要求顺序装订，装订牢固、整齐
		9.3.2 相关试卷材料	试卷、参考答案、评分标准、学生签到表、学生成绩考核表、试卷分析表等试卷归档材料齐备
		9.3.3 试卷材料栏目填写内容	试卷袋、试卷封面、学生成绩考核表、试卷分析表等表格填写完整、规范，学生人数、试卷份数、签名、日期等信息保持一致，且准确无误
		9.3.4 试卷归档	试卷由学院（系）统一收存保管，归档及时

续上表

主要质量环节	要素	监控点	质量标准
10. 课程过程考核	10.1 考核原则	10.1.1 考核目标	全面考核学生的知识、能力和综合素质，增强学生学习自觉性和主动性，引导学生开展研究性和创新性学习，加强对所学知识的理解、掌握和应用，提高运用所学知识解决实际问题的能力
		10.1.2 考核要求	遵循教育教学规律，符合人才培养方案、课程教学大纲及模块描述；教学过程中分阶段对学生进行考核，考查学生对已学内容的掌握情况、学习能力、初步运用知识分析和解决问题的能力；在教学内容、教学方法和教学手段等方面不断探索，积极进行教学改革
	10.2 组织和实施	10.2.1 考核方案	课程过程考核方案明确，包括考核形式、次数、内容、要求和标准等
		10.2.2 考核形式	32学时以上的课程可采用过程考核，考核次数和考核内容可根据专业特点进行设计，如单元（阶段）测试、期中考试、课程论文、调查（分析）报告、综合报告、实验操作、针对问题的实验设计等
		10.2.3 考核方法	教师在教学过程中自行组织，考核时间、次数符合授课进度和考核内容，可以随堂考核，也可以另行安排时间进行，可以集中，也可以分散
		10.2.4 考核内容	考核学生对已学内容的阶段性理解、掌握和运用情况。笔试和口试命题难易程度适中，题量适当，有区分度，能考查学生的真实水平；其他类别过程考核有明确任务和要求，有相关过程记录，对学生情况形成评价

续上表

主要质量环节	要素	监控点	质量标准
10. 课程过程考核	10.3 成绩记载	10.3.1 成绩权重	过程考核成绩权重符合学校基本规定，或根据专业和课程性质调整；每次过程考核成绩所占比例符合各次考核分量和难度
		10.3.2 记载形式	各次过程考核成绩、所占比例、总评成绩有记录，采用百分制或等级制；过程考核成绩和课程结束考试成绩的最低合格线由各学院（系）根据专业、课程性质划定
	10.4 材料归档	10.4.1 材料要求	支撑材料完整，格式统一、规范，符合学校、学院（系）要求
		10.4.2 保存单位	过程考核归档材料由各学院（系）保存
11. 实验室建设	11.1 项目申报	11.1.1 总体要求	全校各类实验室的新建、改建、扩建，一律须立项建设，实施项目化管理。各学院（系）应明确实验室建设项目负责人，负责组织实施项目申报与建设
		11.1.2 申报原则	实验室建设项目的立项申请，应符合学校的学科专业建设规划和实验室建设规划总体要求，掌握学科专业建设的现状与发展动态，明确实验室项目建设的目标和投资效益，兼顾服务地方（行业）经济社会发展的需要。综合考虑教学科研的客观需要和发展要求、实验室基础条件及配套设施等情况，区分轻重缓急
		11.1.3 设备台套	实验室仪器设备的配备，须遵循"少台套，大循环"原则；提倡校内资源共享，避免重复建设
		11.1.4 设备选型	坚持一切从实际出发，实事求是，不片面追求高、精、尖，可适度考虑技术发展趋势。申请购置大型、精密及进口仪器设备，须提交大型精密仪器设备购置可行性论证报告，对其必要性、利用率和使用效益等进行充分论证

续上表

主要质量环节	要素	监控点	质量标准
11. 实验室建设	11.2 立项审批	11.2.1 申报部门	各教学单位应在精心组织、广泛调研、充分讨论基础上提出立项申请。坚持从实际情况出发的原则，认真进行申报项目的必要性和可行性论证
		11.2.2 教务处	教务处负责对实验室建设项目进行初审，组织专家进行论证，提出修改意见。综合考虑学校的财力与人力情况，从全局出发，充分发挥有限资金作用，提高投入效益
		11.2.3 学校审批	项目建设方案经学校实验室建设指导委员会讨论通过，报分管校长批准后实施。优先考虑学生受益面大的公共基础、跨学科专业实验大平台项目以及新建专业、特色品牌专业的实验室项目建设
	11.3 中期管理	11.3.1 项目所在部门	实验室建设实行项目负责制。项目一经立项，建设内容原则上不容更改。项目负责人全面管理项目建设的进度、质量以及经费的合理使用，确保项目按时、保质、保量完成
		11.3.2 实验室建设指导委员会	在项目执行过程中，校、学院（系）两级实验室建设指导委员会应当定期或不定期地检查督促项目执行情况及工作完成进度，及时发现问题，及时解决
	11.4 项目验收与绩效考评	11.4.1 验收程序	项目建设部门应按学校规定的建设进度完成项目建设任务，教务处、财务处等相关职能部门聘请专家，组成"实验室建设项目验收小组"，对项目进行验收
		11.4.2 项目验收材料	项目建设部门应备齐项目验收相关材料：仪器设备到货验收清单、项目前期调研报告、大型仪器设备调试报告、仪器设备试运行报告及记录、实验开设情况、实验室规章制度、实验教学文件等
		11.4.3 绩效考评	实验室建设项目的验收和绩效考核等级，是学校年终对各教学部门实验室工作考评的重要内容，也是学校对学院（系）主要负责人年度考评的依据之一
		11.4.4 考评措施	项目验收不合格，学院（系）应根据学校提出的整改要求，认真进行整改。对无故推延建设期或未按规定执行的项目，要取消该项目投资经费，追究项目负责人责任

续上表

主要质量环节	要素	监控点	质量标准
12. 教学仪器设备的管理和使用	12.1 购置与验收	12.1.1 购置	学院（系）根据学校学科专业发展规划及实验室建设规划的总体要求，结合实际，在广泛调研、充分论证的基础上，提出实验室仪器设备的购置计划。大型、精密及进口仪器设备，须对其必要性、使用效率和使用效益等进行充分论证。经相关职能部门审核并经校领导审批后组织采购
		12.1.2 验收	教学仪器设备的验收，要核对数量、外观、性能指标等是否与合同要求一致。大型、精密及进口仪器设备的验收，需报相关职能部门（如教务处）派人员参加
	12.2 管理和使用	12.2.1 总体要求	各部门在保证安全的前提下，要努力提高实验室仪器设备的使用率，增加开机时间，充分发挥仪器设备在教学科研、人才培养和社会服务工作中的作用。在保证完成学校教学科研任务的前提下，大型仪器设备应实行开放共享
		12.2.2 人员配备	各学院（系）应根据实际需要，合理配备具有相关专业知识、责任心强的人员担任本部门实验室专职或兼职仪器设备管理人员；大型、精密及进口仪器，须配备专门管理人员，并明确责任
		12.2.3 日常维护	管理使用人员应做好仪器设备的日常维护工作，并按规定对仪器设备进行校验和标定。使用前应严格按规程进行检查，清除事故隐患。做好仪器设备的使用和维护、维修记录
		12.2.4 科学操作	各使用单位要认真制定并执行实验室仪器设备的操作规程，对管理使用人员进行培训、考核。在仪器设备发生故障时，应及时组织修复，保证仪器设备的完好。大型、精密仪器设备不得擅自拆、改或分解使用

续上表

主要质量环节	要素	监控点	质量标准
12. 教学仪器设备的管理和使用	12.2 管理和使用	12.2.5 故障维修	仪器设备的维修由使用部门负责，其经费从教学运行经费中支出。仪器设备出现异常情况或发生故障，使用和管理人员应及时向部门负责人汇报，由学院（系）组织相关技术人员会诊，确定维修方案。维修结束后，学院（系）应及时组织有关人员对维修结果进行技术鉴定
		12.2.6 校内调拨	对积压闲置的实验室仪器设备，各部门要主动申请并服从学校统一调拨使用。批准调拨的大型仪器设备，在相关部门接收之前不得移出实验室。减少仪器、设备的损坏、丢失等
		12.2.7 报废	对于因达到或超过规定使用年限、严重陈旧老化、丧失效能、无法修理等确需报废的仪器设备，可以申请报废。实验室仪器设备的报废，由使用部门组织技术鉴定后提出申请，公共事务与国有资产管理处审核，报校领导批准后，按报废管理程序办理
		12.2.8 损坏赔偿	因责任事故损坏、丢失的仪器设备，当事人应按规定进行赔偿，学校将给予相应的处分

续上表

主要质量环节	要素	监控点	质量标准
13. 实验教学	13.1 实验准备	13.1.1 实验教学档案材料	实验教学大纲应符合应用型人才培养目标及教育部专业教学指导委员会制定的专业教学基本规范，结合学校教学改革实际情况，科学可行。实验教学大纲对实验内容、实验学时、实验方法的安排要科学合理
			从人才培养体系整体出发，建立以能力培养为主线，分层次、多模块、相互衔接，与理论教学既有机结合又相对独立的实验教学体系；体系要涵盖基本型实验、综合设计型实验、研究创新型实验等
			实验教学必须配备实验教材或实验指导书。实验教材或实验指导书要结合教学内容和课程体系改革，积极引入先进的、反映专业发展水平的成果，不断充实和改进实验教学内容。教学参考书、实验指导书和实验授课计划及教学进度表必须具有科学性、针对性，注意专业技术发展，及时更新。实验教案齐全、清晰、翔实，具有可操作性
		13.1.2 实验试做	新开课的教师及新开实验项目的任课教师，必须在授课前进行实验试做，按对学生的实验要求测定实验数据、处理数据，并写出实验报告
			实验指导教师需在新学期实验开课前，在实验室人员协助下预做实验，熟悉仪器设备性能、操作规范、使用要求
		13.1.3 实验仪器、材料	实验仪器设备完好率达 95% 以上，实验器具及材料齐备，满足实验教学要求；实验指导教师对仪器设备状态清楚，能熟练按操作规程进行使用；实验物品管理规范、严格
		13.1.4 实验室安全与管理	实验室安全、整洁，布局合理，无影响实验的因素；实验室水电、气、通风、照明、温控等设施完好；安全措施好。实验室日常管理规范，各种记录簿齐全、记录完整。实验教师对实验中可能会出现的情况有预见和应对措施

续上表

主要质量环节	要素	监控点	质量标准
13. 实验教学	13.2 实验教学	13.2.1 实验预习	实验指导教师提前布置实验预习任务，要求学生预习实验，并予以相应检查
		13.2.2 教学内容	根据实验大纲要求和学生实际情况合理设定实验项目；逐步提高综合性、设计性实验项目的比例。理论联系实际，注重培养学生独立操作的能力；提高学生科学分析和实践创新能力
		13.2.3 教学方法	积极推进实验教学改革，以学生为主体，遵循启发式教学原则，注重师生沟通，演示与学生动手操作相结合，讲究教学互动。教学内容讲解、指导与学生实际操作等时间分配合理；实验教学手段先进，引入现代技术，融合多种方式辅助实验教学，效果好
		13.2.4 组织管理	按教学计划进度表完成教学任务，实验开出率90%为"合格"，100%为"优秀"。实验过程管理规范、有序。设备仪器维护良好，师生人身安全有保障。做好数据检查工作，对学生实验原始记录要签字。坚守岗位，不脱离现场，认真观察指导，及时记录和评定学生操作情况
		13.2.5 教学效果	学生基本掌握实验原理及操作规程，能按规程进行规范操作，测试数据符合要求；严格要求、指导学生遵守实验规则，精心使用器材；达到预期教学目的，重视提高学生分析能力、理解能力、动手能力及创新能力。实验过程顺利，无安全事故
	13.3 实验报告	13.3.1 报告要求	实验教学结束后，布置学生撰写实验报告，实验报告格式、内容均符合要求，整体质量高；报告中含有一定的分析和讨论内容
		13.3.2 报告批改	教师及时、认真批改每一份实验报告，关注报告中反映出的实验教学信息，并将实验报告批改中发现的问题及时反馈给学生

续上表

主要质量环节	要素	监控点	质量标准
13. 实验教学	13.4 实验考核	13.4.1 内容	鼓励教师优先开设综合性、设计性及创新性实验
		13.4.2 方式	实验考核应体现出对学生动手能力、创新能力的考核。原则上以操作考核为主，辅以实验知识测试、平时实验报告成绩
		13.4.3 成绩评定	实现过程考核与实验课程结束考核的有机统一。操作考核与实验知识测试应至少有两位实验教师共同实施。合分准确、规范
14. 学生实习	14.1 实习准备	14.1.1 实习基地	具备稳定的实习基地群；学院（系）按照人才培养方案的规定安排实习活动，落实实习地点；实习基地具备学生参与实习活动的条件，企业行业配备实习指导、管理人员，且具有较高的素质与水平
		14.1.2 实习教学文件	根据专业培养目标要求，制定实习大纲及实习计划、实习指导书等；明确学生实习任务，结合专业特点安排实习内容，制定实习手册；填报实习安排表、实习大纲等实习教学文件
		14.1.3 管理制度与措施	有科学、规范的实习工作管理规定和实施办法，对实习教学的组织、指导老师责任、质量监控、学生实习报告撰写、实习成绩评定等进行明确规定。实习经费能满足实习要求
		14.1.4 实习方式	实习方式采取集中实习和分散实习相结合，原则上以集中实习为主
		14.1.5 指导教师	认真选派实习指导教师，指导教师实践教学经验丰富，熟悉实习内容，工作责任心、组织和管理能力较强
		14.1.6 实习教育、动员	各学院（系）在实习前必须召开实习动员大会，对参与实习的师生进行安全教育和实习工作动员，向学生和带队教师宣讲实习的目的和要求，宣布实习计划和纪律，使指导教师明确指导职责，学生明确实习目标、任务、要求和相关注意事项等

续上表

主要质量环节	要素	监控点	质量标准
14. 学生实习	14.2 实习过程	14.2.1 实习指导	实习指导教师全程负责学生实习活动，实习过程中能够紧密联系学生，了解实习进度情况，根据学生的实习情况提出具体的指导意见。按照实习计划的要求检查学生完成实习的情况，与实习单位积极配合，解决实习中的问题。企业实习指导人员积极做好有关实习内容介绍和指导工作
		14.2.2 学生实习	学生实习态度端正，尊重实习单位指导教师，虚心接受实习指导；遵守职业道德和有关法律、法规，严守实习纪律和实习单位规章制度；与共同实习同学及实习单位职工关系融洽，团结互助；严格按照实习计划开展实习，不擅离实习岗位；坚持在生产、管理、服务、科研等第一线进行充分锻炼，及时完成实习作业，做好实习记录；实习结束时，认真完成实习报告，参加实习考核
	14.3 实习效果	14.3.1 实习质量	按实习计划规定的实习时间与实习内容完成实习；大多数学生实习笔记、实习报告内容翔实、规范；实习成果能充分体现实习大纲的培养要求，学生实践能力、分析解决问题能力、合作精神有提高。教师按要求完成实习指导记录、评语撰写、实习考核规范
		14.3.2 实习考核	考核方式可采取评阅实习报告并结合实习笔记、个人作业、实习单位评语、笔试、口试答辩等多种方式综合评定。实习成绩按优秀、良好、中等、及格、不及格五个等级记分
		14.3.3 效果评价	学生对实习教学、组织工作、基地情况表示满意；指导教师、企业对实习学生实习态度、方法、实习成绩等表示满意

续上表

主要质量环节	要素	监控点	质量标准
15. 学生实习报告撰写	15.1 总体要求	15.1.1 总体提纲	实习报告必须包括实习目的、实习时间、实习地点、实习单位和部门、实习内容、实习经验总结与分析等。附指导教师评语和实习报告成绩
		15.1.2 文本格式	文本格式要求按专业相对统一，可适度体现专业特色；正文字体、字号、段落间距等按照学校统一要求。各种插图符合标准
		15.1.3 字数	要求总字数不低于 3 000 字，其中，实习经验总结与分析不低于 800 字
		15.1.4 文字	文字流畅，表述清晰；实习报告必须个人原创，不得抄袭
	15.2 正文内容	15.2.1 前言部分	简要介绍实习者实习时间，了解了实习单位哪些情况，自己获得了哪些新知识，提高和锻炼了哪些能力等
		15.2.2 实习内容	据实描述在实习岗位主要做了什么工作，对专业学习有哪些促进作用，取得哪些主要成绩，存在哪些不足等
		15.2.3 总结分析	对整个实习工作的经验和教训进行概括、分析和研究，从中吸取经验教训，并根据自己专业学习目标和要求，明确今后努力的方向，提出改进措施等。总结要真实，有感而发
	15.3 报告评阅	15.3.1 报告完成	学生应明确写实习报告的必要性和重要性，认真对待实习报告。学生在实习结束一周内对实习进行全面系统总结，完成实习报告，交给实习指导教师
		15.3.2 教师批改	指导教师应及时认真批改实习报告，对实习报告进行点评，评语用词规范；对于多个学生报告中出现的共性问题，要进行记录、分析，及时反馈给学生，让学生纠正
		15.3.3 结果评定	依据实习报告写作质量及报告中反映的学生实习效果，客观公正评定等级。报告成绩分为优秀、良好、中等、及格、不及格五个等级

续上表

主要质量环节	要素	监控点	质量标准
16. 校外实习基地建设	16.1 建设原则	16.1.1 产学研用结合	校外实习基地建设坚持"产学研用"结合原则，把校外实践教学基地建设作为实施实践教学的重要场所，以及实现"产学研用"相结合的载体，通过"产学研用"培养高素质应用型人才，提高学生综合素质、创新精神、实践能力
		16.1.2 双向受益	学校利用实习基地培养学生实践能力，拓展就业渠道；实习基地凭借学校技术力量解决实际问题，提高经济效益，并可从学校优先选拔优秀人才，实现互惠互利，共同受益
		16.1.3 动态发展	校外实践教学基地实现动态发展，稳定核心基地，发展松散型基地。对于一些优质基地可以相对固定，对于育人效果不好的基地根据实际情况做动态调整，以保证基地的质量
	16.2 建设条件	16.2.1 前提条件	与学校有稳定密切合作，保证学校相关专业学生完成实习等教学任务
		16.2.2 基础条件	一是能承担实践教学指导任务、履行合作协议，并给予尽可能的优惠；实习基地建设方配备了实习指导、管理人员，且具有较高的素质与水平。二是能就近就地、相对稳定和节约实践教学经费。三是具备学生参与实践活动的必要条件，能满足实践教学中师生学习、劳动保护、安全等方面的条件。四是能开展"产、学、研、用"有效合作
	16.3 建设程序	16.3.1 申请	各学院（系）根据需要与基地依托单位通过初步协商，达成建立实习基地的初步意见，学校根据基地的服务面向进行初审
		16.3.2 论证	校级实习基地由学校组织有关人员进行论证。学院（系）管理的实习基地，由学院（系）组织人员进行论证并备案
		16.3.3 签订协议	论证通过后，学校和实习基地共同签署协议书。协议书明确有关合作内容，双方的权力、职责
		16.3.4 基地挂牌	协议书签订后应挂牌，统一命名为××学院（大学）××专业实习基地

续上表

主要质量环节	要素	监控点	质量标准
16. 校外实习基地建设	16.4 基地管理	16.4.1 管理模式	实习基地实行学校和学院（系）两级管理，分管校长负责领导实习基地建设工作，教务处和科研处等相关职能部门为主管部门
		16.4.2 教学单位	教学单位负责按照人才培养方案要求，与实习基地单位共同制订具体的实践教学计划，安排专人负责实习基地建设和管理工作，保持与实习基地单位的经常性联系。教学单位应从年度教学经费中列支专项经费用于实习基地建设和管理
		16.4.3 主管部门	服务地方与合作交流办公室负责制定基地建设与管理的规章制度。教务处负责组织各类实践教学活动的实施，实践性教学环节的计划安排、规范管理；组织协调认知实习、生产实习、毕业实习等各类实践教学工作，并对各学院（系）学生实习情况进行检查
		16.4.4 质量监控	教务处会同服务地方与合作交流办公室等有关单位不定期地对实习基地进行检查、评估，其结果作为各教学部门考核的重要依据
17. 第二课堂建设与管理	17.1 条件与保障	17.1.1 人才培养方案	第二课堂已列入人才培养方案，占 6~10 学分
		17.1.2 政策和经费	领导重视，有支持第二课堂的政策和专项资金
		17.1.3 组织制度	第二课堂管理制度健全，教师参与第二课堂指导工作比例高
		17.1.4 场所与设施	为学生提供第二课堂活动场所（实验室等）及设施；专业第二课堂活动场所应具备学生参与实践创新活动的必要条件，且采用开放运行模式，方便学生使用

续上表

主要质量环节	要素	监控点	质量标准
17. 第二课堂建设与管理	17.2 实施与管理	17.2.1 实施方案	围绕各专业人才培养目标，制定第二课堂实施方案（包括本专业第二课堂的主要形式、具体学分分配方案、活动执行时间、保障措施等），并经学院（系）教学委员会审定通过；第二课堂活动能满足本专业全体学生不同层次需求，严格按照实施方案执行
		17.2.2 活动内容	活动内容体现应用型人才培养，紧密结合学生的专业能力和素质培养；包括各类科技创新活动、技能培训、文化艺术与体育活动、社会实践与社团活动等，且科技创新活动学分不得低于第二课堂总学分的二分之一
		17.2.3 学分管理	各项第二课堂活动有具体实施方案、考核标准；各项活动的学分计算及认定符合学校相关文件要求
		17.2.4 归档材料	第二课堂活动过程材料、学分审核等材料留存齐备
	17.3 教学效果	17.3.1 师生评价	第二课堂活动受到师生的认同，师生参与积极性高
		17.3.2 同行评价	第二课堂活动成绩显著，各类大学生学科和技能竞赛获奖数量和质量均相对较高，在同类学校或同类专业中反响较好
		17.3.3 社会评价	第二课堂活动专业特色明显，学生毕业后在本专业方向创业、就业情况良好，受到用人单位好评

续上表

主要质量环节	要素	监控点	质量标准
18. 本科毕业论文（设计）	18.1 总体要求	18.1.1 组织管理	各系、部成立本科毕业论文（设计）工作领导小组，负责本单位本科毕业论文（设计）工作的组织管理工作。成立答辩委员会和答辩小组，负责本部门毕业论文（设计）的评阅安排、答辩和成绩评定
		18.1.2 实施规定	各学院（系）制定了毕业论文（设计）的管理与实施细则，有毕业论文（设计）工作计划；各专业有科学规范的本科毕业设计（论文）评分标准、评分要求和答辩程序
		18.1.3 导师遴选	指导教师应由中级及以上职称或取得硕士及以上学位人员担任；每位指导教师指导的学生人数严格遵照专业认证要求，原则上不得超过 8 人；退休教师或校外专业技术人员担任指导教师的，由人事处批准并在教务处备案
		18.1.4 学习量	本科毕业论文（设计）应严格遵照人才培养方案相关规定，综合训练时间应不少于 10~12 周，学习量饱满
	18.2 选题与开题	18.2.1 选题要求	选题紧密围绕专业培养目标，注重体现专业特色和现代科学技术最新发展，提倡选题来自解决社会、经济、文化建设中的实际问题（"真题真做"），"真题真做"率不低于 80%。严格做到一人一题，学生独立完成毕业论文（设计）。工科专业毕业设计比例应不低于 60%
		18.2.2 开题	选题确定后，指导教师向学生下达《本科毕业论文（设计）任务书》，学生根据任务书要求，在规定时间内向指导教师提交本科毕业论文（设计）开题报告。开题报告内容完整，格式规范，体现选题目标；开题报告必须得到指导教师和所在学院（系）审核同意后，方可开题

续上表

主要质量环节	要素	监控点	质量标准
18. 本科毕业论文（设计）	18.3 实施过程	18.3.1 教师指导	指导教师应按规定完成选题审定工作，并帮助学生做好开题工作；对学生有明确的进度要求，有相应的质量检查落实措施；每周对学生至少有一次指导与答疑，《本科毕业论文（设计）指导过程记录》填写规范、系统；指导学生按毕业论文（设计）写作规范完成论文（设计），评阅学生毕业论文（设计），并给予成绩评定，成绩评定要客观、公正。对于符合条件的学生，积极指导其参与答辩。在指导过程中，要注重学生逻辑思维、实践能力和创新精神的培养
		18.3.2 学生学习	学生应按照任务书规定的工作量和工作进度完成毕业论文（设计）；尊敬老师，团结互助，虚心接受导师指导；节约材料，爱护仪器设备；严格遵守学术规范，遵守操作规程，独立完成规定的工作任务；答辩前在规定时间内向所在系提交毕业论文（设计）
	18.4 论文质量	18.4.1 写作要求	本科毕业论文（设计）的撰写应当符合撰写规范。正文中（含图、表）的字数，理工科专业及艺术类专业应不少于 6 000 字，人文社科专业不少于 10 000 字，外语类专业需外文撰写，字数不少于 3 500 字
		18.4.2 写作质量	论点正确、深刻、有新意，论证严密，论据真实、典型、充分，有针对性和较强的说服力；结构完整、首尾呼应；重点突出、层次分明、脉络清楚；材料取舍详略得当；语言准确、流畅
		18.4.3 学术成果相似性检测	所有符合检测条件的本科毕业论文（设计）都要通过学术成果相似性检测，"总文字复制比"应控制在 15% 以内，推荐参评校级优秀毕业论文（设计）的"总文字复制比"应控制在 10% 以内。毕业论文（设计）归档时，须附知网检测报告

续上表

主要质量环节	要素	监控点	质量标准
18. 本科毕业论文（设计）	18.5 答辩与成绩评定	18.5.1 论文评阅	学院（系）有毕业论文（设计）审查制度，以及严格的评阅程序；论文评阅至少有一位同专业的非指导教师进行；评阅人评阅认真，评语准确，能认真填写评阅表格，评分客观公正
		18.5.2 论文答辩	答辩委员会结构合理，专业性强，有权威性；每个答辩小组的教师不得少于 5 人；答辩采取会议形式，由答辩委员会主任或答辩小组组长主持。每位学生答辩时间一般不少于 10 分钟
		18.5.3 成绩评定	评分标准符合本专业特点，成绩评定科学、客观，能综合体现学生论文（设计）质量、指导教师评定成绩、评阅人评定成绩、学生答辩情况；成绩评定采用五级记分制，优秀比例不超过本专业毕业学生数的 25%
	18.6 总结存档	18.6.1 工作总结	每届学生答辩结束，要进行质量分析，对本专业毕业论文（设计）工作及时进行全面、认真总结
		18.6.2 材料存档	毕业论文（设计）的档案材料齐全，整理规范，存档及时

续上表

主要质量环节	要素	监控点	质量标准
19. 教师评学	19.1 组织管理	19.1.1 领导机构	成立校级评学工作领导小组，教学质量监控与评估处负责开展教师评学具体工作，学院（系）的教师评学工作由主管教学工作的学院（系）领导负责
		19.1.2 评学组织体系	教师评学组织和系统完善、科学、规范，相关责任部门、人员责任分工明确
		19.1.3 评学人员	参与评学的人员为全体任课教师，以及所规定的听课人员
		19.1.4 评学信息收集	多渠道收集评学信息，有常规评学、教师网上评学、教学质量监控邮箱、教学质量监控电话等主要方式
	19.2 评学内容及方式	19.2.1 评学内容	评学内容全面、针对性强，评价指标科学合理，能够反映授课班级的班风、学风、办学条件等情况，有利于教师及相关部门掌握学生学习实际状态，有利于因材施教
		19.2.2 常规评学	教学管理人员通过听课、问卷、定期召开教师座谈会等方式开展
		19.2.3 网上评学	每学期结束前开展教师网上评学工作。评学工作安排及时，组织引导有序，教师参评率高，评价意见客观公正
	19.3 反馈整改	19.3.1 信息汇总	学院（系）督导组负责记录、整理、汇总学院（系）教师评学信息；教学质量保障部门负责网上评学信息统计、数据分析
		19.3.2 信息反馈	评学信息反馈机制健全，通道畅通；反馈至相关学院（系）、职能部门的评学信息准确、及时；对评学中发现的问题进行跟踪处理
		19.3.3 问题处理	各部门、学院（系）对反馈信息及时进行分析、研究，提出处理意见
		19.3.4 结果反馈	教学质量保障部门总结教师评学信息处理情况，并以一定形式公布（如评估简报）

续上表

主要质量环节	要素	监控点	质量标准
20. 学生评教	20.1 组织管理	20.1.1 领导机构	成立校级评教工作领导小组，具体工作由教学质量保障部门负责组织
		20.1.2 评教组织体系	建立校、学院（系）、专业三级学生评教组织，组建校级学生评教中心，学生评教系统科学、规范
		20.1.3 评教信息收集	多渠道收集评教信息，有学生网上评教、学生信息员评教或电子邮箱、电话评教等多种方式
		20.1.4 培训指导	教学质量保障部门定期对学生评教工作进行业务培训和指导，校、学院（系）、专业三级学生评教组织建设管理到位，学生评教活动的宣传力度强；学生教学信息员的组织、协调能力得到不断提高
		20.1.5 毕业生跟踪调查	学生处对毕业生进行教学质量跟踪调查、分析，每学年末出具本学年毕业生教育质量调查分析报告
	20.2 评教内容及方式	20.2.1 评教内容	评教内容覆盖面广，贴近教学实际，能有效帮助改善教风、学风，促进教师改进教学效果，反映学生对各主要教学环节和教学质量管理部门的意见和建议
		20.2.2 常规评教	学生评教中心组织和各级督导组织按时开展常规评教，建立相应的评价与监督机制
		20.2.3 网上评教	每学期结束前开展学生网上评教工作，评教工作安排及时，组织引导有序，学生参评率高，态度端正，评价意见客观公正
		20.2.4 电子邮箱和电话评教	学生信息员利用评教专用网页、电子邮箱和电话，及时实名反映教学活动、教学管理、教学条件中存在的问题，提出建议和意见
		20.2.5 活动评教	以学生喜闻乐见的活动形式开展评教，评教形式丰富

续上表

主要质量环节	要素	监控点	质量标准
20. 学生评教	20.3 反馈整改	20.3.1 信息处理	教学质量保障部门汇总学生评教中心的评教信息，对评教信息进行分类处理，包括咨询类问题、教学类问题、管理类问题及重大类问题
		20.3.2 信息反馈	评教信息反馈机制健全，渠道畅通；评教信息及时反馈相关人员及学院（系），并对问题进行跟踪处理
		20.3.3 问题整改	各部门、学院（系）依据反馈信息对问题开展整改工作，整改及时，效果明显
		20.3.4 结果反馈	教学质量保障部门汇编、总结学生评教信息及问题处理情况，并以一定形式公布（如教学简报）

附录2　高等教育质量保障目的访谈提纲

×××您好：

感谢您在百忙之中参加本次访谈！

为深入了解高等教育质量的利益相关方对于质量保障的期望与诉求，进一步建立健全高等教育质量保障的机制，我们组织了本次访谈。访谈结果仅供研究使用，请您放心如实回答。

1. 您认为什么样的大学才称得上好大学？
2. 您认为高等教育质量保障应该保障什么（内容、方面）？
3. 您认为开展质量保障活动的最主要目的是什么？
4. 您对您所在学校的质量是否满意？哪些满足了您的期望，哪些是没有达到的？

访谈结束，非常感谢您对本次调研工作的大力支持。祝您工作生活愉快！

附录3 新建本科院校内部质量保障体系建设调查问卷

尊敬的领导、专家、老师：

您好！自2009年教育部组织开展新建本科院校合格评估以来，在"以评促建、以评促改、以评促管、评建结合、重在建设"方针指引下，广大新建本科院校普遍建立起内部质量保障体系，形成不断提高教学质量的长效机制。为进一步改进和完善当前新建本科院校的内部质量保障体系建设，我们组织了本次调查。调查结果仅供研究使用，请您放心如实填写。

一、调查问卷对象

（请在相应位置内打√）

您是：

校级领导　□　　　学校中层干部　□　　　教师　□

二、调查问卷内容

1. 您怎样看待您所在学校的内部质量保障制度？
   - □A. 有此类文件，对我的工作有帮助
   - □B. 有此类文件，但与我关系不大
   - □C. 有此类文件，但对我的工作无帮助
   - □D. 不知道
   - □E. 不存在此类文件

2. 您如何评价自己参与以下内部质量保障活动的情况？

内部质量保障活动	非常积极	积极	一般	不太积极	不积极	不清楚
学生课堂教学评估	□	□	□	□	□	□
专业课堂教学自我评估	□	□	□	□	□	□
专业课程评估	□	□	□	□	□	□
专业课程教学质量检测	□	□	□	□	□	□

续上表

内部质量保障活动	非常积极	积极	一般	不太积极	不积极	不清楚
教学指导、检查（督导）	□	□	□	□	□	□
学生学习能力评估	□	□	□	□	□	□
学生课业负担评估	□	□	□	□	□	□
毕业生跟踪调查	□	□	□	□	□	□
就业市场分析	□	□	□	□	□	□
用人单位满意度调查	□	□	□	□	□	□
用人单位参与修订教学计划	□	□	□	□	□	□

3．您对以下教学质量保障信息反馈、使用情况以及有效性的评价是？

教学质量保障信息		非常好	比较好	一般	不太好	不好	不清楚
课堂教学评估	反馈	□	□	□	□	□	□
	使用	□	□	□	□	□	□
	有效性	□	□	□	□	□	□
（系）课堂教学自评估	反馈	□	□	□	□	□	□
	使用	□	□	□	□	□	□
	有效性	□	□	□	□	□	□
专业课程评估	反馈	□	□	□	□	□	□
	使用	□	□	□	□	□	□
	有效性	□	□	□	□	□	□
（专业）教学质量检测	反馈	□	□	□	□	□	□
	使用	□	□	□	□	□	□
	有效性	□	□	□	□	□	□
教学指导、检查（督导）	反馈	□	□	□	□	□	□
	使用	□	□	□	□	□	□
	有效性	□	□	□	□	□	□
学生学习能力评估	反馈	□	□	□	□	□	□
	使用	□	□	□	□	□	□
	有效性	□	□	□	□	□	□

续上表

教学质量保障信息		非常好	比较好	一般	不太好	不好	不清楚
学生课业负担评估	反馈	☐	☐	☐	☐	☐	☐
	使用	☐	☐	☐	☐	☐	☐
	有效性	☐	☐	☐	☐	☐	☐
毕业生跟踪调查	反馈	☐	☐	☐	☐	☐	☐
	使用	☐	☐	☐	☐	☐	☐
	有效性	☐	☐	☐	☐	☐	☐
就业市场分析	反馈	☐	☐	☐	☐	☐	☐
	使用	☐	☐	☐	☐	☐	☐
	有效性	☐	☐	☐	☐	☐	☐
用人单位满意度调查	反馈	☐	☐	☐	☐	☐	☐
	使用	☐	☐	☐	☐	☐	☐
	有效性	☐	☐	☐	☐	☐	☐
用人单位参与修订教学计划	反馈	☐	☐	☐	☐	☐	☐
	使用	☐	☐	☐	☐	☐	☐
	有效性	☐	☐	☐	☐	☐	☐

4. 您如何评价以下影响质量保障的因素？

质量保障因素	非常满意	重要	一般	较次要	不重要	不清楚
领导支持	☐	☐	☐	☐	☐	☐
对员工贡献进行物质激励	☐	☐	☐	☐	☐	☐
学生支持	☐	☐	☐	☐	☐	☐
教师支持	☐	☐	☐	☐	☐	☐
质量保障措施和程序明确	☐	☐	☐	☐	☐	☐
建立可靠数据信息系统	☐	☐	☐	☐	☐	☐
内部质量保障各种信息透明	☐	☐	☐	☐	☐	☐

续上表

质量保障因素	非常满意	重要	一般	较次要	不重要	不清楚
对内部质量保障过程进行科学评估	□	□	□	□	□	□
利益相关者积极参与	□	□	□	□	□	□
完善教学质量监控机制	□	□	□	□	□	□
提高教师教学能力	□	□	□	□	□	□
制定科学的教师工作评价机制	□	□	□	□	□	□
提高行政人员的素质能力	□	□	□	□	□	□
营造良好的教学质量文化氛围	□	□	□	□	□	□

问卷到此结束，再次感谢您的支持！

附录4　新建本科院校内部质量保障体系建设访谈提纲

×××您好：

感谢您在百忙之中参加本次调研访谈！

为进一步改进和完善当前新建本科院校的内部质量保障体系建设，我们组织了本次访谈。访谈结果仅供研究使用，请您放心如实回答。

1. 您认为"内部质量保障"的模式主要有哪些？
2. 您认为"内部质量保障"多大程度上依赖于信息与事实？
3. 您认为"内部质量保障"活动给您的工作带来怎样的改变？
4. 您对所在学校实施"内部质量保障"的效果总体评价怎样？
5. 您认为"内部质量保障"在多大程度上能改进管理决策？
6. 您认为"内部质量保障"在多大程度上提升学校整体效率？

访谈结束，非常感谢您对本次调研工作的大力支持。祝您工作生活愉快！